中外语言文学学术文库

翻译方法论

（修订本）

Translation Methodology
(revised version)

黄忠廉等　著

华东师范大学出版社
East China Normal University Press

图书在版编目（CIP）数据

翻译方法论（修订本）/ 黄忠廉等著. —修订本. —上海：
华东师范大学出版社，2019
（中外语言文学学术文库）
ISBN 978-7-5675-8502-7

Ⅰ.①翻⋯ Ⅱ.①黄⋯ Ⅲ.①翻译学 Ⅳ.①H059

中国版本图书馆CIP数据核字（2019）第099046号

翻译方法论（修订本）

著　　者	黄忠廉等
策划编辑	王　焰
项目编辑	曾　睿
特约审读	汪　燕　赵　越
责任校对	陈　易
封面设计	金竹林
责任印制	张久荣

出版发行　华东师范大学出版社
社　　址　上海市中山北路3663号 邮编 200062
网　　址　www.ecnupress.com.cn
电　　话　021-52713799 行政传真 021-52663760
客服电话　021-52717891 门市（邮购）电话 021-52663760
地　　址　上海市中山北路3663号华东师范大学校内先锋路口
网　　店　http://hdsdcbs.tmall.com

印 刷 者　上海商务联西印刷有限公司
开　　本　710×1000　16开
印　　张　20
字　　数　327千字
版　　次　2019年6月第1版
印　　次　2019年6月第1次
书　　号　ISBN 978-7-5675-8502-7/H.1023
定　　价　63.00 元

出 版 人　王　焰

（如发现本版图书有印订质量问题，请寄回本社客服中心调换或电话021-52717891联系）

《中外语言文学学术文库》
编 委 会

成员：（按姓氏音序）

辜正坤　何云波　胡壮麟　黄忠廉

蒋承勇　李维屏　李宇明　梁　工

刘建军　刘宓庆　潘文国　钱冠连

沈　弘　谭慧敏　王秉钦　吴岳添

杨晓荣　杨　忠　俞理明　张德明

张绍杰

目录
CONTENTS

变译篇

总 序

GENERAL PREFACE

改革开放以来，国内中外语言文学在学术研究领域取得了很多突破性的成果。特别是近二十年来，国内中外语言文学研究领域出版的学术著作大量涌现，既有对中外语言文学宏观的理论阐释和具体的个案解读，也有对研究现状的深度分析以及对中外语言文学研究的长远展望，代表国家水平、具有学术标杆性的优秀学术精品呈现出百花齐放、百家争鸣的可喜局面。

为打造代表国家水平的优秀出版项目，推动中国学术研究的创新发展，华东师范大学出版社依托中国图书评论学会和南京大学中国社会科学研究评价中心合作开发的"中文学术图书引文索引"（CBKCI）最新项目成果，以中外语言文学学术研究为基础，以引用因子（频次）作为遴选标准，汇聚国内该领域最具影响力的专家学者的专著精品，打造了一套开放型的《中外语言文学学术文库》。

本文库是一套创新性与继承性兼容、权威性与学术性并重的中外语言文学原创高端学术精品丛书。该文库作者队伍以国内中外语言文学学科领域的顶尖学者、权威专家、学术中坚力量为主，所收专著是他们的代表作或代表作的最新增订版，是当前学术研究成果的佳作精华，在专业领域具有学术标杆地位。

本文库首次遴选了语言学卷、文学卷、翻译学卷共二十册。其中，语言学卷包括《新编语篇的衔接与连贯》《中西对比语言学——历史与哲学思考》《语言学习与教育》《教育语言学研究在中国》《美学语言学——语言美和言语美》和《语言的跨面研究》；文学卷主要包括《西方文学"人"的母题研究》《西方文学与现代性叙事的展开》《西方长篇小说结构模式研究》《英国小说艺术史》《弥尔顿的撒旦与英国文学传统》《法国现当代左翼文学》等；翻译学卷包括《翻译理论与技巧研究》《翻译批评导论》《翻译方法论》《近现代中国翻译思想史》等。

本文库收录的这二十册图书，均为四十多年来在中国语言学、文学和翻译学学科领域内知名度高、学术含金量大的原创学术著作。丛书的出版力求在引导学术规范、推动学科建设、提升优秀学术成果的学科影响力等方面为我国人文社会科学研究的规范化以及国内学术图书出版的精品化树立标准，为我国的人文社会科学的繁荣发展、精品学术图书规模的建设作出贡献。同时，我们将积极推动这套学术文库参与中国学术出版"走出去"战略，将代表国家水平的中外语言文学学术原创图书推介到国外，构建对外话语体系，提高国际话语权，在学术研究领域传播具有中国特色、中国高度的语言文学学术思想，提升国内优秀学术成果在国际上的影响力。

《中外语言文学学术文库》编委会

2019年6月

修订本序
Prologue
(Revised Version)

2009年，本书由中国社会科学出版社出版，两年内受到学界广泛关注，信娜和宋飞在《光明日报》、焦鹏帅在《中国社会科学报》、刘豆在《中华读书报》、冯全功在《山东外语教学》等报刊予以评介。本书在2013年获第六届高等学校科学研究优秀成果奖（人文社会科学）三等奖，2014年第2次印刷；2016年入选中国图书评论学会与南京大学中国社会科学研究评价中心合作开发的"中文学术图书引文索引"书目，同时被华东师范大学出版社收入《中外语言文学学术文库》。借此良机，我们决定修订本书，以便充分吸收翻译界的反馈意见和译学界的批评意见，也将学界最新成果与自己的反思融入其中。此次修订，主要包括：

校准目标　修订本主要锁定一线译者、习译者及爱好者，为其展示"如何翻译"的规律与系统方法，其次才是研究者，为其提供批评与完善的对象，因此本次修订将第一版的"第四章　研究方法论"全部删除，将其另行归入更高层次的理论翻译学。

增修内容　修订本分概说、规律、全译和变译4篇，下分导言和5章6大内容板块，前2个内容板块（前2篇）属于规律描写，后4个内容板块（后2篇）属于系统方法，以保证全书基于翻译规律纯粹呈现翻译方法论，不涉及"翻译研究"的方法论。此外，重新厘定了"翻译"的内涵，调整了全译七法的命名，各部分删除、增写和优化了不少内容。

优化结构　内容的变化促进了结构的优化，上述4篇6大板块的内容呈现为新的宏观结构。章节之下也有优化，如全译各节均按"译法及其特点、原则、方法"组织，而变译各节则按"译法及其特点、方法、原则"组织，因为读者比较熟悉全译，而对变译是日渐熟悉，需遵循从具体到抽象的接受过程。

具体修订分工如下：

黄忠廉（广东外语外贸大学）：导言、第一章第一、三节、第二章第一、三节、第三章第一节、第四章第一、二节，全书修订设计与统稿；

刘 丽（河南省教育科学研究院）：第一章第二节、第三章第二、三、四、五、六、七节；

魏家海（华中师范大学）：第五章第五、六、七、八、九、十二节；

田传茂（长江大学）：第五章第一、二、三、四、十、十一节；

余承法（湖南师范大学）：第二章第二节；

许 萍（武汉工程大学）：第四章第三节。

欢迎翻译界和译学界继续批评指正，以期更进一步完善翻译方法论。恭候来信：zlhuang1604@163.com。

黄忠廉

于白云山麓三语斋

原　序
PROLOGUE

再谈方法论

1999年10月，我应张后尘先生之邀在大连外语学院举办的"中国外语博士论坛"上第一次专门讲了方法论问题，之后又在南开大学等几个高校讲过，那份讲稿就是发表在2002年第2期《外语与外语教学》上的《小谈方法论》。这两年又应邀到一些学校、学术会议、研究生导师培训班等场合去讲创新思维和学术研究与学科建设方法，但讲稿尚未发表。

为什么要讲方法和方法论呢？主要基于以下两个方面的原因：

第一是我们在做英汉语言对比研究和中西文化、哲学、逻辑比较研究的过程中深深感觉到，跟西方相比我们有严重轻视理论与方法的文化、教育与学术传统。原因是我们的传统哲学强调天道人道合一，本体与现象不可二分；强调对事物要综合整体把握，不能层层分析；强调认识主要靠主观感悟与比类，缺少演绎逻辑推理的系统。我们的文化以政治伦理为核心，以"修身、齐家、治国、平天下"为目的，极力强调以"经世致用"为灵魂的"学以致用"。我们先秦时代的墨家逻辑已有较丰富的逻辑思想，也有了相当程度的抽象度与系统性，可以说已有了形式逻辑的初步形态。比如有类似概念的类别：名——达名、类名、私名。有类似判断的类别：辞——效、假、或；"莫不"表全称，"特"或"有"表特称。也有类似推理的类别：说——辟、侔、援、推。此外还有人说"以类取"就是归纳推理，"以类予"就是演绎推理；"彼彼止于彼，此此止于此"就是说的同一律，"或谓之牛，或谓之非牛，是争彼也，是不俱当，必或不当"就是说的矛盾律，"辩也者，或谓之是，或谓之非，当者胜也；谓辩无胜，必不当"就是说的排中律等。但是由于墨家研究逻辑的目的是"取当求胜"，而不是"取真求则"，是"审治乱之纪"，而不是"求知寻法"，所以它始终都注重内容的论证，以利推行其"兼相爱，天下治"的政治主张，而不关心思维的结构形式（如概念、判断、推理等），也无须借鉴公理化方法，因此墨家逻辑也就没有发展成为像亚里士多德那样的形式逻辑。正如崔清田先生所说：

> 它（中国逻辑）没有引入变项和区分出相对于变项的常项，自然也就没有明晰规范的命题表达式以及推理的论式。就推类而言，虽然中国逻辑对之作了一般性和概括性的研究，但这一研究不是着力于逻辑结构的分析，而是侧重在描写性的说明，以及实质内容的考虑。这种重内容、轻形式的特征，在对不同的推类方式的说明和推类正误的判定上，均有表现。[1]

汉武帝推行"罢黜百家，独尊儒术"的政策之后，墨家逻辑就从此中断了，失去了发展的历史机遇。从那时到1905年，严复译《穆勒名学》（J. S. Mill: *A System of Logic, Ratiocinative and Inductive*）这两千多年的历史中，我们的民族就几乎断绝了形式逻辑的研究（其间虽有印度因明传入，但仅限于佛门，影响甚微）。墨家逻辑的命运致使我们整个民族在这漫长的两千多年间失去了形式逻辑这种追求形式化的理性思维方式的洗礼，也因此固化了"观物—取象—比类—体道"的思维方式，催促了"重使用，轻理论"的文化传统、教育传统与学术传统的形成。周立升先生对此有很深刻的分析：

> 特别值得一提的是《周易》所概括的"观物—取象—比类—体道"的方法，它不仅在中国思维发展史上占有重要地位，而且一直影响着后人的思维程式。这种取象以体道的思维方式，显然不可能运

1　崔清田：《墨家逻辑与亚里士多德逻辑比较研究》，北京：人民出版社，2004年，第111页。

翻译方法论（修订本）

- 6 -

用逻辑推理和名言论证的方法来把握，而必须把对象作为活动着的整体，并把它置于相互关联的生化系统中，运用具象与抽象、直觉与思辨互渗的方法才能把握……然而必须看到，直觉思维只有同逻辑思维相结合，并以逻辑思维为前提，才能充分发挥其作用。中国古代的直觉思维，恰恰缺少逻辑思维作为前提条件，因而使它带有极大的模糊性和神秘性，这是应当予以克服的。[1]

现在来看，轻视理论与方法的传统还在严重地影响着我国科学的发展和学术的创新，因此有必要加强这方面的研究与评论，以引起更多人的思考与关注。

第二是因为我们正在步入信息时代。信息时代的特点很多，但我们感受最深刻、最直接的有：（1）信息爆炸。正面说是知识更新加快，据说1999—2002年全世界信息生产量以平均每年30%的速度增长。负面说就是其中垃圾信息爆增，而且常以最新科学技术或艺术成果的面貌出现，真是鱼目混珠、泥沙俱下，造成信息超载、泛滥、浪费，甚至让人患上"信息污染综合征"。让你感到犹如坠入信息的汪洋大海，而又找不到救命的船只，结果就会毁于垃圾信息之中。这样的形势与局面最需要人的识别与选择优劣信息的见识与能力。（2）信息时代，信息的价值增高，而真正有价值的信息只能是创新的信息，所以创新成了信息时代的核心问题。创新需要许多条件，但最关键的条件是多学科的（而不是单一学科的）、先进的（而不是落后的）理论与方法。而我们中国恰恰是个"理论与方法的消费大国"，因为"中国的思维方式是体知，重经验而不重理论，对许多事物的道理往往'只可意会不可言传'"[2]。另外我们还养成了一种把理论联系实际简单化的毛病："理论联系实际是谁也不否认的。但在强调理论联系实际时，有时往往用功利主义观点对基础理论一概加以抹杀，全部斥之为脱离实际。这是多年来轻视基础理论的后果。"[3]再看张岱年先生一生研究中西哲学与文化作出的总结性批判："由于重视整体思维，因而缺乏对事物的分析研究。由于推崇直觉，因而特别忽视缜密论证的重要。中

1　高晨阳：《中国传统思维方式研究·序》，济南：山东大学出版社，1994年，第5、6页。

2　王元化：《集外旧文钞》，上海：上海文艺出版社，2001年，第117页。

3　王元化：《谈文短简》，沈阳：辽宁教育出版社，1998年，第65页。

国传统之中，没有创造出欧几里得几何学那样的完整体系，也没有创造出亚里士多德的形式逻辑的严密体系；到了近古时代，也没出现西方十六、十七世纪盛行的形而上学思维方法，更没有伽利略所开创的实证科学方法。应该承认，这是中国传统思想方法的重大缺陷。"[1]王、张两先生讲的"重大缺陷"不是指的某些行业人的缺陷，也不是指的某个时代或某个地区的人的缺陷，而是指的从古代至近代甚至至今我们全民族的缺陷。如果我们至今还不能真正明白和看清这些重大缺陷，从而采取有效的方针、政策与措施来加以改变，恐怕很难适应信息时代的发展，就会又一次成为时代的落伍者。应对信息爆炸需要人的识别与选择能力，识别与选择能力来自人的理论与方法的学养；知识创新其主要形式是理论与方法的更替。所以理论与方法的重要性已经发展到历史上从来未有的高度，方法论"已成为一切理论和实践的开拓、改革、成功、发展的最基本的前提条件"[2]。用这个观点来检查我们的教育，从小学到博士整个教育系统最轻视的就是这个内容，最看重与训练最多的是考试的技巧、速成的技巧甚至是作弊的技巧。面对这样的传统和现实，难道我们还不应该大声呼吁重视理论与方法么？！

黄忠廉教授很重视理论与方法的研究，专门组织人写了一本《翻译方法论》，这本书可能是翻译学领域专门探讨翻译方法和翻译研究方法的第一部著作，这本身就是一种开拓性的研究，值得推荐大家阅读。我先睹为快，这部著作令我印象最深的有以下两个方面：

第一，构建了一个翻译方法论系统。他称这个系统叫"翻译方法论"，定义为"是翻译及其研究方式方法的总和"。它之下分两部分：翻译实践方法论与翻译研究方法论。而翻译实践方法论又划分为全译方法论（直译+意译）和变译方法论（变通+（全译））。翻译研究方法论之下包含"'三个充分'的研究要求、'两个三角'的研究思路和从方法到学科的研究阶梯"。这个系统明确区分了翻译实践的方法与翻译研究的方法，把翻译实践的方法又区分为全译和变译，这种比较区分的方法既有利于对不同的对象进行系统的研究，又有利于指导不同领域的实践。周有光先生说："比较引起分类，分类形成系统，

1 张岱年：《文化与哲学》，北京：教育科学出版社，1988年，第208页。

2 李志才主编：《方法论全书（I）：哲学逻辑学方法》，南京：南京大学出版社，1998年，第3页。

比较、分类、系统化是知识进入科学领域的重要门径。"[1]

　　第二，重视概念的界定、分化及其相互关系的研究。全书研究了许多概念，比如有上层的方法、方法论、求似率、全译、转换、变译、摄取、翻译研究等，也有下层的全译7种方法、变译12种方法等，此外还有中层的一些概念。我们且不管这些概念的界定及其相互关系的研究是否都很科学，单就这些概念的界定、分类、相互关系的研究方法就很值得充分肯定。因为在翻译学领域这是开拓性的工作，过去这方面的研究非常薄弱。大家都不会忘记关于信达雅的论争、直译和意译以及归化与异化的讨论，基本都是靠整体感悟与类比的方法，既不界定、不分化，也不研究它们之间的关系，更无建立分级的范畴系统的意识。因此虽然时间与精力耗费得难以计算，但对翻译学的基础理论建设却没作出多大贡献。正如沈苏儒先生所说："几十年来对'信达雅'说的讨论，'从总体上看，似乎始终处于盘旋的状态'，并无实质性的突破。"[2]《翻译方法论》这本书给了我们一个信号，我国翻译学的基础理论研究与建设将要开始走向一个新的阶段。

　　这本书还使我联想到许多问题，现在选几个跟翻译学方法论建设密切相关的谈谈我的一些看法，希望能引起更多人的思考与研究。

　　首先是翻译学方法论系统及与其密切相关的范畴、概念、术语问题。（1）翻译学方法论系统。目前国内外虽然尚未建立起翻译学的方法论系统，但这个系统的隶属关系我们应力争早一天讨论清楚，这样有利于方法论系统和整个学科系统的研究与建设。名称叫"翻译学方法论系统"更科学一些，因为它是上位概念"翻译学学科系统"的一个组成部分，对下位概念来说，它理所当然地包括这个学科的方法论的各个层面，当然包括"翻译实践的方法论"和"翻译理论研究的方法论"，而且还应包括"翻译教学的方法论"和"翻译批评的方法论"，这四个不同层面都属于它的子系统。从方法论系统来看，这四个子系统都还没有得到深入系统的研究，我在此呼吁译界学人学子都来关注、研究、建设这个领域。（2）理论、方法、方法论三者的关系。方法是指认识、表达与实践的具体做法，内容包括思路、途径、方式、程序。方法论是研究方法的科学，比方法抽象程度高，属于理论层面，内容包括元方法论、哲学

1　周有光：《比较文字学初探·前言》，北京：语文出版社，1998年，第1页。
2　沈苏儒：《论信达雅：严复翻译理论研究》，北京：商务印书馆，1998年，第112页。

方法论、系统科学方法论、具体科学方法论四个层面。这四个层面落实在翻译学领域，元方法论应该研究上述翻译学方法论系统及其和哲学与系统科学方法论的关系；哲学方法论应研究翻译学的本体论、认识论、价值论与方法论；系统科学方法论应用其原理与定律研究翻译学方法论系统。这些工作我们都还没有去做，今后应该加强这方面的研究。我在《小谈方法论》中论述过理论和方法的关系，今天我想强调两点：一是方法有相对独立性，不都是理论派生的，也不都是依附于理论的；当理论还未成熟的时候，可引入其他学科的方法或用新的视角审视研究对象而创建新的方法来推动理论研究的深入发展。二是理论的最本质的意义是揭示事物发展变化的规律，所以凡理论都有方法论的价值；从这个意义来说理论和方法是一致的，因此我们说理论常带上方法，说方法也常加上理论。（3）策略、方法、技巧三者的关系。汉语中跟"策略"关系密切的有"战略"与"战术"，"战略"强调全局的计划与策略，"战术"着重于局部作战的原则与方法，"策略"强调行动的方针与做事的方式方法。三者是有区别的，"策略"介于"战略"和"战术"之间。英语的strategy常译成"战略"或"策略"，tactics常译成"战术"或"策略"，可见"策略"在英语中有两个可对应的词，但强调"谋划、对策、手段"之意时，英语的两个词均可用。"方法"强调程序、过程、模式、规则；"技巧"强调操作层面的技术、技能、技艺。英语的method常译成"方法"，technique和skill常译成"技巧"，但英语的technique强调具体技术的运用程序，更靠向method，而skill强调专门的技能、技艺，更靠近实践。这样我们就可在翻译实践方法论这个层面区分出翻译策略（归化、异化；全译、变译）、翻译方法（音译、直译、意译）、翻译技巧（包括音韵、词汇、短语、句子、句组、语篇、文体、修辞等语言各层面的翻译技巧，当然也包括本书所列的7种全译的方法与12种变译的方法，还包括口译和机译的技巧）。汉语口语中"方法"与"技巧"经常同义混用，所以本书所说的全译和变译的"方法"实际就是我们说的"技巧"，因为它们都是离实践最近的操作层面的具体做法，比方法抽象程度低。策略、方法、技巧三者的关系从左到右越来越靠近实践，抽象程度越来越低，可操作性越来越强；反方向从右到左离实践越来越远，抽象程度越来越高，可操作性越来越弱。

其次是翻译的本质属性问题。多年的翻译教学和研究使我知晓：翻译（包括口译、笔译与机译）是有文本参照的跨文化、跨语言的人类的社会交际行为与活动，其结果因译者意愿与社会需求的不同而产生出无数种跟原文距离远近不等的译文变体（translation varieties），其变体在原文和译语作品之间构成了一个集合（set）。如下图所示：

原文 I————————————————————I 译语作品

T_1, T_2, T_3, T_4·························T_{n-1}, T_n

图中从T1（=Translation1）到Tn（=Translation n）都是译文，中间包括无数种译文。T1是最靠近原文的译文，也就是最忠实原文的译文；Tn是离原文最远的译文，也就是最不忠实原文的译文。从T1向右运动，译文越来越不忠实原文，从Tn向左运动，译文越来越忠实原文。这个图比较科学地描述了翻译的实际状况，对各种不同形式的翻译有较强的解释力。只要是翻译，都可在这个集合中找到它的位置，比如宗教经典的翻译大多在集合的左端，可能是T1或T2或T3；比如林纾的翻译一定是在集合的右端，可能是Tn-2或Tn-1或Tn。而比如本书中说的"全译"应该在靠向集合左端的部分，"变译"应该在靠向集合右端的部分。不管是全译还是变译，都由译者的水平、经验与态度的差别，决定译文所在集合所处的位置。

最后是翻译学的研究对象问题。何谓研究对象（object of study）？作为一个学科来说，就是其研究者观察、思考、研究的客体。客体是主体以外的客观事物，是主体认识与实践的对象。对人文社会科学来说，其研究对象离不开由人组成的人类社会，这就增加了研究的复杂性与主观性。人类发展史告诉我们：人类在发展过程中创造自己的客体，也就是各类物质的与精神的产品，人的目的、愿望、思想、本质力量都凝结在这些产品中，从而在客体中证实了人的存在和力量。可见这样的对象化或客体化，也无法离开人的主观性。翻译学的研究对象是什么呢？我们曾认为是翻译的过程、结果与译文读者的反映，而且强调这个过程是译者的特殊思维活动的过程，因为它不同于原文作者和译文作者的写作过程。[1]后来在许渊冲先生的研究的基础上，我们进一步明确了翻译学研究对象包含8大要素[2]；之后在青岛会的主题报告中，我们又一次论述了

1　杨自俭：《关于建立翻译学的思考》，载《中国翻译》，1989年第4期。
2　杨自俭：《译学研究的回顾与展望》，载《山东师大外国语学院学报》，1999年创刊号。

原序

- 11 -

译学的研究对象问题，阐释了8大要素之间的关系和5个世界的划分，补充了翻译史、译论史与方法论三项内容。[1]我们为什么要反复讨论研究对象问题？只因为它是学科独立的第一标志，只有这个问题解决了，才能处理好它跟相关学科的关系，才能进一步解决学科的性质与定位问题。只要这个问题不解决或解决不好（比如词汇学），学科就不可能真正独立，其他学科就会来瓜分或占领它的研究领域。我们不会忘记20世纪80年代其他学科来占领译学研究领域的局面。语言学、文艺学、交际学、文化学、符号学，还有比较文学、思维科学和传播学等都来申明翻译学是它的一部分，好像翻译学附属哪个学科都有道理，因为有部分内容跟那个学科相关。这种局面到20世纪90年代末就结束了，其他相关学科没有哪个再来瓜分或占领翻译学的研究领域了，因为所确定的译学研究对象包括翻译的全过程、翻译的结果、结果的影响，这些内容为翻译学所独有，别的学科无从来瓜分或占领；这些内容虽然跟所译的不同文体有不同的相关性，但绝不会因文体的不同而改变了翻译学的研究对象及其本质属性。随着翻译学研究的深入与发展，大家对翻译学研究对象的认识就越来越清楚了。

翻译学方法论研究是整个学科的基础理论建设，加强这个系统的四个子系统的研究会全面推动学科的发展，盼望译界学人学子在这个领域的建设中作出自己的贡献。

杨自俭

2007年2月15日记于青岛浮山静远斋

---

1 杨自俭主编：《译学新探》，青岛：青岛出版社，2002年，第9—11页。

概 说 篇

导　言

一、方法

方法，亦称"方""法""道""术""谋略"等。某人在某行入了道，即含方法的圆熟。方法比结论更重要，结论正确的前提是方法正确。

方法是人类认识世界、适应世界和改造世界并使自身获得发展与进步的手段（刘蔚华，1989：20）。通俗地讲，方法是解决问题的门径、程序、手段等，具有获取、检验、运用、发展理论的功能。方法具有五性：

目的性　方法服从并服务于某个目的，包括目标、任务、要求、需要、意向等。

规律性　方法是合乎规律的手段，是对事物规律的揭示。方法合乎规律，才能促进事物发展，使人类活动规范化、程式化、逻辑化。

工具性　"工欲善其事，必先利其器"。方法为解决问题而设，科学方法有助于问题的解决，方法是通往成功的桥梁。

对象性　方法作用于对象，反之，对象制约着方法的酝酿、设计与推广。从对象出发、从实际出发，是产生和完善方法的关键。

实践性　方法来源于实践，又高于实践。前者反映方法产生的根源，后者反映方法的推演和前瞻功能。方法是实践的归纳和升华，可远离实践一线，高居理论云端，但不能不指向实践，缺乏实践根底且最终不能指导实践的方法是无用的。

二、方法论

方法论是最有用的学问，是行事时一连串紧密相连的方法按一定程序科学合理地运用。贯穿于理论与实践的正是方法论。实践提升为理论，必经方法论的抽象；理论躬亲于实践，必以方法论为先导。

方法有层次，分侧面，各种方法共构方法论体系。按哲学的解释，方法论是认识和改造世界的根本方法的理论，包括哲学方法论、一般方法论和具体方法论。换言之，方法论即关于方法的理论与学说，是一种概括性的知识，从普遍意义上研究方法，其最底层是具体而细致的方法。科学的方法论，既研究从各种具体方法归纳出一般方法的过程，又研究从一般方法演绎出各种具体方法的过程。

方法论决定研究者从什么角度、以什么方式提出什么观点或假设以及在什么条件下得出什么结论。

三、翻译方法论

（一）翻译方法

翻译方法在翻译实践中占有突出的地位，它来自翻译实践又可指导翻译实践，是翻译理论研究的基本课题之一。它包括两个方面：一是对翻译总的设想；二是解决翻译问题的具体方法。（方梦之，2004：100）

翻译方式方法的总和即是翻译方法论。国内外有关翻译方法的研究似乎很多，但只要用系统论去验察，就会发现似乎大都不成体系或不完整。对翻译方法科学系统的认识，就是翻译方法论。

（二）翻译观

研究翻译方法论之前，有必要研究翻译观。翻译观，即观翻译，是对翻译的认识和态度。

翻译观涉及翻译"怎么样"，阐释"翻译是怎样的"，即研究翻译的本质；翻译方法论研究"怎么办"，阐释"怎样开展翻译活动"。翻译方法论与翻译观既有联系，又有区别。翻译观决定翻译方法论，决定翻译方法的选择。只有正确认识了什么是翻译，才能在其指导下正确地认识翻译现象，并针对翻译活动采用恰当的翻译方法；只有这样，方法才有可能上升为方法论。

不妨先体验一下如何认识和对待人类所从事的两类翻译活动。

1. 全译观

全译观，简言之，即如何观全译。请看实例：

He <u>hated</u> failure. He had <u>conquered</u> it <u>all his life</u>, <u>risen above</u> it, <u>despised</u> it <u>in others</u>.
① ②③ ④ ⑤ ⑥ ⑦ ⑧⑨ ⑩ ⑪ ⑫ ⑬ ⑭ ⑮⑯⑰ ⑱

机译：他讨厌失败。他一生都曾战胜过它，超越了它，藐视了它。

原译：他讨厌失败。他一生中曾战胜失败，超越失败，并且藐视别人的失败。

改译：他讨厌失败。一生中他曾战胜失败，超越失败，藐视他人的失败。

表0-1 全译前后的形义转化对比与观察所得

事实	观察	所得
①②④	第1句的改译除却③-ed的过去时意义外，所剩全是一一对应，英语词对应为汉语字和词。第2句三个并列谓语的单句整体对译为汉语分句，整句也整体对译。全例属于句群整体对译。	对 形对、义对、风格对
	无论是机译，还是原译与改译，均增加了表过去时间意义的"曾"；原译增加了"并且"，汉语的并列关系多靠前后语序自然显示，不必增加表并列的关联词，所以此处为不当增添。	增 增形不增义
③⑧⑪⑮； ⑩；⑰	③表示的过去时意义和⑧⑪⑮表示的过去完成时意义在改译中均减去；⑩中的his省略；机译不知为何删除了in others。	减 减形不减义
⑩；⑯⑱	all his life移至汉语动词前，还可移至主语前，可统管整个句子；despised it in others中it与in others互换，可视作二者相互移动位置。	移 移形不动义
⑨⑬⑯	机译将三个it机械地对应为"它"，原译与改译均换成三个"失败"，因为英语尽量避免重复，常用代词或者其他手段避重，而汉语不怕重复，重复往往重在强调，更有气势，在排比结构中词语重复率更高。若译成"战胜它，超越它"就难有这般霸气。	换 换形不换义
②③；⑦ ⑧；⑭⑮	hated语义分为②与③，-ed词尾省去，由整个语境蕴涵或转移并入"曾"中；⑦与⑧、⑭与⑮同理。	分 分形不动义
③⑧⑪⑮； ⑩	改译中减去③的过去时意义以及⑧⑪⑮的过去完成时意义，全集于"曾"字；⑩合译为"一生"。还可理解为had的助动语义与动词过去分词的合并，是词与词素的合并。risen above是个短语，汉译已词化为"超越"，先减译，再合译。	合 合形不动义

由例可知，译的主体可能是人，也可能是机器，综合起来是"人或/和机器"，表明从译者是人或机器，也叫是人和机器，如机助人译、人助机译等。

译的方式或工具是译语，翻译是用译语将原语文化信息再次表达出来的过程，具有工具性。

译的行为轴心是转化，可分解为"转移"和"化解"，重在转移，即转移原作的内容，化解原作内容与译语形式的矛盾，化解策略包括对、增、减、移、换、分、合等手段。

译的客体或对象是原文，即原语所表达的文化信息。

译的结果是产生译作，即用译语创造的口头语或书面语成品。

译的目的是追求译前译后信息量的极似，即尽可能地传达原作的信息，包括内容、形式及其统一体即风格；如机译、原译、改译与原文越来越近似，由形似走向意似，最终走向风格似。

译的类属是人类的一种行为，包括智能活动和符际活动，因为机器同人一样具有"某些智慧和才能"，同时翻译涉及语言符号以及图表、音乐等其他符号，用"符际活动"更具概括性和普适性。

只有活动才讲究方法，因此可从人类活动的主体、方式/工具、行为、客体、结果、目的、类属对人类的这种活动进行概括：

全译，质言之，指完整性翻译，或译作力求完整的翻译活动。

全译，简言之，指译者用译语转化原作以求信息量极似的翻译活动。

全译，具言之，指译者将原语文化信息转化为译语以求风格极似的思维活动和语际活动。

全译，细言之，指人或/和机器用乙语转化甲语文化以求信息量极似的智能活动和符际活动。

2. 变译观

变译观，简言之，即如何观变译。

翻译观在与翻译方法论的互促互动过程中，因主客观因素，常发生偏离和失误。21世纪前，国内外译界的认识多限于全译，比如对严复的达旨艺术的误解就历时百年之久。其实，严复的"信"是部分内容信于原作、忠于原作，更多的内容（四分之三）来自原作之外，"信"是为了取悦且服务于译语读者；

严复的"达"是达传播原作之要旨，且达服务译者之宗旨；严复的"雅"是指规范文言，即秦汉以前通用的文言，其风格是精练而丰富，简洁而深刻，明晰而典雅（黄忠廉，2016：239）。由于没有正确地认识变译大师严复的达旨艺术，有人不敢在翻译时对原作进行大幅度的变通，有人不敢教给学生摘译、编译等大量变通原作的变译方法，据文军（2004：60）调查，甚至有个别学者否认变译属于翻译范畴，这是对翻译本质的认识不足。

先请看"另类"翻译实例：

Novice Drivers Crash Supercars in Canada

[1] (1) Police think their inexperience was a factor, potentially ruining supercars for everyone. (2) In a world where there are plenty of people who can afford to buy a car that operates at a level way beyond their ability, it's not unusual to see a pair of supercars that have crashed into each other. (3) But what makes this one a bit more out of the ordinary is that at least one of the drivers was a "novice".

[2] (1) The crash occurred last Thursday as the red Lamborghini Huracan and blue Ferrari 458 Italia drove through the Massey Tunnel in Vancouver, Canada. (2) Both cars were wearing "N" license plates, indicating that the drivers had only recently gotten their license.

[3] (1) According to CTV News, local police described the drivers, both males in their 20s, as "inexperienced". (2) However, they said that only one of was still technically a novice.

[4] The cause of the crash is unknown, however Sgt. Lorne Lecker said it seemed as though speed was not a factor, but their lack of experience may have been.

[5] (1) "These cars have a great deal of power and it's very easy to give into the impulse to try to use that power," Lecker said. (2) "And on these roads, it can be very dangerous."

[6] (1) Neither driver was injured. (2) The police suggested the cars had been totalled, but that assessment seems pessimistic. (3) But the chances

of the drivers' parents ever letting them behind the wheel of anything more extreme than a Toyota Corolla are not looking good.

[7] (1) The incident has inevitably sparked debate about whether or not newbies should be allowed to drive such powerful cars. (2) As anyone who has driven a genuinely fast car, or at least one a lot faster than their previous experience, will know, it can take your brain a while to catch up. (3) The sensible approach, of course, is to take it steady and build the speed up so you can acclimatize. (4) But youth and sense rarely go together.

[8] We can only hope a couple of idiots don't ruin it for everyone else. (CTV News http://www.motor1.com/news/131636/novice-drivers-crash-supercars/)

加拿大两超跑相撞 司机皆为年轻新手

[1] 环球网综合报道①超跑由于超速发生车祸的情况并不少见，②但两个初学者驾驶超跑，③由于经验不足相撞的情况就比较稀奇了。④上周四，加拿大发生一起超跑相撞的事故，⑤所幸无人员受伤。

[2] ①据悉，②事故发生在温哥华梅西隧道，一辆红色兰博基尼Huracan与一辆蓝色法拉利458 Italia相撞，③两辆车均有不同程度的损伤，法拉利的车头部分损伤较为严重。

[3] ①据当地警方人员称，两辆超跑的司机均为20多岁的男性，②事故原因并非超速驾驶来不及躲闪，③而是两车司机均是取得驾照不久的新手，④缺乏经验，⑤难以驾驭超跑这种强劲功率的车型。

[4] ①警方警告称，②超跑的魅力正在于其高性能与车速，③对于年轻新手来说更是难以抗拒，④但在市区公路上驾驶超跑的危险性还是很大的。⑤新手初上路最好不要一开始就尝试超跑，而应该驾驶更好驾驭的常规车型。

表0-2 变译前后的形义巨变对比与观察所得

译文章法		与原文关系	观察	所得	
[1]	①	无直接关系	据语境添写	增（写）	编
	②③	[1] (2)后一句+[1] (3)	合并且转述	减或摘；并；述	
	④	[2] (1)	提取	摘	
	⑤	[6] (1)	摘选	减或摘	
[2]	①	无直接关系	据语境添加	增（写）	编
	②	[2] (1)	摘	摘	
	③	无直接关系	加写	增（写）	
[3]	①	[3] (1)前	摘选	摘	编
	②③④	[4] (1)+[3] (1)末+[2] (2)+[3] (2)+[4] 末句	摘选+添补+合并	摘+增+并	
	⑤	[7] (1)后半部	摘选	摘	
[4]	①②	[5] (1)	摘取+加写+阐释	增（写+阐）	编
	⑤	[7] (3)	阐释	阐	

此例中，仅从局部看有全译，如原文段[5]句(2)，其他各处通过对比译前译后文本结构的变化，发现译作的内容变化较大，已不再是全译例证所示的微观变化，即只在词句之间发生变化；若将全译例的变化设为微变，那么本例的变化则是巨变。这便是在此要引入的人类早已从事但才入法眼的另一种翻译观——变译观。

本例至少涉及增、减、编、述、并、仿几种变译手段：

增： 段[3]句②将原文译作"事故原因并非超速驾驶来不及躲闪"，增"躲闪"之意，对原文进行合理阐释，使其更加易懂。

减： 译文减去了原文的不少细节性或背景性信息，见文中被删各处。如原文段[2]句(2)的Both cars were wearing "N" license plates已含"新手"之意，但毕竟以"N"开头的车牌表示司机才取得驾照不久这一点（indicating that the drivers had only recently gotten their license）不为中国读者所熟知。另外对警察的采访、警察姓名等细节信息也全部省略。

编： 译文将原文的意义板块，按汉语行文思路，重新铺排整合。如译文段[1]据原文加写后，又合并原文段[1]句(2)后一句与句(3)，最后将出现于原文段[6]句(1)的事故结果（无人受伤）提于段首，开门见山地报道事故信息。全文其实也是重编的过程，段[1]、[2]、[3]、[4]均属重编的结果。

述：原文段[1]句(2)的后一句 it's not unusual to see a pair of supercars that have crashed into each other与句(3)But what makes this one a bit more out of the ordinary is that at least one of the drivers was a "novice"，原译转述为"但两个初学者驾驶超跑，由于经验不足相撞的情况就比较稀奇了"，其实还可简述其核心内容"新手驾驶超跑相撞就稀罕了"，见下文改译。

并：原文对司机为新手的介绍比较散乱，译文将原文段[3]句(1)的末句与段[2]句(2)和段[3]句(2)以及段[4]的末句合并，构成了译文段[3]的句③与句④。若是非报网类载体，还可同类合并。

仿：译文首段仿新闻导语，与原文大不相同。

经过分析，发现本例的变译可改进为：

加拿大两超跑相撞 皆因年轻新手上路

[1] 环球网综合报道 超跑超速发生车祸并不少见，但新手驾驶超跑相撞就罕见了。上周四，加拿大发生一起超跑相撞事故，所幸无人伤亡。

[2] 据悉，事故发生于温哥华梅西隧道，红色兰博基尼与蓝色法拉利相撞。据警方称，两超跑司机均为20余岁男性，事故原因并非超速躲避不及，而是新手缺乏经验，难以驾驭超跑。

[3] 警方建议，超跑功率大，车速快，年轻新手难抵其魅力，在市区驾驶会很危险；新手上路最好是先求稳，再求速。

本例是对原作大举变通即增、减、编、述、并、仿的过程，可名为"变译"。与前述的全译相似，变译的主体依然是人或/和机器（目前人尚是绝对的主体）；其工具仍是译语；其客体仍是原作；它仍属于人类的智能活动和符际活动。变译与全译有三点新的差异：

第一，行为不同。变译的行为轴心除了全译的"化"之外，还有较大幅度的"变"，即因译语读者需求与原作供应的矛盾而对原作施以"变通"，包括增、减、编、述、缩、并、改、仿八大变通策略。如在译之外增加新闻导语，此为"增"；删去许多方面非中国读者所需的细节信息，此为"减"；将分散在各处有关司机的信息重新合并，此为"并"；等等。整个行为不再是输入，而是摄取有用信息。

第二，目的不同。变译的目的是追求译前译后信息量不同程度的相似，不求极似，而是要有所不同，且是大不同，旨在取得更简更明更优的效果。

第三，结果不同。变译的结果已不是原作的极似品，形体有变，甚至是殊异于原作。例中原译相较原文变短了，改译比原译更短更简，跨语言传播速度更快。

同样，可根据人类活动的主体、方式/工具、行为、客体、结果、目的、类属对人类的这种活动进行概括：

> 变译，质言之，指变通式翻译，或力求多样变通原作的翻译活动。
>
> 变译，简言之，指译者用译语变通原作内容以满足特定需求的翻译活动。
>
> 变译，具言之，指译者根据特定条件下特定读者的特殊需求，采用变通手段摄取原作有关内容的思维活动和语际活动。
>
> 变译，细言之，指人或/和机器用乙语采用增、减、编、述、缩、并、改、仿等变通手段摄取甲语文化信息以满足特定条件下特定读者的特殊需求的智能活动和符际活动。

从目前来看，人类翻译不外乎上述两类：完整传达原作内容以求极似的全译、大变原作内容与形式以求特效的变译。翻译兼指译者、行为和结果，核心所指是行为。综合前面对全译与变译的讨论，既理清其最基本要素，又不因简而陋或漏，先发掘其内涵，再作厘定。无论是机制、策略，还是方法、技巧，翻译中的七大要素都不可或缺：主体、客体、行为、方式/工具、目的、结果、类属。这七要素共同决定了翻译的内涵；换言之，七要素是翻译定义的根本属性。视"翻译"为动词，则可取动词义素的分析模式"{义项}=[主体+方式/工具+行为+客体+目的+结果……]"，用逻辑学中的"概念=种差+属"定义模式，得到"翻译"的义素和种差综合表，据黄忠廉（2010）改造，见表0-3。

表0-3 翻译的义素与构成

动词		动词义素						
		主体	客体	行为	方式/工具	目的	结果	类属
译	变易化	人或/和机器	甲符文化	变通转化	乙符	求特效，满足特定条件下特定读者的特殊需求	信息量有意失恒	智能活动符际活动
						求极似，力保原文信息量不变	信息量力求守恒	

对翻译本质的厘定应概括而不空泛，具体而不繁琐，专业而不深奥，易懂而不俗套。翻译之内涵不妨确定如下：

翻译是人或/和机器将甲语文化变化为乙语以求信息量相似的智能活动和符际活动。

（三）翻译方法论体系

翻译是追求译作与原作相似的活动，包括全译和变译。全译观是转化观，变译观是摄取观，相应的方法是全译方法（直译+意译）和变译方法（变通+（全译））。

面对原作，不论是有意识还是潜意识地，译者都会考虑译法的问题。是全译，还是变译；是采用全译下的对、增、减、移、换、分、合七种策略之一，或综合用之，还是采用变译之下的增、减、编、述、缩、并、改、仿八种策略之一，或综合用之，都是具体语境下的抉择。这一抉择涉及翻译活动的方方面面。杨自检（2002）综合英汉语有关方法的界定，将其定义为"方法是人类认识世界和改造世界的思路、途径、方式和程序"，是"为实现目标服务的一个分层次的有机系统"。可见，翻译方法论包括全译方法论和变译方法论两大领域。（见图0-1）

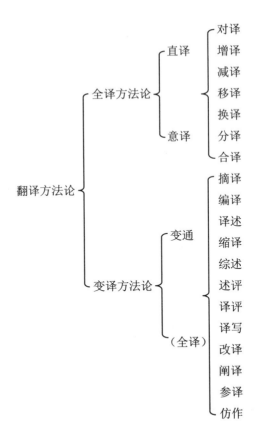

图0-1 翻译方法论体系

全译方法论的核心是信息转化，转的是内容，换的是形式，转换的策略是"直译＋意译"，其精髓是求"化"，以化求得译文与原文最大程度的"似"。求似的全译方法有七种：对译、增译、减译、移译、换译、分译、合译，还可向下位细分。变译方法论的核心是信息摄取，抽汲的是内容，改造的是形式，摄取的策略是"变通＋（全译）"，其精髓是求"变"，以变求得译文满足读者的最大需求。求变的变通策略有八种：增、减、编、述、缩、并、改、仿；由之演绎出十二种变译方法：摘译、编译、译述、缩译、综述、述评、译评、译写、改译、阐译、参译、仿作。

"'怎样译'的问题远远不是一个已经完全解决了的，因而已经不复存在也不值得研究的问题。近几年关于翻译质量下降的抱怨之声时有所闻，'怎样译'的问题现在是不是更值得翻译理论家关注，并切实努力帮助解决呢？"

（罗进德，2007）翻译方法得以总结，翻译研究也就开始了。翻译方法和翻译史丰富、发展到一定程度，可以产生系统化的理论，或者从理论出发，演绎构建理论体系。理论体系进一步系统化，可以形成一门学科。

方法→历史→理论→学科，是翻译方法逐步从实践上升为学科的一般发展历程，可见翻译方法研究是翻译研究之根本。

规 律 篇

第一章　翻译求似律

第一节　似与求似律

一、翻译相似律

任何双语之间的译作与原作既不等值，也不等效。

持等值说者，国外典型有苏联的费达罗夫（Федоров，1953）等，国内典型有吴新祥等。等值翻译"不但要求译作与原作有相同的信息、相同的思想、相同的形象、相同的意境、相同的情调，而且要求有相同的言语节奏、相同的言语风格、相同的言语韵味、相同的言语美学价值"。"绝对相等是理想，但是争取最大等值（即'最大近似等值'）则是一切好的译作必须努力争取达到的目标。"（吴新祥、李宏安，1990：1—2）"争取""最大等值""最大近似""努力"等已表明"等值"只是理想，作者也只是要求译者尽力而为之，这些与"等"字相悖，选用汉字还可以斟酌。

持等效说者，国外典型有美国的奈达等，国内典型有金隄等。"同一信息，用两套不同语言，接受者不同，却要产生基本相同的效果，这就是等效翻译的主要原则。"（金隄，1998：26）将"基本相同的效果"提升为"等效"，有失周延，不如避用"等"字。据李田心（2004）研究，对奈达"翻译"概念的汉译有严重的错误，尤其是"对等"二字。西方学者威廉姆斯和切斯特曼（Williams, J & Chesterman, A, 2004：55）对奈达的dynamic equivalence的理解也包括求似的思想（the idea of achieving a similar effect）。

"似"是一种客观存在，汉语中"似"本来就有"近似"与"胜似"二义，这也如实体现于翻译，如：

[1] Life is short, art is long.

译文1：生命是短暂的，艺术是长久的。

译文2：生命虽短，艺术永存。

译文3：人生朝露，艺术千秋。

译文4：生有涯，艺无涯。

译文1几乎对译，传达了原文本义，也朴素。译文2更简练，对比意味更浓。译文3用意象"朝露"代概念"短暂"，用意象"千秋"代概念"长久"，不经意间有超胜原文之美，不过，胜似终究也只是似。译文3的"朝露"本指清晨的露水，现比喻存在时间极短促的事物，如《金刚经》中有"如露亦如电"，又如"人生如朝露，何久自苦如此！"（《汉书·苏武传》）用古文译，有助于汉译传播，如"人生如朝露，艺术垂千秋"，"人生朝露，艺术才是千秋"。译文4一个"涯"字统括两类不同的事物，却用"有""无"反映两类事物的对比，文更简，味更浓。

请再看一则远离全译的译文：

[2]（A）我们致力于将我们的公司，（B）建成一个富有成就的公司，（C）一个受人尊敬的公司，（D）一个集智慧与创意于一身的公司，（E）一个员工健康向上、快乐成长的公司，（F）一个为股东创造满意回报的公司，（G）一个积极为社会作贡献的公司，（H）一个卓越的公司，一个追求价值最大化的公司。

①We are committed to building Baosteel Metal into a trustworthy company that ②produces remarkable achievements and ③high returns to shareholders, ④that is operated with collected wisdom and originality, ⑤where all staff enjoy their work and achieve personal development, ⑥and that consistently strives for excellence and optimizes corporate values ⑦while significant contributions to society. （姚锦清 译)

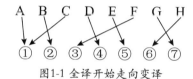

图1-1 全译开始走向变译

17

比较英译与原作，整个翻译过程总体上保留了汉语原文的层次与信息，对原文的逻辑顺序作了一定调整：先是自我认定，企业先有成就，再创利润，才能给投资者以回报，才能服务于社会。但C句"一个受人尊敬的公司"被删，在译者看来"受人尊敬"虽为虚语，却也可从中引出trustworthy，故合入①中。剩余七点内容全部译出，语序便成了ACBFDEHG，始见与例[1]全译的差异，至此差异还不显著。

再请观察同一作品的全译与变译：

[3] 伊丽莎奋不顾身地逃过俄亥俄河，正是暝色苍茫时分。<u>河面上缓缓升起了一片灰蒙蒙的暮霭；她一上岸之后，就完全消失在晚雾之中。</u>波涛汹涌的激流以及大片横冲直撞的浮冰，在伊丽莎和身后的追兵之间，形成了一重无法逾越的屏障。因此海利只得沮丧地、慢吞吞地回到小饭店里去再作计较。<u>老板娘为他打开一间小客堂，里面铺着一块破旧的地毯，地毯上面摆着一张桌子；桌子上铺着一块发光的黑油布，周围有几把瘦长的高背椅子；壁炉架上摆着几个鲜艳夺目的泥菩萨，炉子里还微微有点冒烟；壁炉旁边放着一张硬木的长睡椅，显得地方很局促。</u>海利坐在这把睡椅上，叹着人生多变，好景不长。

（黄继忠 译。下划线为引者所加）

[4] 意里赛既脱险，天已向黑，海留犹怒立河岸视之，模糊不可复辨。然大河亘其前，万不能涉。因叹息至意里赛所住之逆旅，主人许店人除一舍处之。海留独居静念，以为天下事多捉摸不定。

（林纾 译）

例[3]是全译，例[4]是变译。林佩璇（2003）研究指出，文中两处描写与本段的主要情节——"追踪"关系不大，略去不影响读者的总体感觉和理解，林译去之，显得更清晰简洁。

同一句话，用古文说，用现代文说，意同形不同，味道也不同；有时形式不同，也会影响内容等同。语内转换尚且如此，语际转换更不用说。如果找到几个全译本，断然不会有两个完全相同的译本，要有，很可能是剽窃之作。既然没有相等的现象，也就不要强用"等值""等效"之类的概念，汉语可用内涵丰富的词概括——"似"。同一原文，可以产生不同形式的全译本，更可产生不同体量的变译文，可见译作与原作之间只有"似"的关系。

换言之，译作与原作之间存在相似律，即译文与原文接近或相像的规律。似的程度有大有小，可用隶属度表示。设译作与原作完全等值为1，完全不等值为0，则其间有九个层次：

等	极似	很似	相当似	较似	有些不似	比较不似	相当不似	很不似	极不似	不等
1	.9	.8	.7	.6	.5	.4	.3	.2	.1	0

原作|全译|　　　　　变　　　　　　　　　　　　　译　　　|无用之译

图1-2 全译走向变译

九个层次中，力图极似于原作的是全译，如本章例[1]和例[3]；极似之外追求特效的八个层次是变译，如本章例[2]和例[4]。

二、翻译求似律

翻译相似律，是从静态看翻译结果，表明译作与原作之间呈相似关系。若从动态看翻译过程，则是追求相似的过程，翻译求似的规律简称为"翻译求似律"。全译求极似，变译求特效。

全译如何求极似？译者需要发挥高超的转化艺术，即转移内容和更换形式，其精髓就是"化"，要采取的策略有直译+意译，要采用的方法有对译、增译、减译、移译、换译、分译、合译七种。

变译如何求特效？译者需要施展巧妙的摄取艺术，即吸取内容和改造形式，其精髓是"变"，要采取的策略有变通+（全译），要采用的方法有摘译、编译、译述、缩译、综述、述评、译评、译写、改译、阐译、参译、仿作十二种。

全译包括理解、转化和表达三阶段，变译包括理解、变通+（转化）和表达三阶段。理解涉及语表形式、语里意义、语用价值三要素，转化或变通+（转化）涉及语里意义和语用价值两要素，表达又涉及语用价值、语里意义、语表形式三要素（见图1-3），其中表—里关系是主体，表—值关系为次体。全译中如果语值因素不强，或视为零，表里值关系可简化为表里关系。

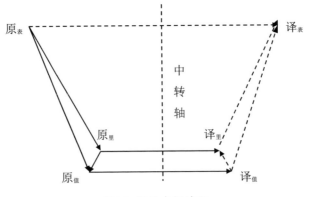

图1-3 翻译求似过程

图中：原_表——原语语表形式　原_里——原语语里意义　原_值——原语语用价值
译_表——译语语表形式　译_里——译语语里意义　译_值——译语语用价值
原_里≈译_里　　　　原_值≈译_值　　　　原_表≠译_表 原_表∩译_表

由前面各例大致可知翻译是一个求似的过程。再请看一例：

[5] I'm a student.

汉语人译Ⅰ：我是一名/个大学生。
汉语人译Ⅱ：我是个/名大学生。
汉语人译Ⅲ：我是大学生。
汉语人译Ⅳ：我学生。
汉语人译Ⅴ：我是男/女生。
汉语人译Ⅵ：我男/女生。
汉语机译Ⅰ：我是一个/名学生。
汉语机译Ⅱ：我是个/名学生。
汉语机译Ⅲ：我是学生。

这是最简单的一句，汉译追求了信息量的极似，即尽可能地传达原作的信息，包括内容、形式及其统一体即风格。例中的机译已相当不错地传达了原作信息，"我是一个/名学生→我是个/名学生→我是学生"与原文越来越近似，由形似走向意似，最终走向风格似。例中人译有超越机译之处：机译所能人译都能，人译还能根据语境由欧化走向汉化，由书面走向口语，由共性走向个性；用汉语"代词+名词"表示判断，如"我男/女生"，虽为口语，却含古汉语句法的味道。

结合例[5]，由图1-3可知，原语与译语之间语表形式的关系是虚的，变化很大。语里意义和语用价值的关系是实的，变化可小可大。小，反映的是全译的关系，体现了全译的转换机制：转移的是意义，变换的是形式，好比空气换了容器，佳酿换了器皿；大，反映的是变译的关系，体现了变译的变通机制：摄取的是意义，改造的是形式。原语表—里—值与译语表—里—值之间不是对称关系，即译作与原作之间是相似关系，所以中间的中转轴是虚设的。全译中表—里—值三者求似程度不一，重要性有别，从大到小为：语值求似＞语里求似＞语表求似。

由图1-3看翻译求似的**理解机制**：

原_表→原_里：原文由表及里，获得原文的语里意义或发现有用的意义；

原_表→原_值：原文由表及值，获得原文的语用价值或发现原作对译语读者的价值；

原_表→原_里→原_值：原文由表里及里，再到语值，在表里统一的基础上获得原义的语用价值或原作对译语读者的价值。

由图1-3看翻译求似的**转换机制**：

原_里→译_里：原语的语里意义变化为译语的语里意义，变化有两层意思，一是语里转化过去，二是变通过去，部分语里发生变化，结果意义上与原文相似；

原_值→译_值：原文的语用价值变化为译语的语用价值，变化有两层意思，一是语值转化过去，二是变通过去，部分语值发生变化，结果风格上与原文相似；

原_表→译_表：原文的语表与译文语表的虚实对应，虚对应主要表现为微观形式（如语音、词汇、语法等）的对应，实对应主要表现为宏观形式（如体裁、篇章结构等）的对应。

由图1-3看翻译求似的**表达机制**：

译_里→译_表：由里及表，原作全部或部分语里意义获得译语语表形式；

译_值→译_表：由值及表，原作全部或部分语用价值获得译语语表形式；

译_值→译_里→译_表：由值及里，再到语表，在值里统一的基础上全部或部分获得译语语表形式。

第二节　全译求极似

翻译的内在规律是"似"，拥有自己的内涵与结构。

一、近似与胜似

似，即相似，指译文与原文的接近程度。黄忠廉以原文为参照系，将古今中外的译文与原文的似归为两类：一是译文不出其内，即"近似"；二是译文出乎其外，即"胜似"。"近似"占绝对的主导地位，"胜似"占次要地位。

（一）近似

近似，《现代汉语词典》（2016年版）解释为"相近或相像但不相同"。全译的"近似"指译文与原文最大程度地接近而非等同。

对于翻译，林语堂（罗新璋，1984：426）曾客观地指出"一百分的忠实，只是一种梦想。翻译者能达七八成或八九成之忠实，已为人事上可能之极端。凡文字有声音之美，有意义之美，有传神之美，有文气文体形式之美，译者或顾其义而忘其神，或得其神而忘其体，决不能把文义文神文气文体及声音之美完全同时译出"，这"七八成之忠实"难道不是一种近似？

翻译是译者对原作的"二度创作"，是原作的近似反映，而不是复制。全译是译者将原语文化信息转换成译语的一种复杂的思维活动和语际活动，由于译者、思维、文化及语言本身等因素的影响与制约，这一信息转换的结果即译文必然会发生一定程度的变形与扭曲，原文的信息在转化的过程中必然受损，无论是其形式、内容还是形式与内容的统一体——风格，都不可能与原作"等值"，只能做到"求似"。而就文体来说，文学、社科和科技三种文体对内容转移的要求是一致的，对形式的变换要求则不同：文学作品的形式传达难以求全，社科作品基本上可以达到，科技作品绝大部分是可以置换的。所以在这三种文体的翻译中，译作与原作形式求似的程度为：文学翻译较小，社科翻译居中，科技翻译较大。

（二）胜似

胜似，《现代汉语词典》（2016年版）解释为："胜过，超过。如：不是亲人胜似亲人。"全译的"胜似"指译文超出胜过原文。

"似"，一般人只看到"近似"，往往忽略甚至否认"似"的另一内涵——"胜似"的存在。据《现代汉语小字典》，词条"似"除"像、如同"义项外，还有义项"表示超过"。古今中外大量翻译实践表明：胜似是一种客观存在的现象，不以人的意志为转移，因为译者首先是读者，不可避免地要欣赏和批评原作，将其认识融入译文，这必然使得译文产生超出原作的地方。此外，作为读者，译者也会在解读原作的过程中挖掘到作者还没有意识到，但已朦胧表现出的东西，并将之译诸笔端。

"胜似"产生的另一种原因是译者运用译语的本领超过原作者对原语的运用。如人们觉得波德莱尔用法语翻译的爱伦·坡的诗，比爱伦·坡的原诗更为出色，因为一个是平庸的美国作家，一个是天才的法国诗人；传说歌德认为纳瓦尔所译《浮士德》法文本比自己的德文原作来得清楚；郭沫若将Immensee译为"茵梦湖"，被公认为胜于原作（张泽乾，1994：20）。钱锺书也曾说过："我第一次发现自己宁可读林纾的译文，不乐意读哈葛德的原文，理由很简单，林纾的中文文笔比哈葛德的英文文笔高明得多。"著名语言学家吕叔湘在仔细对照了多首英语唐诗之后也说，其中的有些译诗"竟不妨说比原诗好"。与译作胜过原作的现象相仿的另一种现象是译作对原作的"提高"，具体来说也即是对原作的"雅化"，如有的莎士比亚的译本，译者把原作里的许多蠢话、粗话和可笑的对话都作了"提高"，译作因此比莎士比亚的原作"更为庄重，更为高雅"。

钱锺书的"化境说"（郑海凌，2000：105）一方面肯定译者的创造性，另一方面指出译作超过原作的可能性。西塞罗认为，翻译不应以原文为中心，依样画葫芦，而应当是一种创作，不仅要与原作相媲美，而且要尽可能在表达的艺术性方面超过原作。在他看来，翻译的主要目的不是"诠释"、"模仿"，而是与原文竞争。我国的许渊冲也提出过"译文应与原文竞赛"的观点（许渊冲、许钧，2001：51）。"胜似"突出地表现在文学翻译中，更为集中地表现在诗歌翻译中，特别当原作并不完美时，由于译者主观能动性的发挥，会把其译为完美之作，胜过原作。普希金就是这种实践者，他将法国诗人帕尔尼平庸的即兴诗歌译成赞颂美和青春的动人颂歌，费达罗夫评价说，读他的翻译和改译，只把它当作创作的作品来读，因为译作超过了原作。（Федоров，1953：34）而译作在文笔上优于原作，是"笔补造化，人定胜天"的美学思想的具体体现，从翻译实践的角度证实了译者的创造性在译作的艺术生成中的作用。

二、意似、形似、风格似

原文有形式和内容之分，而形式和内容的统一则构成作品的风格，所以，译文与原文的似，无非是意似、形似和风格似。

（一）意似

意似，指与原作内容的似，是似的基础，因为任何翻译的目的都是为了让译语读者了解异族文化，保证内容信息最大限度的传递是其首要任务。

内容是指反映在作品中的客观社会生活和对它的认识、感受、评价、态度等主观因素的总和，包括题材、主题、人物、事件等要素。原作中信息内容最小的元素是词，词又是概念的语言载体，而词在言语交际中的信息容易增值、转换、变异，这种语义变化会使意义本身和作者的原意受到增减。语句是词的有机组合，是言语交际中最小的交际单位，一个句子的意义是由组成句子的词的意义加上结构意义（也称语法意义）构成的，而各民族由于受思维方式、语言本身等因素的制约表达法各异，所以在语际转换中，意义的损失是不可避免的。再者，译者在对原作进行解读和传达的过程中，由于其本身及其他因素的影响，容易造成对原文内容信息的增减或变异，所以，翻译过程中原文的内容信息不可能被完整传达，译文相对于原文，或过之，或不及，都是接近原作，这就是意似。

（二）形似

在求得译文与原文意似的基础上我们还应该尽量保持原文的宏观和微观结构，这便达到了译文与原文形式的似，即形似。

形式是内容诸要素统一起来的结构或表现内容的方式，是原作的组织方式和表现手段，包括体裁、结构、语言、表现手法等要素。就原作的宏观形式而言，由于各民族对体裁的划分大体一致，所以原作的体裁可以在译语中找到对应的表现，而结构虽在不同的语言作品中存在差异，但它只是作品的外在表现形态，也不致造成读者理解的障碍。可见，翻译中原作的宏观形式一般是不变的，形式转换主要涉及的是作品的微观形式，即语言的表层结构，如音韵节奏、句式结构、修辞手法等。而形式与内容是辩证统一的，内容决定形式，形式为内容服务，又反作用于内容，形式的优劣制约着内容的表达。形式不单纯只用来表现内容，还是对内容的深刻化、形象化、生动化、感人化（包括加强逻辑性、条理性和说服力）等。翻译文学作品，不忠实于原文形式，就不能充分忠实于原作的内容，原作是内容和形式的统一体。但在传译时片面地拘泥于形式必然也会损害原作内容。至于译文的形式，我们不能强求它处处与原文的形式一致，应该根据不同的情况，根据内容的需求和译语的语言规范找到相应的语言手段和表现手法。翻译中形式变动与否一般取决于译语思维要求，其次取决于原文形式特色，但是如果作者非常注意句子结构对内容的作用，则要以反映原文句子结构特色为主，再考虑如何用译语表达得更顺畅些，如托尔斯泰的长句，契诃夫擅长的短句，马雅可夫斯基独特的"阶梯诗"等。

（三）风格似

"风格"一词来源于希腊文，有"石柱""雕刻刀"等含义，希腊文取最后一义并引申，最后表示以文字修饰思想和说服他人的一种语言方式和演讲技巧。从汉语词义上看，"风格"最初指人的作风、风度、品格等，后来才用于文学创作。在我国，用"风格"来概括人的个性和文学创作的特点，始于魏晋南北朝时期，这也是我国文学理论批评史上开始形成比较系统的风格理论的时期。据《辞海》（1989），风格是作家、艺术家在创作中所表现出来的艺术特色和创作个性。作家、艺术家由于生活经历、立场观点、艺术修养、个性特征的不同，在处理题材、驾驭体裁、描绘形象、表现手法和运用语言等方面都各有特色，这就形成了作品的个人风格。风格体现在文艺作品内容和形式的各种要素中，是内容和形式的高度统一，所以，在意似、形似的基础上，它们的高度统一就形成了风格似。

在翻译中，由于语际转换的制约和译者的介入，译作的风格已不可能等同于原作的风格，而是一种综合风格。如果考虑译者对原作风格的理解与原作风格存在一定差距，加之原作风格确有一些不可译的因素，那么原作风格在翻译过程中不可避免地会发生一定程度的变化。风格的可译性有一个幅度，完全彻底、百分之百地传达和再现原作风格只是一种理想，任何成功的风格翻译也难免有一定程度的失真和走样，只能求得最大限度的"相似"。

就文体来说，文学作品的翻译对风格似的要求更高一些；非文学作品的翻译主要是达到意似，形似只是尽力而为，而文学作品的翻译则要求在意似的基础上做到形似，使二者达到高度统一，最后取得风格的"似"。风格翻译关注的中心是原作风格意义的所在，以及在对原作风格意义分析的基础上获得译作风格对原作风格的"适应性"，即它研究的不仅是原文的风格表现手段，还包括如何使译文在与原文的对应中力求在风格表现上做到"恰如其分"，做到"相似"。风格的翻译同时兼顾两个方面，即原作的词、句型、修辞手段和艺术手法形成的总的情调或神韵，还有作品的内容，因为它是风格形成的内在因素。要再现原作风格必先求得译文同原文的意似，而内容外在表现为形式，风格总是通过形式的特点，主要是通过语言表现的特点呈现出来的，因此风格似的主要手段是求形似。经验表明，能够较好地传达原作风格的译文往往在语言形式上与原作是十分贴近的。

第三节　变译求特效

一、"三特"求特效

变译的特效指变译产生的特殊效果。据导言有关变译的定义，"特定条件下特定读者的特殊需求"可简称为"三特"。"三特"追求的是有的放矢、针对性强，即针对特定读者的某种特殊需要，采取有针对性的变译方式。

（一）特定条件

变译是达到特定条件下特定目的的一种语际行为。翻译本身就有交际对象的转变，交际环境、时地文化背景等均发生了改变。这一变化使得翻译这一语际行为进入特定的条件。

外来文化能在异域生存，关键在于能适应环境和条件。原作的适应性指它对特定社会条件的适应。按全译的做法，当它所设定的对象和条件与翻译

的现实条件有差距时，就会显出无法直接满足现实的缺陷，出路只有一条
——变通。

就变译而言，同一原作对不同读者有各种变通的可能性，不同的人可能
需要不同的译本，这种可能性包含各种现实性，在一定条件下可能会转化为
现实。常说的因时制宜、因地制宜、因人制宜，都是指根据形势、条件、环
境、情况制定变通对策。正是因为实际情况和具体条件不同，同一原作可采
用不同变译策略。变译的特定条件是影响变译发生发展的外在因素，变译的
十二种方法均受制于特定条件。比如下例要从汉语文化圈译入英语文化圈，
就要因地制宜：

[6] (A)韩梅梅，(B)女，(C)××年×月×日生。(D)在我校俄语语
言文学学科(专业)(E)已通过博士学位的课程考试和论文答辩，成绩合
格。(F)根据《中华人民共和国学位条例》的规定，(G)授予(H)文学博
士学位。

(I)××大学(J)校长　(K)××

(L)学位评定委员会主席　(M)×××　　　　　(N)2017年6月27日

①The Degree Awarding Committee of ②XX University③has conferred
on ④Han Meimei ⑤the degree of Doctor of Literature⑥with all the rights
and privileges appertaining thereunto. ⑦In accordance with "Regulations
of the People's Republic of China Regarding Academic Degrees", ⑧this
diploma is awarded to her in Harbin, China ⑨on the twenty-seventh day of
June, A.D. two thousand and seventeen.

⑩XXX

⑪President and Chairman of Degree Awarding Committee

⑫XX University

（二）特定读者

翻译，是不分对象地和盘托出，还是有的放矢、因人而异？有时选择前
者，有时选择后者，这取决于读者。前者面对的是所有读者，后者面对的是特
定读者。

变译这一语际行为除了交际条件转变之外，还有读写对象的转变。具体而
言，变译根据特定读者采取的变通策略，均是出于对接受者文化、社会、地

理等客观条件，以及政治制度、生活习惯、欣赏习惯等主观因素的考虑，因此如何为政治、文化环境不同的受众提供译作是每个译者需要考虑的问题。《读者文摘》除用15种文字出版外，同种文字也分出不同版本，如英文版本身就有美、英、澳、加、新、印、亚洲版，均取决于他国受众政治文化背景。如例[6]若不管对象照译即是目中无人，若要满足英语读者，就不能不有所顾及。

在变译中，原文不再是变译的决定性因素，而只是必要因素，因为译文可直接为特定读者产出，如旅游变译、外宣变译、广告变译等，好比是来料加工，原作仅是原材料而已。变译者不再是全译要求下的主要完成文字转换的操作者，他首先是文化交际专家，其次才是语言专家，像严复那样，才是为读者考虑的文化大家。

由此观之，"读者中心论""目的论""接受论"在变译中得到了最大限度的彰显。

（三）特殊需求

诗的音乐性仅仅为了诗自身的音乐需要，属于自律性，与之不同，歌词的音乐性则更多出于谱曲演唱的需要，属于他律性。与之相似，变译既要照顾文本转换自身的内在规律，又要受制于特定条件下特定读者的特殊需求。只有通过对现实的某种适应，才可能真正满足某种需求，适应始终受制于需求。

有人把翻译学归于传播学，有一定的道理。了解读者、尊重读者、服务读者：说话要注意对象，宣传要讲究方法。要想达到对外宣传的目的，首先必须了解读者，弄清他们的喜好和需求，研究他们的思维方式和接受能力，据其现实需要和实际情况，有针对性地选择相应的传播内容，确定恰当的传播方式，进行有效的对外宣传（刘继南，1999：11）。变译与此同理。如例[6]，英语读者要看到中国学生的毕业信息，他并不是想了解中国毕业文凭的格式等，译者有必要改变汉语内容来适应英语文凭的形式，这便是特定条件下的特殊需求。

二、多快好省，有的放矢

总体上讲，变译的特效是有效地吸收国外信息，表现为：多快好省，有的放矢。

（一）多——信息密度大

信息密度可指信息的含量与载体篇幅的比值。信息密度大指减小译作载体，力争加大信息容量与载体的比值。而提高语际信息传播的密度，好比是提高液体的密度，这一特效可归结为"多"。"多"表现有三：

去冗 譬如，摘译删除冗余信息，使有用信息更加突出，信息密度加大。若摘译还不能如意，就编，继续挤掉水分，还不行，就转述。在删、编、述之后，译文还显松散，就进一步压缩。

炼质 排除原文的杂质，优化译文的结构，篇幅未变，内容更纯，效果就大增，编译和译述的功用正在于此。

增量 基于原文信息加以阐释，或者补与相关信息，信息量更充分、更充足，单位信息密度就更大，比如多篇编译、综述、述译等。多篇相关文献的综合，虽说信息量与幅度同时有增有长，但幅度的增长量总比信息增长量要小，其成品的篇幅相对于原来几篇乃至几十篇文献大大减小，信息密度大大增加。

（二）快——传播速度快

变译来得快、巧、集中，因而具有短平快的特点，投入相对小，花费时间少，产出快。这一特效可归结为"快"。"快"表现有三：

短时 全译有时难以与网络化时代匹配，会占用译者的时间，延误出版的周期，耽误读者的光阴。而在变译中，冗余信息的删除和挤掉，如摘译、编译、缩译等，有用信息的组合与优化，如综述、述评等，新旧知识的结合，如译写、阐译等，都会加快信息的传播、吸收与运用的进程，进而有效地服务于读者和社会。

直通 变译采用读者喜闻乐见的形式，不像全译那样译出全部，由读者寻找所需信息，而是加入了译者更多的脑力劳动，直接选出甚至附加读者所需的信息，直通读者的需求，缩短了读者曲线追求信息的过程。

速效 变译见效快，尤其是在实用翻译领域。一部小说获诺贝尔文学奖，可迅速将其缩译，告知国人；一项科技发明申请了专利，立即将其摘译或译述，可促进国内的科技发展。《时间简史》出版了，畅销国外，为了普及科学知识，在获得版权和作者许可之后，译者可以在原作基础上加图加例，使之科普化，予以译写，以快速传播科学知识，效果比全译更明显，接受面也更宽。

（三）好——信息质量高

高质信息在当下越来越受欢迎，质优才能赢得市场、赢得读者。这一特效可归结为"好"。"好"表现有五：

量足 信息密度大，信息量相对充足。

精当 使信息增值，做到小而优、快而优，以小博大。

适时 "好雨知时节，当春乃发生。"变译可应时之需迅速译出所需信息，而不像全译，需要比较充裕的时间，才能拿出成品。现实中常有急就章式的翻译，比如新闻翻译多为变译。

优化 变译中，译者可以宏观把握原作，或因原作结构不佳，或因读者阅读兴趣需要，优化其结构，增强译作的功能。如编译时调整篇内结构，以便阅读；将几篇原作合成新篇，有序化之后便于阅读。

有效 经验丰富或市场意识强的译者对原作一般会去粗取精，避陈词滥调，抓信息的实质，译得精短，简单明确，弹无虚发，给读者有效信息。

（四）省——省时省力省篇幅

再爱书的人，也会慎读长篇，慎购厚书。面对现实，变译可考虑三"省"：

替译者省气力 省译者的气力指节省译者翻译和书写或输入的精力与时间。试想，所译的文字并非读者所需，你愿意翻译不必要的文字吗？比如有的地方太艰深，需要解释一番，有的部分无用，有的部分太乱，这时费神的是读者。如果译者替读者着想，变通一番，乐得轻松，岂不是两全其美？

替读者省时间 在全译文本中，译语读者所需的信息往往淹没在全文中，要费时费力才能找到所需信息，倘若替之找出、摘出相关信息，或编辑后信息更集中，是不是更方便些呢？若原作废话连篇，水分欲滴，则译者替读者浓缩，读者耗时是不是就相对少了呢？

替出版**省版面**　出版的市场化，迫使出版界惜版如金，广大译者多半要服从出版的要求。

（五）有的放矢——针对性强

有的放矢就是针对读者的某种特定需要，采取有针对性的变译方式。思想怎么取舍，怎么表述，要看当时当地的特定需要。想的虽然很完整很系统，但在特定的条件下，也许你只取出某一侧面、某一重点或某一精彩的片断来表述，效果会更好些。不看需要，无的放矢，是不可能取得文化交流的理想效果的。

全　译　篇

第二章　全译方法概论

第一节　全译的轴心：转换

汉语"翻译"所指的行为，英语称translate，法语称translater，俄语称переводить，四者共指变换某物的方向、位置、形式等，如从甲面到乙面，从甲处到乙处，用形式甲向形式乙传输某物，见图2-1。

甲　　　　乙

图 2-1 翻译的时空流程

这一行为可名"转换"，全译正是此类转换活动之一。由全译的本质可知，全译的中心是转换，转移的是内容，更换的是形式，这是全译活动的轴心。那么，转移的对象是什么？

一、转移意义

（一）转移的重心

全译的中枢单位是小句（黄忠廉，2005），思维的中枢单位是简单命题，对应于小句，所以语里意义以小句所对应的单位"表述"为中枢单位。另外，短语由词组成，小句由词和短语组成，复句和句群由小句组成，所以语义关注的重心应是词义和（小）句义。

句义包括逻辑意义、语法意义和语用意义。逻辑意义包括实词意义和实词之间的语义关系；语法意义包括词语的语法形态、语序、虚词等语法形式所表现的意义；语用意义包括表达者的交际意图和交际价值。句义与词义的关系见图2-2。

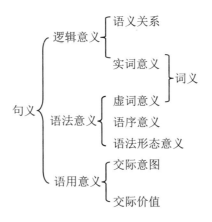

图2-2 句义与词义的关系

由图2-2可知，词义融入句义，小句语义在语义含量上仍处于中枢地位。在全译中，语里意义仅限于逻辑意义和语法意义，语用意义并入语用价值。所以，全译转移的对象主要是句义及其所含的词义，比如每个词的词义：

[1] 立足国内资源，实现粮食基本自给，是中国解决粮食供需问题的基本方针。（武峰用例）

译文1：Relying on the domestic resources and achieving the basic grain self-sufficiency is the basic principle for China to solve the grain supply and demand problem.

译文2：The basic principle for solving the problem of grain supply and demand in China is to rely on the domestic resources and basically achieve self-sufficiency in grain.

按原文语言片断的切分，词义、（短）语义分别为：立足——rely on，国内资源——domestic resources；实现——achieve，粮食——grain，基本——basically，自给——self-sufficiency；是——is，中国——China，解决——solve，粮食供需——grain supply and demand，问题——problem，基本方针——basic principle。译文1看似对译为主，单独一句不是不可，一旦进入大语境，也可选择译文2，二者句义未变，形式有异。

（二）命题是转移的中枢单位

经过理解的原文是如何储于译者大脑的呢？主要以命题形式存于脑中，而命题以概念系统和意象系统存在。（王甦、汪安圣，1992：172）概念系统和意象系统并存于大脑，二者是平行而关联的两个认知系统，有时意象系统占主导，有时概念系统占主导。如：

[2] It was in August 1889. She was eighteen years of age, bright, timid, and full of the illusions of ignorance and youth.

那是一八八九年的八月，她年方十八，机灵而羞怯，满脑子是懵懂的年轻人的幻想。（王克非 译）

命题以概念系统为载体换装转移。所谓概念系统，即由概念以及概念之间的关系构成的意义系统，以一般知识为参照，可有形式结构，如语法结构，概念是其基本单元。概念系统注重概念的特征关系，具有局部分析性色彩，所承载的语义是一系列特征及其关系。

最先被激活的是由词所联想到的概念，概念又形成概念系统。那么，命题的换装转移，指用原语思维的命题换成用译语思维，语言作为思维的工具，换了语种。因此概念系统会有些变化。如例[2]中各词语都会在译者大脑中激活相应的概念：1889——距今100多年前的某一年，was——表示判断关系，等等。这些概念之间又构成语义关系，如she、was和eighteen years of age构成一个判断。

概念系统一般可以转换为意象系统，只是抽象转为形象的程度不同而已。所谓意象系统，即由意象以及意象之间的关系构成的意义系统，以个人经历为参照，以时空为框架，意象是其基本单元。如she——一位女性，eighteen years of age——刚步入青年的年龄，这些词语会激活脑中妙龄少女的形象。意象系统注重原型的实例关系，具有整体综合性色彩，所承载的语义是一系列的原型及其关系。

意象系统的整体转移指命题从原语思维换作译语思维，意象系统整个地转换。王甦、汪安圣（1992：197）认为，在命题树中，最底层为意象，对应于概念。所以命题树既可以表征为抽象的语义记忆，又可以表征为形象的情景记忆，只要情景记忆信息以命题表征，就可容纳个人经历的各种事件。如例

[2]各词语均对应大小不同的意象，各意象又构成了一个图景，浮现在译者的脑海里，是一幅完整的妙龄少女图，这一情景能完整地移入译语世界，译者再用译语表达出来。

二、更换形式

（一）更换载体

从全译所追求的目标——希望意义不受损耗，形式更换为译语所应有的形式看，如果原作形式具有特殊的语用价值，则力求兼顾原语作品的这一形式特征，倘若会因形害义，则舍形取义。所以，从根本上讲，全译是在力保意义不变的前提下更换语表形式。

用数学形式也许能说明这个问题。假设译作与原作的信息内容基本一致，则译作可以成为不同载体的语言作品，好比是同样的面积，可以画成不同形状的平面几何图形。（见图2-3）

图2-3 全译内容与形式动态对应图

（二）更换微观形式

全译不改变原作的宏观形式，如体裁、结构等，更换的只是微观形式，如句、语、词等。例[2]原文是句群，译文是复句；第2句是小句，变成了汉语流水句，简洁程度与原文有照应关系，也反映了汉语流水句的特征。原文一个主语至少管控了4个命题：

She was eighteen years of age;

She was bright;

She was timid;

She was full of the illusions of ignorance and youth.

汉译并未一一对应译出四个命题，而是像原文一样，将该省的地方省去了：

她年方十八，（她）机灵而羞怯，（她）满脑子是懵懂的年轻人的幻想。

所以，全译中变化最明显的是言语形式，尤其是言语的微观形式，宏观形式不会发生变化。

第二节　转换的精髓：化

全译是原文内容渐化、译文形式化生的量变过程，行为的落脚点在"化"上（余承法，2016）。"化"不仅是全译转换的精髓，更体现为全译的本质。"化"的内涵包括：文字学原解之"教行、教化"，哲学通解之形异质同的"渐化"，美学专解之天人合一的"物化"，翻译学新解之"渐化原作、化生译作"。"化"的形式是指认识全译性质、执行全译任务时实施的具体手段，包括对、增、减、移、换、分、合七种。

一、化的内涵

"化"的内涵是指"化"所反映的行为的本质属性，包括它在文字学、哲学、美学、翻译学等不同学科中的解释。

（一）"化"之文字学原解

"化"最早见于商周时代的甲骨文，周朝中晚期的《兴壶》、晚期的《中子化盘》（铜器）等铭文中均可见"化"字，战国时期齐国的刀货上也有所见，"化"之今字由秦代篆书转写而来。通过考查《尚书》《诗经》《左传》《孟子》《荀子》《史记》等文献发现：越早的文献中"化"单独成词的越多，以后逐渐与别的词或语素组合成双音节词，如"教化""变化""神化""化育""化气"等，因而引申出一系列含义。"化"的释义最早见于《说文解字》："匕，变也。从到人。凡匕之属皆从匕。呼跨切。""化，教行也。从匕从人。匕亦声，呼跨切。"（许慎，1983：168）许慎笼统地将"变""化"视为同义词，段玉裁（2002：384）则进一步指出："变者，更也。凡变匕当做匕，教化当作化。今变匕字尽作化，化行而匕废矣。"他还认为，"分别天变地化，阳变阴化"是"析言"，许慎"以匕释变"是"浑言"。

（二）"化"之哲学通解

中国历代哲学家基于"变""化"的基本含义，结合对自然、社会、人生的观察和思考，先将这两个单一概念合并为一个整体概念，后将其分化为一对对偶范畴，阐述了不同内涵和相互关系，又逐渐将它们与质变和量变的内涵相接近，并与动静、道器、有无等范畴相联系从而使之成为中国哲学范畴发展史上的一对重要中介范畴（张立文，1988：423—453）。《论语》论"道"时，有"变"无"化"：如"齐一变，至于鲁；鲁一变，至于道"；《道德经》论"道"时，有"化"无"变"：如"道恒无名，侯王若能守之，万物将自化"；孟子则并列"变""化"并稍加区分："变"即"改变"，如"诸侯危社稷，则变置"，"化"即"教化"，如"夫君子所过者化，所存者神"，有时将"化"也作"死"，如"且比化者，无使土亲肤，于人心独无恔乎？"《易传》着眼于自然、社会的总体现象，以明确、清晰的语言论述"变""化"范畴，提出了"化"的重要思想，其基本含义包括：第一，化生、化成，如"日月丽乎天，百谷草木丽乎土。重明以丽乎正，乃化成天下"，"天地感而万物化生"；第二，事物化生的过程，如"天地氤氲，万物化醇，男女构精，万物化生"。"化"有时虽与"变""动"同义，但侧重揭示"生"或"生生"这一运动变化的实质内容，其规律即戴震提出的"生生者，化之原；生生而条理者，化之流"（马中，2007：161）。《易传》还对"变""化"的关系作了裁定："化而裁之谓之变，推而行之谓之通。"这成为中国哲学中"化通""变通"思想的滥觞。

荀子对"变""化"对偶范畴的含义作了区分："状同而为异所者，虽可合，谓之二实。状变而实无别而为异者，谓之化；有化而无别，谓之一实。"（《荀子·正名》）"化"即形异实同，是没有改变事物根本性质的"状变"。杨倞注解《荀子》时把"化"解释为形变而质不变："状虽变而实不为别而为异所，则谓之化。化者，改旧行之名。"张载把量变叫作"化"，"化言其渐"，就是渐化。朱熹对"化"作了如下规定：第一，"化是逐旋不觉化将去"；第二，"化是自阳之阴，渐渐消磨将去，故谓之化"；第三，"阴化为柔，只凭地消磨去，无痕迹，故曰化"。

由是观之，"化"是一种形变实存的运动过程，是一种细微、缓慢、不易察觉的量变形式和状态，是没有改变事物性质的渐化，是事物原有规定性的延续，是事物自有而无、自动而静的运动过程和结果，表现为事物运动过程中的统一、平衡和静止等状态（余承法、黄忠廉，2006）。

（三）"化"之美学专解

"化"作为贯穿中国古代文艺美学的最高理论范畴，以"天人合一"的哲学思想为理论支点，体现于文学艺术中浑然无迹、"心手皆不至"、物我两忘的审美极境。庄子最早提出"物化"的美学思想："昔者庄周梦为蝴蝶，栩栩然蝴蝶也，自喻适志与，不知周也。俄然觉，则蘧蘧然周也。不知周之梦为蝴蝶与？蝴蝶之梦为周与？周与蝴蝶则必有分矣。此之谓物化。"（庄周，1999：21）"物化"由生死、变化到主客的融合无间，是人作为创作主体的"物化"和物作为创作客体的"人化"的高度统一。一些艺术理论家尤其是明清之后的诗论家、文评家和书画家都将"化"与"境界"相连，提出诗歌、小说、书法、绘画艺术的"化工说""化境论"，揭示"化境"作为文艺创作的最高境界，是一种天地与我俱生、万物与我同一、心手物融合于一体的审美创作佳境，正所谓"艺术的最高境界是无技巧"。"化（境）"涵盖四方面的要素：一是创作主体必须具备的德、才、学、识等基本素养和长期进行的艺术修炼；二是创作主体排除一切外部干扰时处于的一种"虚静"的创作心态；三是创作主体与客体间物我相融、浑然一体的创作状态；四是在这种心态和状态下创作而成的作品所达到的自然天工的最高审美境界。

（四）"化"之翻译学新解

"化"的基本含义包括化生、变化、物化，有贯通形而上之道与形而下之器的神用，体现在中国文学艺术创作理论与实践之中，构成一个独特的审美范畴。"化境"一直被标举为文学艺术的最高境界，翻译艺术中亦然。李季曾指出，鲁迅的译文开创了一条值得我们追踪而往的创作之路，即译文达至"化境"，或曰"信达化"，这是比"信达雅"表述更准、难度更大、目标更高的翻译标准（罗新璋，1984：312—313）。钱锺书博通古今、学贯中西，他在《林纾的翻译》一文的发端，从许慎关于翻译的一段训诂出发，拈示出"译""诱""媒""讹""化"一脉相连、彼此呼应的意义，又汲取中国古代哲学之"化"的精髓，将文艺之"化"与美学中的"境界""不隔"等概念联姻，将"化"移植为翻译学范畴，高屋建瓴地揭示出文学翻译的最高理想：

文学翻译的最高理想可以说是"化"。把作品从一国文字转变成另一国文字，既能不因语义习惯的差异而露出生硬牵强的痕迹，又能完全保存原作的风味，那就算得入于"化境"。17世纪一个英国人赞美这种造诣高的翻译，比为原作的"投胎转世"（the transmigration of souls），躯体换了一个，而精魂依然故我。换句话说，译作对原作应该忠实得以至于读起来不像译本，因为作品在原文里决不会读起来像经过翻译出的东西（钱锺书，2002a：77）。

钱先生既标举"化"的艺术高境，又在实践中以语迹具融、造诣非凡的译艺作为对"化"的完美注解，赋予"化"新的学科使命和意蕴丰富的内涵，使"化境说"成为其翻译思想中一颗璀璨的明珠，成为中国翻译学建设中一座不朽的丰碑。

综观文字学、哲学、美学之"化"和钱先生标举的翻译学之"化"，可知全译之"化"包含以下几方面内容：

第一，"化"是一种易与不易、得失兼备的量变过程。

由于中外两种语言在表达习惯及其所反映的思维模式、价值观念、风俗习惯等方面的差异，翻译中必然存在变易和不易的成分，包含得与失的元素，"此'本'不'失'便不成翻译"，"安言之以为'失'者而自行之则不得不然，盖失于彼乃所以得于此也"（钱锺书，1986：1263）。在全译过程中，译者"易"去的是原作的外形，进行的语言变易包括音、形的改变以及音形义结合方式的改变，形式的改变引起原作量的细微变化，其独特的话语方式、迥异的行文习惯、不同的审美介质，以及原作和译作之间的种种隔膜都渐渐消磨掉；"不易"的是原作的意义和内容，原作从一个语言世界转换到另一个语言世界，其实质内容却没有表现出根本性、显著性的突变。"化"是一种"得意忘言"的量变过程，是译作对原作的"状变"而"实无别"，流失的是原作的形式外壳，发生的是"形体变化"，消除的是原作内容和译作表达形式之间的矛盾，即翻译中表现出来的种种痕迹，保存的是原作的内在意义，是风味和"精魂"，即翻译是"转世轮回"（钱锺书，1986：473）。因此，"化"的译学内涵是"去痕存味""变形存质"。

第二，"化"包含两个层面：理想之"化"与实际之"讹"。

理论上，"出神入化"是译者的奋斗目标和努力方向，从艺术审美的高度揭示文学翻译的最高理想，对于改善文学翻译质量、提高文学翻译水平，具有里程碑式的指导意义和激励作用；实践中，"彻底和全部的'化'是不可实现的理想，某些方面、某种程度的'讹'又是不能避免的毛病"（钱锺书，2002a：79）。

求"化"的过程是一个不断引"诱"避"讹"、化解语言冲突和隔阂的过程。入"化"的译作应该忠实于原作而不应有任何偏离。人们通常认为"化"与"讹"是翻译中的一对对立范畴，"化"不能容忍"讹"，有"讹"则不足为"化"，这不能不说是对钱先生"化境说"的一大误解。如上所述，钱先生认为"讹"与"化"一脉通连。段玉裁（2002：60—61）注："化，各本作讹，非也。讹即譌字。"《康熙字典》也指出："化音，吪，差错也，谬言也。从人从匕，会意。小篆与匕混，故加言作'讹'。"可见，"吪""讹"都有"动"之义，这与"化"的"变化"义有关，"吪（讹）言"即"变化的言语""改变事实真相的言语"，因而"化"与"吪""讹"相同，引申为"错误"之意。"讹"产生的原因在于"三种距离"："一国文字和另一国文字之间必然有距离，译者的理解和文风跟原作品的形式和内容之间也不会没有距离，而且译者的体会和表达能力之间还时常有距离。"（钱锺书，2002a：78）有的译者进行"创造性叛逆"，迫不得已对原作进行某些改变可能导致的"讹"，并非纯粹的误读误译，而是创造性的误读误译，是他对原作进行的"明知故犯"的艺术再加工，原作也因此获得了生命的丰富、拓展和延续。此种"讹"更是另一境界之"化"。"化"是全译的高级阶段，是普通译者孜孜追求的最高境界，是翻译大师艺术修炼的必然结果；"讹"是全译的低级阶段，消极之"讹"是译者难以避免的毛病，积极之"讹"可能是翻译大师的妙手之得和创意之处，是译者迈向全译高级阶段的必由之路。因此，"化"和"讹"属于背出分训，两义相反相成，"化"中存"讹"，"讹"中显"化"，二者统一共存于具体的全译实践中。

第三，"化"是"真"和"美"的有机统一。

"信"无疑是"化"的第一要件，这可以从钱先生对"化"的诠释得到印证："把作品从一国文字转变成另一国文字，既能不因语文习惯的差异而露出生硬牵强的痕迹，又能完全保存原作的风味。"（钱锺书，2002a：77）入"化"的翻译，强调译作对原作的"忠实性"——忠实得以至于读起来不像译本，强调译作的"透义性"——译作如水晶般透明，一个语言世界中的读者借助于译作认识另一个语言世界时，并不感到译作的存在（胡范铸，1993：267）。钱先生（1986：1101）曾言简意赅地界定"信"的内涵："依义旨以传，而能如风格以出，斯之谓信。"紧接着他又发人深思地阐明信、达、雅之间的辩证关系："信"位居第一，包括"达""雅"，"达""雅"是"信"的必要非充分条件，求"达"才能保证求"信"，而"雅"也并不只是为了起润色和藻饰作用，"译文达而不信者有之矣，未有不达而能信者也"。因此，"化"与"信"正相通，求"化"首先在于求"真"。

与此同时，求"化"更是为了求"美"。"求美"的翻译概念，生发于以"信"为本的翻译传统，正在形成一股引人瞩目的诗学潮流，而"化境说"在这种诗学潮流中起着推波助澜的作用（郑海凌，2001）。译者忠实于原作并不是要亦步亦趋，译得矫揉造作，而是要在融会贯通原作的前提下，通过审美判断和选择，对其进行艺术再创造。"化"强调译作的审美艺术效果，要求译作达到精妙超凡、至善尽美的境界，从而将文学翻译推向艺术的极致。许渊冲在谈到译诗时指出："求真是低标准，求美是高标准；真是必要条件，美是充分条件；……如果真与美能统一，那自然是再好没有。"（许渊冲，2001）这种"再好没有"的真与美的统一就是"化"，求"化"即是"从心所欲不逾矩"。因此，"化"作为对"信达雅"的突破和发展，是原作在译语中"真"和"美"的再现，是翻译艺术的理想境界和极致追求。

第四，"化"兼有"师法造化"和"笔补造化"。

西方造艺之两大宗——"模写自然"和"润饰自然"，主张各异，但钱先生认为"二说若反而实相成，貌异而心则同"（钱锺书，1984：60—61）。以是言译事，更见其旨趣。造艺之"师法造化"，"以模写自然为主"，"以为造化虽备众美，而不能全善全美，作者必加一番简择取舍之工"（同上）。译艺之"师法造化"，并非指译者完全丧失自我，仅仅充当原作者"忠实的奴仆"，而是指他应以积极的态度来理解自己的身份地位，对原作者的服从是有选择性的，其前提是他须具备相当的社会阅历、敏锐的洞察力、充分的鉴赏力、取舍的功力、精湛的语言表达力。因此，译者并非总是处于绝对的顺从地位，而是可以有自己的主体参与意识，并发挥积极的能动作用。

钱先生"笔补造化"的翻译美学思想，一方面指译作超过原作的可能性，翻译史上有不少佳译可以为证，最典型的便是如林纾的翻译，还有波德莱尔译爱伦·坡短篇小说的法译本、《冰雪因缘》的法译本、纳梵尔译歌德《浮士德》的法译本、弗莱理格拉德译惠特曼《草叶集》的德译本、哈葛德的林译小说等，不胜枚举；另一方面，也肯定译者的主观能动性和创造性，译者在艺术化的翻译中充分发挥艺术创造力，借助灵感的神来之笔对原作进行美化，得其"精"而去其"粗"，得其"意"而忘其"言"，入其"内"而出其"外"。

第五，"化"的实质是求似。

基于上述分析，可将"化"定义为：译者为消除语际内容和形式之间的"一意多言"式矛盾所采取的一系列双语转换行为，旨在失原作之形、得原作之义、求原作之真、存原作之味、造译作之美，即"渐化原作、化生译作"。全译之"化"与文字学之"化"的基本含义吻合，与哲学之"化"的内涵一致，与文艺之"化"的追求相同（余承法，2016），这是由全译的性质决定的，也符合翻译求"似"的内在规律。因此，揭开"化"的神秘面纱，将其纳入具体的实践操作层面，我们发现作为全译转换精髓的"化"，其实质就是求得译作与原作最大程度的相似，即"极似"（详见第一章第二节）。

二、化的形式

译者在处理"一意多言"式矛盾时，需要对整个全译过程尤其是语际转换阶段采取应对方案、作出选择，体现为运用和实施对、增、减、移、换、分、合七种手段，这就是由"化"的内涵和实质所决定的形式。具体手段的运用，"与不同文化在不同时期适应各种翻译现象的方式密切相关，也与他性的存在所提出的挑战和为应对他性而需要运用的各技巧有关"（Bassnett & Lefevere，2001：12）。换言之，七种求"化"手段需要结合宏观的文化背景、中观的语言环境和微观的语言单位，坐实为可操作、能验证的具体方法，每一种方法还可细化出若干技巧，从而建构起完备的全译方法论体系（详见第三章）。本节多以钱先生的译例，从语表形式、语里意义、语用价值的角度，探究他如何运用这七种手段，身体力行地追求"化境"，创作"皆矜持尽化，语迹俱融，诚入化之笔"（罗新璋，1996：167）的译文。

（一）对

对，指译作与原作的语表形式逐一对应，旨在实现语用价值趋同、语里意义相等，同时确保译作符合译语规范。

"对"是最常见、最直观、最快捷的求"化"手段，因为译者听读到原作时，最直接、最本能的反应就是在大脑中搜寻相应的译语单位，将之逐一对等替换掉原语。必须指出的是，"对"是灵活、方便的"对"，而非机械的死"对"、硬"对"。其中，语表对应（形似）是前提，语值趋同（作为核心）、语义相等（意似）是基础，语值趋同（风格似）是核心。否则，就会对而不等、不同，译而不化，形同实异。就操作的语言单位而言，一般采取自下而上的对应形式，即从词、短语到小句、复句，再到句群和语篇，一一对应，难度依次增加，频率相应减小。在词汇层面上，可采取以下三种对应形式（参见余承法，2014：40—42）。

1）义对，即译语与原语的词语在意义上的对应，这里的词义通常是指词的语言意义，包括实词的概念意义和虚词的语法意义。汉英互译中可以形成义对的词类包括：大多数名词，尤其是表示人和事物的名词，如mother——母亲，语言——language；表示人类基本行为动作的词，如sleep——睡觉，走——walk；数词及其组合，如thousand——千，第一——first；各种代词，如I——我，这个——this。

2）音对，指译语和原语的词在发音形式上的对应。或直接用汉语拼音翻译一些中国的人名、地名等专有名词，如钱锺书——Qian Zhongshu，北京——Beijing；或用同音或近音的汉字转写外来词时不考虑其意义，如Longfellow——朗费罗（而非"高个子"），UFO——幽浮（而非"不明飞行物"）；或用同音或近音的汉字转写外来词时兼顾其意义，如Benz——奔驰（而非无联想意义的"本茨"），paracetamol——扑热息痛（而非"退烧栓"）。

3）形对，指译语与原语的词语在书写形式上的对应，多用于科技词语尤其是术语（包括缩略语）的全译，最典型的是在具有亲缘关系的语言之间的词语借用：如Internet在世界上很多语言中的拼写一致，在斯拉夫语系的各种语言中也大多拼为интернет，只是发音不同；汉日之间在翻译外来词时也经常出现字形的借用，如哲学（zhéxué）——哲学（Tetsugaku），世界（shì jiè）——世界（sekai）。

（二）增

增，指在译作中增添原作所无的一些语表形式，看似增加若干语言单位，实际上增形未增意，旨在保证译文显豁。

为了确保译作既能准确完整地表达原作的语义、实现其语值、再现其风格，又能符合译语的表达习惯，翻译时必须适当增加字词以化隐为显、化虚为实。增加语言单位，或是根据语法结构的需要适当增加量词、数词、范畴词、时间副词、句子中省略的成分等，或是因意义的需要增补合适的名词、动词、形容词、连词等，或是出于修辞的需要增加某些描述性词汇、语气助词等，正如钱先生所谓："顺其性而扩充之曰'补'。"（钱锺书，1984：61）试看他别出心裁的译文：

[1] Hunger puts an end to love, or if not hunger, time.

患相思病者之对治无过饥饿，岁月亦为灵药。（钱锺书，1986：240）

为了阐明"唯食忘忧"的道理，钱先生借用了古希腊诗歌中关于治愈相思病的形象说法。他将原文的抽象名词love（爱情）、time和puts an end to逐一具体化为"相思病""岁月""治（相思）病"，并增补名词"灵药"，将治愈相思病的两副药方一并展现出来，淋漓尽致地再现了原文的深刻寓意。

[2] In sleep the doors of the mind are shut, and thoughts come jumping in at the windows.

眠时心门键闭，思念不能夺门，乃自窗跃入室中，遂尔成梦。
（钱锺书，1986: 492）

钱先生在论述"醒制卧逸"时，引用苏格兰18世纪作家鲍斯韦尔（James Boswell）的观点加以佐证。既然"心门键闭"（the doors of the mind are shut），"思念"（thoughts）就无法进入，他增加的"不能夺门"恰如其分地再现了这种因果关系；添加"入室中"正好与"思念"的来路"自窗跃"（jumping at the windows）暗合，"遂尔成梦"更是娓娓道出睡眠中思想的缘起和梦境的形成。此类添加看似"无中生有"，实则是译者通过深入、透彻地把握原文，用地道、精练的汉语彰显原文隐含的逻辑意义。

[3] A genius differs from a good understanding, as a magician from an

architect; that raises his structure by means invisible, this by the skilful use of common tools.

　　天才与聪慧之别，犹神通之幻师迥异乎构建之巧匠；一则不见施为，而楼台忽现，一则善用板筑常器，经之营之。（钱锺书，1984：411）

　　为了证明"杜极人工，李纯是气化"（钱锺书，1984：98），钱先生引用英国18世纪诗人、剧作家和文艺评论家爱德华·杨（Edward Young）论名著之所以盛行德国的话语，将与a genius（天才）对比的抽象概念a good understanding（准确理解）明确为"聪慧（之人）"，增添"神通""构建"，形象地描绘"幻师"（magician）、"巧匠"（architect）两种职业，使之与前面的"天才""聪慧"形成呼应。他还将同一动作raises his structure分别具体化为"楼台忽现""经之营之"，将common tools明晰化为"板筑常器"，曲尽其妙地表达了原文的比喻意义。

　　除了添加浅层结构的语形之外，译者有时还必须努力挖掘句子的深层含义，借助对语篇的整体把握和对文化背景的透彻了解，适当增补原文字面所包含的文化意蕴，确保译作得到准确、完整的表达，扫清读者因文化差异而产生的理解障碍。正如美国翻译理论家奈达（Nida，1993：110）所言："对于真正成功的翻译而言，熟悉两种文化比熟悉两种语言更为重要，因为单词只有放在其作用的文化语境中才有意义。"

　　[4] It is built of wood with a thatched roof and has no electricity, so performance can only take place in summer daylight, as in the Bard's day.

　　原译：整个建筑是木架结构，屋顶铺的是茅草，而且里面没有电器设施。因此演出只能在夏季的白天进行，这和巴德时代的情况一样。

　　改译：整个建筑是木架结构，屋顶铺的是茅草，而且里面没有电器设施。因此演出只能在夏季的白天进行，这和当年诗人莎翁在世时的情况一样。（孟庆升用例，2003：39）

　　译者孟庆升认为，原译将as in the Bard's day中的Brad音译为"巴德"，会让读者不知所云，况且英国历史上并无所谓"巴德时代"，这里的the Bard 其实是一个用典，bard原意是"诗人"，由于莎士比亚的故乡是埃文河畔的斯特拉特福德镇，人们习惯称他为the Bard of Avon（埃文河畔诗人），因此需要像改译那样补充相关背景信息。这种文化信息的增补实属必要，否则不仅没有再现原文的文化信息，反而可能误导汉语读者。但问题在于，仅仅将莎翁限定为"诗人"，似乎与原文中的performance（戏剧演出）不太吻合，更何况莎翁闻名于后世的首先是他的三十几部剧作，其次才是他的诗歌。另外，根据原文内容，也可适当增添有关这个建筑的更多信息，试译如下：

> 试译：这是一间简陋的木屋，顶盖茅草，没有通电，演出只能在夏日进行，这跟莎翁当年的情形相仿。

（三）减

减，指在译作中删减某些原作中的语表形式，看似省去若干语言单位，实际上减形未减意，旨在保证译文简练。

翻译家傅雷（1984：694）在长期的翻译实践中总结出东西方思维方式的差别："况东方人与西方人之思想方式有基本分歧，我人重综合，重归纳，重暗示，重含蓄；西方人则重分析，细微曲折，挖掘唯恐不尽，描写唯恐不周；此两种mentalite殊难彼此融洽交流。"因此，英文中有些用语不厌其烦，经营词句妥当自然，语义表述也唯恐不尽，若逐词照译，势必会有画蛇添足之嫌和累赘啰唆之感，并且不符合汉语表达习惯，这时必须酌情减省字词以"化繁为简"，"以简驭繁"，如从语法角度减省英语中常见的代词、连词、介词、冠词等，从逻辑角度删除表达多余或悖理的成分，从修辞等角度省去原文中可能重复的同义词或近义词，使译文凝练畅达、简洁有力。

为使译作明净洗练而又意蕴犹存，钱先生"删削之而不伤其性"（钱锺书，1984：61），以与《管锥编》、《谈艺录》语体色彩一致的笔调，采用古汉语中常见的三言、四言、五言、七言等句式来翻译大量西文引语，鬼斧神工，砍削自如，删减有度，将原文简化为纯粹地道的汉语译文，并使之与相关论述水乳交融，浑然一体。这正可印证周作人之言："倘用骈散错杂的文言译出，成绩可比较有把握：译文既顺眼，原文意义亦不距离过远。"（傅雷，1984：546）

[5] Any emotion which attends a passion is converted into it, though in their natures they are originally different from, and even contrary to, each other.

两情相反而互转。（钱锺书，1986: 204）

为了论述互相转换的道理，钱先生广泛引用西方名人名言，休谟（David Hume）论情感之语即为一例。为了使哲理表达清晰易懂，休谟使用了较为精确的词汇，如同义词emotion和passion，近义短语different from和contrary to，同时运用主从复合句。这是西文长龙句法的标志，也是西方哲理表达的要求。相比之下，中国人重思辨、重综合，言简意赅，辞达而已，古代哲学语言更是精练达旨，一语中的。故此，钱先生深得休谟之哲理，将any emotion which attends a passion压缩为"两情"，将is converted into it简化为"互转"，并将though引导的从句砍削为"相反"，最终将含有25个单词的英文复合句浓缩为仅有短短7个汉字的单句，译文长度不及原文的三分之一，但意义未遗漏半分，哲理无丝毫弱化，繁复的英文化作练达的汉语，此种驾轻就熟、妙笔生辉的译艺，非"文化昆仑"钱锺书不能创造！

全译篇

[6] But seven years I suppose are enough to change every pore of one's skin; our bodies every seven years are completely fresh-materialed: the same and not the same.

人之骨肉发肤每七年悉换却一过。（钱锺书，1986: 476—477）

原文为英国女小说家奥斯汀（Jane Austin）之语，重复seven years和the same，使用近义词语change和are completely fresh-materialed，one's kin和our bodies。为了删繁就简，钱先生将原文两句合为一句，将主语合并为"人之骨肉发肤"，去掉I suppose和are enough等无关紧要的信息，将change、are completely fresh-materialed与the same and not the same表达的语义糅合在"悉换却一过"之中，既滴水不漏地再现原作信息，又与《管锥编》中论述"新陈代谢"的上下文前后连贯、相得益彰。

[7] One man was maimed in his legs, while another has lost his eyesight. The blind man, taking the lame man on his shoulders, kept a straight course by listening to the other's orders. It was bitter, all-daring necessity which taught them how, by dividing their imperfections between them, to make a perfect whole.

一跛一盲，此负彼相，因难见巧，合缺成全。（同上: 549）

　　钱先生为了证明"盲跛二人相假能到"，引用《古希腊选集》（*The Greek Anthology*）中的语句，将原文第一句（并列复合句）压缩为"一跛一盲"，将比较累赘的第二句译成简短的"此负彼相"，将更难处理的第三个长句简化为"因难见巧，合缺成全"。这种"减"法处理，使译语语形上简洁明了，语义上丝毫未损，语值上遗貌存神。假若直译，不免给读者带来呆板凝滞之感："一人腿跛，另一人眼瞎。盲人搀扶跛子的肩膀，按其指令沿直线行走。这段行程，既包含痛苦而又充满勇气，教会两人如何扬长避短，结合成一个完美的整体。"

　　[8] There are three kinds of cognition. The first is physical. The second is intellectual and is much higher. The third signifies a nobler power of the soul which is so high and so noble that it apprehends God in His own naked being.

　　学有上中下三等：下学以身；中学以心知；上学以神，绝伦造极，对越上帝。（钱锺书，1984: 366）

　　为了论述心、神之间的关系，钱先生引用了德国14世纪神秘宗师爱克哈特（Johannes Eckhart）之语。既然已将"学"（cognition）分为"上中下"三等（three kinds），原文中表达比较的词语much higher 和a nobler power of就无需多此一举地译出。为求句式对仗，钱先生将最后的一个复杂长句压缩为三个四字词语——"上学以神""绝伦造极""对越上帝"，分别对译原文中的the third signifies the soul、so high and so noble和apprehends God，删削a nobler power of、in His own naked being等不必要的词语，形失而意更显，正好与上文引用的《文子·道德篇》契合："上学以神听之，中学以心听之，下学以耳听之。"（钱锺书，1984：44）此种美妙绝伦之译笔，非精通中西文化者不能够驾驭，非谙熟汉语文言者不能够妙合。

　　（四）移

　　移，指在译作中移动原作语言单位的空间位置，使得语形发生移动，但语义不变，旨在追求地道、通畅的译语表达。

所谓"移动原作语言单位的空间位置"，实际上就是按照译语的思维方式和表达习惯，适当移动原作中字词、短语和小句的位置，即"移位"，或是调整原作语篇尤其是语句的顺序，即"调序"。语序是句子成分的排列顺序，任何语言都包含自然语序（常态）和倒装语序（变态）。语言的曲折变化与句子中词语的位置密切相关（Xiao，2002：26）。英语作为一种曲折变化比较丰富的语言，语序存在一定的灵活性，单句中的名词中心语与其定语、动词中心语与其状语、名词中心语与其同位语可以互换位置而整体意义不变，复合句中的主句与从句也可互换位置而逻辑语义关系仍然明了。有时为了加强语气、突出重点、平衡句子，会使用倒装语序。汉语作为一种曲折变化比较贫乏的语言，其语序相对固定，单句语序通常为（定语）主语+（状语）谓语（补语）+（定语）宾语，复句则根据前后分句的逻辑关系加以组合，使用倒装的情况相对较少。因此英汉互译时，有时需要根据译语的表达习惯对语言单位加以移位或调序，或将原语的变态语序作常规处理。如：

[9] It was an inflexible maxim of Roman discipline, that a good soldier should dread his officers far more than the enemy.

士卒当畏帅甚于畏敌，古罗马练兵以此为金科玉律。（钱锺书，1986: 193—194）

为了印证中国古语的"畏我不畏敌"，钱先生引用了英国18世纪历史学家吉本（Edward Gibbon）之语。原文采用倒装语序，用it作句子的形式主语，将稍长的主语从句后置，以平衡句子结构，同时在句首点明an inflexible maxim of Roman discipline（古罗马用兵的金科玉律）。钱先生善用汉语小句，将原文结构一分为二，将句子结构还原为常态，语序虽与原文有异，内容却别无二致，同时也是为了衔接上文引用的《全唐文》中的相关诗句。

[10] Now is our position really dangerous, since we have left for ourselves none to make us either afraid or ashamed.

外无畏忌，则邦国危殆。（同上: 218）

原文为古希腊传记作家、散文家普卢塔克（Plutarch）之语，举罗马灭迦太基来论证仇敌可为己益。这是一个因果关系复句，为强调局势的危险，作者采用双重倒装：先是主句和从句倒装，结果在前，原因置后；接着是将主句中的be动词提前，主语后置。汉语复句通常遵循先因后果的逻辑顺序，单句为以主+谓+宾的形式。故此，钱先生按照汉语的思维习惯，采用先因后果的顺序，将原文译为两个简短小句，使之与随后的中文引语"外宁必有内忧"衔接自然，浑然一体。

（五）换

换，指在译作中改换原作语言单位的表达方式，即语形发生了变换，但语义力求不变。

英汉两种语言在文化传统、思维模式、表达习惯、语法搭配等方面存在诸多差异，翻译时若采取直译，往往会流露出生硬牵强的痕迹，出现较为浓厚的"翻译腔"，有时甚至难以准确无误地传达原作的语义和修辞色彩。这时必须调换表达方式，使译文通顺流畅、地道可读、清晰明了，可与原文媲美，与原文异曲同工。换包括词类互换、成分互换、句类句式互换、正反互换、主被互换、动静互换等。

英汉语都有从正反两个方面来表达同一内容的情况，但由于东西方文化差异和不同的思维模式，在表达同一概念时，英语可能用肯定式，汉语可能用否定式，反之亦然。另外，在表达否定意义时，二者在形式上也存在较大差异。在表达双重否定时，英语中常用否定词 + 含有否定前缀的词，如例[11]的not...untasted，或否定词+without，如nothing can grow without the sun，或否定词+包含否定的定语从句，如None so deaf as those who will not hear，汉语中常用的双重否定结构有"无不、莫不、无可、非……不……、没有（无）……不……"等。因此，英汉互译时，原语中有些从正面表述的内容需要在译语中反面表达，而有些否定表达的内容需要采用肯定形式，这种正反互换的手段符合"正言若反""反言若正""否定之否定"的辩证思想（余承法，2014：184），或是为了遵照译语表达习惯，或是为了更加确切地表达原文的思想内容，或是为了加强语气以获得更佳修辞效果，确保译文通顺、地道，易于为读者所接受，又能保留其内容。如：

[11] Just as we see the bee settling on all the flowers, and sipping the best from each, so also those who aspire to culture ought not to leave anything untasted, but should gather useful knowledge from every source.

独不见蜜蜂乎，无花不采，咓英咀华，博雅之士亦然，滋味遍尝，取精而用弘。（钱锺书，1986: 1251）

[12] As long as the Greeks were addicted to the study of books, they would never apply themselves to the exercise of arms.

留之俾希腊人有书可读。耽书不释卷，则尚武图强无日矣。（同上:1340）

上述两例中，钱先生不受原文表层形式的束缚，在潜心玩味其含义、思想、情感的基础上，不拘泥于只言片语，而是按照汉语的表达习惯，匠心独运，灵活用笔，正说反译，反说正译，曲尽其意，使译文明白晓畅，毫无斧凿痕迹。例[11]，他将原文的肯定表述the bee settling on all the flowers换为双重否定"无花不采"，又将原文的双重否定ought not to leave anything untasted换为肯定表达"滋味遍尝"，旨在加强语气以获得更好的修辞效果。例[12]，他将原文的肯定形式were addicted to the study of books译为否定形式的"耽书/不释卷"（源于汉语成语"手不释卷"），比直译成"醉心于书本学习"更加简洁、更有韵味。

英汉两种语言在句法上的另一个明显区别在于：被动语态在英语中比比皆是，在汉语中的使用范围相对较窄，出现频率较低，这是中西主体意向性思维与客体对象性思维的差异所致（余承法，2014：188）。中国传统文化作为一种人本文化，强调以人为中心来观察、分析和研究事物，主张用主体自身的修养、悟性和反思来加强对客观事物的认识，需要将视点集中于"人"这一动作的发出者，在表达时多以人作为句中主语，即使在不明确行为主体的情况下，有时也用泛指的人称代词如"有人""大家""人们"等作为主语，有时采取无主语的形式，有时用主动形式表示"隐含"的被动意义。尽管近几年流行"被X"格式，似乎被动句的使用有增多之势，但传统"被"字句的"拂意"没有发生根本改变，而且这种格式也受到诸多限制。与之相反，西方文化以物为主体、自然为本位，主张将客体与主体分离，偏重事实或客体的存在，在语言运用中习惯将观察视点、叙述角度、描述对象、论述话题放在行为的受事或结果上，并以此作为句中主语，广泛运用非人称主语，频繁使用被动语态。因此，英汉互译时，需要结合具体情况进行主动与被动的相互转换。

[13] The King's wife or mistress has an influence over him; a lover has an influence over her; the chambermaid or valet-de-chambre has an influence over both; and so ad infinitum.

国君为其后宫或外室所左右，彼妇又为其欢子所左右，而两人复各为其贴身奴仆所左右，依此下推。（钱锺书，1986:1232）

[14] Every valley shall be exalted, and every mountain and hill shall be made low.

谷升为陵，山夷为壤。（同上: 53）

[15] Riches and power are attended and followed by folly, and folly in turn by license; whereas poverty and lowliness are attended by sobriety and moderation.

富贵使人愚昧恣肆，而贫贱使人清明在躬。（同上: 22-23）

例[13]为英国18世纪外交家、作家切斯特菲尔德（Phillip Chesterfield）论"朝中人"之语。钱先生为了确保语句连贯和表意简洁，分别将"国君"（the King）、"彼妇"（the King's wife）、"两人"（both）作为三个并列分句的主语，巧妙化去原文形式上的主动句式，熟练运用被动结构，将前一分句的宾语用作下分句的主语，使得紧邻的语句首尾蝉联，上递下接，形式流畅，语意通顺，达到类似顶真的修辞效果，从表达的形式以及效果上看，译文不仅与原文异曲同工，更是略胜一筹。例[14]引自《旧约全书》，原文用两个被动句描述自然界的正反变化。钱先生借此来说明天道、地道的"变化"和"依伏"，并根据汉语的表达习惯，将原文的被动换为译文的主动，而"谷升为陵"和"山夷为壤"形式上看似主动，实则是背后的"道"在使然，译文笔墨简练而意味深长。例[15]，钱先生引用古希腊教育家、雄辩家伊索克拉底（Isocrates）之语来论述"富贵致祸而贫贱远害"。原文为包含三个被动结构的并列句，在中国人看来则显得拖沓。钱先生深谙此理，采取"主动"，突出"富贵"和"贫贱"对人的影响，妙笔生花地将不甚工整的英语原文化作对偶的汉语译文，形式上的均衡美和意义上的哲理美跃然纸上。

（六）分

分，指依据译语表达之需，将原作的语言单位进行拆分，实际上语形分离而语义不变。

英美人重个体，倾向于分析性思维，注重形式论证，这就决定了英语句子强调形式和功能，句法特征是以"形合"为主，借助语言形式和词汇手段将句子各成分衔接在一起，句子结构复杂，多用内嵌成分和修饰语，且通常较长，犹如一棵参天大树，盘根错节，枝繁叶茂。诚如严复（1984：136）所言："西文句中名物字，多随举释，如中文之旁支，后乃遥接前文，足意成句。故西文句法，少者二三字，多者数百言。"相对而言，中国人重整体，倾向于综合性思维，这就决定了汉语句子的特点是"以意统形"，句法特征是以"意合"为主，句子强调逻辑关联与意义关联而不强调词语之间和句际之间的形式衔接，句中修饰语较少较短，句子结构呈直线型发展，仿若一根竹子，节节攀升，似断犹连。针对英汉句式结构的这种差异，著名语言学家王力（1984：457）一语道破天机："西洋人做文章是把语言化零为整，中国人做文章几乎可以说是化整为零。"因此，英译汉时，译者不可亦步亦趋，逐词逐句地硬译死译，必须"化整为零"，将英语句中的词、短语、小句分离出来，扩展为汉语小句，从而将原文单句分化为译文复句，或借助汉语的意合结构将英语复杂长句（包括简单句和复合句）分解为几个较短的小句，分化为复句或句群，同时适当调整顺序。当然，有时也可根据英语的表达习惯，将较长的汉语句子进行切分。总体而言，分的运用在英汉全译中多于在汉英全译中。如：

[16] Darkness came down on the field and the city, and Amelia was praying for George, who was lying on his face, dead, with a bullet through his heart.

夜色四罩，城中之妻方祈天保夫无恙，战场上之夫仆卧，一弹穿心，死矣。（钱锺书，1986: 69）

为了展现"花开两朵，各表一枝"的妙处，钱先生引用了英国小说家萨克雷（William Makepeace Thackeray）这句脍炙人口的描写。原文为并列复合句，并列结构的后半部分包含一个定语从句，从句中还有两个状语短语。由于逻辑关系、表达顺序与汉语基本相同，钱先生基本上采用顺序法（因dead作定语从句中的主语补足语，介词短语with a bullet through his heart作方式状语，又表示dead的原因，故将二者位置互换，采用逆序法），但他不紧扣其"形"，而是直探其"神"，运用拆句手段，将who引导的定语从句跟其主句分开，将两个状语短语跟主干分离，形成渐次扩展、层次分明、意思醒豁的译文并列复句，其中"城中之妻……"与"战场上之夫……"形式对仗，语意反衬，不显斧凿痕，不露翻译腔，体现译者的神工之笔。

[17] What should doctors say, for example, to a 46-year-old man coming in for a routine physical checkup just before going on vacation with his family who, though he feels in perfect health, is found to have a form of cancer that will cause him to die within six months?

举个例子说吧。一名46岁的男子在与家人一起外出度假之前，到医院作例行的身体检查。尽管他感觉自己身体很棒，但还是被查出患有某种癌症，而且只能活六个月。这时，医生该对他说些什么呢？

（王永胜用例）

原文为一个从句套从句的复合句，几层意思依次包孕下去。为表情达意的需要，译者首先将表示列举的介词短语for example单独译出来，自成一句，紧接着将另一个带有两个分词短语的名词短语抽取出来，译为一个汉语的并列句，再将cancer的定语从句剥离开来，转换表达方式，译为与前半部构成并列的一个小句，最后将原语中的主干部分再次单列成一句，从而将英语的一个复合句分化为汉语中含有四个句子的句群。译文可完善如下：

举例说吧：一位46岁的男子，携家外出度假之前来例行体检。虽然他感觉身体很好，但医生发现他患有癌症，活不过6个月，这时医生该怎么对他说呢？

（七）合

合，指依据译语表达之需，对原作的语言单位进行合并，实际上语表合形而语义不损。

合并的原因跟拆分相同，只是操作的语言方向和方式正好相反。英汉全译时多采取拆分，即将英语的复杂长句化整为零；汉英全译时多采取合并，即将汉语的几个简短小句或流水句化零为整，包括：短语合并为词、小句合并为短语或词、复句合并为小句或短语、句群合并为复句或单句（余承法，2014：311）。较大语言单位的合并以较小语言单位的合并为基础和前提，短语、小句的合并多见于单句内部，短语、分句的合并带动复句的合并，单句、复句的合并最终导向整个句群的合并。如：

[18] A poem may appear different things to different readers, and all of these meanings may be different from what the author thought he meant. The reader's interpretation may differ from the author's and be equally valid. ——It may even be better.

诗意随读者而异，仅可不得作者本意，且每或胜于作者本意。（钱锺书，1984: 647）

为了证明"诗无诵故诀诂"，钱先生引用了英国诗人、剧作家和文学评论家艾略特（T. S. Eliot）的这段话。原文为一个句群，包含三个句子，都围绕"诗意不同"而展开。钱先生充分发挥汉语小句的优势，将第一句中的a poem和all of these meanings 揉和为一个主语"诗意"，将这个并列（复）句合并为一个汉语小句。鉴于第二、三句的主语the reader's interpretation和it所指相同，完全可以合并，可继续以"诗意"作为主语，钱先生最终将英语句群合并译为一个共用主语的汉语并列复句，译文不枝不蔓，言简意赅，清新爽朗。

[19] 二十分钟后，阿刘带了衣包在餐室里等法国总管来查过好上岸，舱洞口瞥见方鸿渐在苏小姐后面，手帮着她要走下扶梯，不禁又诧异，又佩服，又瞧不起，无法表示这种复杂的情绪，便"啐"的一声向痰盂里射出一口浓浓的唾沫。

Twenty minutes later, Ah Liu took his bag of clothes to the dining hall to await the French supervisor to clear him for going ashore. Through the porthole he caught a glimpse of Fang Hung-chien behind Miss Su, descending the gangplank with his hand around her waist. He couldn't repress a feeling of surprise and admiration as well as scorn. Unable to express these complicated feelings in words, he spat a mouthful of thick saliva into the spittoon with a loud "Tsui"! (钱锺书，2003: 50—51)

原文为一个典型的流水句，一个主语"阿刘"一连串牵出五个动作，结构虽显复杂，但"形散神不散"，条理清晰，意思明朗。若在英语中照搬句式，势必冗长拖拉，且不符合英语表达规范。因此，译者按原句内容将结构依次切分为四个英语单句，尽管都以Ah Liu为主语，但分别用时间状语、方式状语、原因状语起始句子，从而避免了结构上的单调，有效保留了意义上的层次感。

三、化艺综观

全译求"化"的七种手段是为了追求译作与原作的"极似"，保留或改变原作的语表形式，追求语里意义相等或近似、语用价值趋同，同时确保译文符合译语表达规范和习惯，为读者所喜闻乐见。

一方面，七种求"化"手段跟思维模式、文化背景、语言类型以及文本类型、语句自身结构即上下文语境等因素密切相关，单用时存在一定的倾向性，按运用频率依次为：增/减>移/换>分/合>对。"对"属于语表形式上的逐一对应，多用于思维顺序和表达顺序相同的亲缘语言之间，汉外全译中也有运用，常见于结构不太复杂的文本，多用于小句及更小的语言单位；"增""减"属于语表形式上的数量增减，运用原因相同，使用频率较高，但操作的语言对相反，即："增"多用于英译汉，"减"多用于汉译英；"移"属于语表形式上的空间位置移动，即移位或调序，"换"属于表达方式上的相互交换，这两种手段的使用频率较高，而且往往组合使用，以确保译文表达地道、通畅；"分""合"属于语表形式上的结构调整，运用原因相同，多运用于结构较为复杂的长龙句中，但操作的语言对相反，即："分"多用于英译汉，"合"多用于汉译英。

另一方面，七种求"化"手段之间也可组合使用，但存在差异，"对"属于语表形式的"不变"，跟其他六种手段往往是相互排斥的。总体而言，六种手段在组合能力上的优先序列为：增/减>换>移>分/合；具体而言，增与分、减与合属于语言单位的数量增减或结构调整，属于高频组合，换、移之间也属于高频组合，换还可分别与增/减、分/合组合，而移与增/减、分/合之间的组合频率相对较低。

求"化"七法，无论是单用还是合用，都要视具体情况灵活运用，总的指导原则是"去痕存味""变量存质"。高超的译者有时也会灵活运用一种或几种求"化"手段，既能相得益彰地再现原文，又能妙笔生辉地表达译作。如：

[20] I need only the hand of Raphael. His brain I already have… I'm the half of a genius! Where in the wide world is my other half? Lodged perhaps in the vulgar soul, the cunning ready fingers of some dull copyist or some trivial artisan who turns out by the dozen his easy prodigies of touch!

吾具拉斐尔之心，只须有其手尔。吾已获天才之半，茫茫大地，将底处觅余半也！安知此巧手不为心神琐浊之画匠所有，徒用以摹古媚俗乎？（钱锺书，1986：1179）

钱先生"超其象外，得于环中，有居高临远的观点"（钱锺书，2002b：162），谙熟中英句法结构的差异，深入透彻地入于原文，对其加以条分缕析，又游刃有余地出于原文，在融会贯通原意的基础上，采取移、换、分、合等手段：调整语序，将I need only the hand of Raphael和His brain I already have互换位置，并复原His brain I already have的结构；转换词类，将of（介词）转换为"为……所有"（动词短语），将his easy prodigies of touch（名词短语）转换为"摹古媚俗"（动词短语）；依据中文表达的需要，将原文前半部"化零为整"（合四句为两句），又将后半部"化整为零"（一句拆分为两句），使译文清爽明快，结构自然，两部分意思既相对独立又前后相关，蝉联而下。

[21] The soils and climate of the South gave it a competitive advantage in supplying the massive and growing demand for raw cotton by the British and later by New England textile firms. So cotton plantations expanded in the South and Southwest of the United States, especially after Eli Whitney invented the cotton gin in 1793.

原译：在先后为英国和新英格兰的棉纺织厂提供所需的大量原棉方面，南部因其土壤和气候条件具有相对优势，使得棉花种植园在美

国的南部和西南部遍地开花，尤其是1793年伊莱·惠特尼发明的扎棉机大大加速了这一进程。（付美榕用例）

原译采用了合、移、换、增的手段：将英文句群融合译为一个汉语复句，适当调整语序，将复杂的介词短语in supplying…前置；变换表达方式，将gave it a competitive advantage换为"具有相对优势"；将expanded形象地译为"遍地开花"，并根据下文的表意需要增添"大大加速了这一进程"。美中不足的是，第一部分的句子结构仍显冗长，先言"南部"，后表"美国的南部"，前后不统一，"在……方面"、"尤其是"等表达方式或多或少带有"翻译腔"。译者还可采取分的手段，将长句进一步切分，将介词短语in supplying…和时间状语从句especially after…的内容分化为汉语小句，增加标点符号（尤其是逗号），将soils、climate和a competitive advantage分别增译为"土壤肥沃"、"气候适宜"、"地理位置优越"，使得译文句子简洁，逻辑顺畅。试译如下：

试译：美国南部土壤肥沃，气候适宜，地理位置优越，先后为英国和新英格兰提供了大量必需的原棉，因而棉花种植园在该地区和西南部遍地开花，而1793年伊莱·惠特尼发明的扎棉机更是加速了这一进程。

[22] 应该说，在奥地利这样的高福利国家，老人们起码的生活来源是不用担心的，包罗万象的社会福利系统给老人们提供了许多方便，除了名目各异的津贴与保险之外，还有各种各样的优惠，如乘火车，参观博物馆，听歌剧等等，都会因为您是老人而折扣收费，这些优惠甚至还扩展到了来奥地利的外国老年旅游者，只要他们出示必要的身份证明，完全可以和奥地利老年公民享受同等待遇。

I must say, in a country with high social welfare benefits like Austria, aged people needn't worry about their primary needs livelihood. The all-embracing social welfare system facilitates people in their advanced age. In addition to the subsidies and insurances of every description, there are other favors such as traveling by train, visiting museums and attending operas at cut prices all on account of your old age. Such favors are also extended to aged visiting tourists to Austria. They only have to produce their ID or other corresponding certificates and they will enjoy the same privileges like their Austrian counterparts. （李金达用例）

一个逗号到底的中文长龙句式在此可见一斑。译者直探原文深意，依次将它切分为五句，分别用介词短语in addition to、限定词such和代词they将句群有机地衔接起来，原文中的定语"在奥地利这样的高福利"和"名目各异的"分别被转换为英语中的后置定语with high social welfare benefits like Austria 和of every description。另外，译者将汉语小句"都会因为您是老人而折扣收费"整合成英语短语at cut prices all on account of your old age，从而简化结构，"外国老年游客"中的"外国"和"必要的身份证明"中的"必要"根据表意需要而略去未译。总之，译者分别采用分、合、移、换、减的手段，增强了译文的可读性，但意义的连贯性因切分较多而略显不足，将"应该说"译为口语化很浓的I must say似乎与文章文体不符，值得商榷。试译如下：

全译篇

As it is, in a country with high social welfare benefits like Austria, elderly people need not worry about their basic necessities of life, for an all-embracing social welfare system facilitates them. In addition to the subsidies and insurances of every description, there are other favors such as traveling by train, visiting museums and attending operas at cut prices all on account of an old age. Such favors are also extended to aged visiting tourists to Austria, who, upon producing their ID cards or other corresponding certificates, will enjoy the same privileges like their Austrian counterparts.

综上所述，"化"贯穿于全译过程，从准确理解原作，到恰当地转换，再到运用译语中不同方式的精当表达，一路艰辛，必经颠沛和风险。译者的"化"艺如何，全仰仗其扎实的中外文功底、高深的文字素养，乃至厚重的文化底蕴。至于全译求"化"的具体方法，则可细读本书第二章。

第三节 全译的策略：直译＋意译

直译与意译是全译的两大策略，已成定论。典型直译与典型意译并不多，二者兼顾才是全译的主体，且多半体现在话语的微观形式上。

一、直译

（一）直译的内涵

直译是既传达原作意义又照顾形式且为译语读者所接受的全译策略。

"传达意义"是首要的，文字搬家，而未达意，全译难辞其咎。"照顾形式"不是刻意为之，逐字/词译只有极少部分是直译，大部分是硬译或死译。"为译语读者所接受"是直译有别于死译或硬译之处，舍此，全译就难以发挥文化传播之效。如下例的原译是死译或硬译，不是直译：

[1] There is originality and imagery in his poems.

原译：在他的诗里有独具一格和想象力。

试译：他的诗独具一格，富有想象力。

典型的直译是对译，见下一章。直译一般能显出译文与原文较大的形似，换言之，比较容易看出词对词或短语对短语的痕迹。如：

[2] Every State is the best judge of what is required to safeguard its national security.

原译：每一个国家是需要什么来保卫它的国家安全的最好的评判者。

改译：每个国家需要什么来保卫它的国家安全，只有它自己能作出最好的决定。（劳陇 译）

试译：每个国家最清楚该如何保障自己的安全。

原译受原文的影响，想用一个单句译出，是略带硬译的直译；改译循意换作复句，语意层次更加分明，但略显啰唆；试译则更倾向于意译，尤其是用"最清楚"译the best judge，已经在语意与形式上达到了高度的融合。

（二）基于命题成分对应对等的直译机制

直译的根本机制是命题成分的对应和对等。

直译适用于思维顺序与语言表达顺序同构的双语单位。如果原文与译语的命题成分（或概念）数基本相等，命题成分的组织序列基本相同，外在的语言显现结构也基本相似，译语就非常容易找到对应块，容易找到匹配对象，整个命题就容易直接对应上去，完成语际转换。这一机制目前是机器翻译主要的翻译学基础。英、俄、汉三语对等直译的例子如下：

[3] His father lives in Wuhan.

　　俄译：Его отец живёт в Ухане.

　　汉译：他 父亲　　住 在 武汉。

上例中三种语言之间的概念与概念、意象与意象、命题成分与命题成分之间都是一一对应的关系。

二、意译

（一）意译的内涵

意译是传达原作意义不拘形式的全译策略。

"传达原作意义"即再现原作的语里意义和语用价值；"不拘形式"，即保持原文的宏观结构特点，不受原文微观语言结构的羁绊，达意重于保形。看例：

[4] The Negro lives on a lonely island of poverty in the midst of a vast ocean of material prosperity.

　　原译：黑人依然生活在物质汪洋大海中贫乏的孤岛上。

　　改译：黑人仍生活在贫困的孤岛上，尽管放眼四周，是一片繁华景象。（叶子南 译）

　　试译：黑人生活在贫困中，仿佛身处孤岛，而四周却一片繁华。

原译不是直译，而是拘泥于字面的翻译。改译是意译，尚欠简练。试译是典型的意译。

（二）基于命题成分的意译机制

小句的意译以命题成分的转换为基础。小句的命题成分可对应于概念或意象，基于命题成分的增减、移换、分合，也是基于概念或意象的增减、移换和分合，这三大类意译机制可单独运作，也可以综合运作。

增与减，指增大和缩小原作信息形式，力求信息量不变，即形式增减，意义力求不变。移与换，指转移和调换原作信息形式，力求信息量不变，即形式转换，意义力求不变。分与合，指分离和融合原作信息形式，力求信息量不变，即形式分合，意义力求不变。增译、减译、移译、换译、分译、合译都是应语用价值和语里意义之需而变换语表形式的全译方法。如：

[5] The Negro is still languishing in the corners of American society and finds himself an exile in his own land.

原译：黑人依然在美国社会的角落中饱受痛苦，并发现是自己国土上的流亡者。

改译：黑人依然在美国社会的角落里过着痛苦的生活，美国虽是他们的家园，他们却感到流落异乡。（叶子南 译）

试译：黑人苦挨在美国社会边缘，身在家园，却心感异乡。

Languishing本意"忍受煎熬、艰难度日"，可用"苦熬"或"苦挨"概括。still的意义蕴涵在汉译中，不必译出，这表明同一命题的各个成分在不同语言中表现不一，运用的语言单位（主要是词语）数量有多有少，当原语用得多译语用得少时，就要删减相应的语言单位，用的是"减译"法。Finds himself an exile in his own land一句译作两个小句"人在家园，却身感异乡"，比原译地道，比改译简洁。这表明同一命题的各个成分在不同语言中组配不一，语言单位（主要是词语）结合松紧有别，当原语用得紧译语用得松时，就要分离相应的语言单位，用的是"分译"法。

（三）基于整个命题的意译机制

基于整个命题或命题成分的意译机制，适用于全译中已经模式化和定型化的翻译。这一机制对基于语料库的机器翻译具有理论指导意义。

1. 模式化命题意译机制

全译模式化，指译者通过长期的全译实践形成的可重复使用的套路。有个人的，也有从个人的变成群体的，进而变成全民所有的。

对单个译者来说，模式化是不断加强的，一个全译高手能信手译来，主要是他的模式化程度高。经常从事国际事务翻译的人，对某些模式化的内容全译驾轻就熟，预测能力非常强。

模式化翻译的基础是命题的模式化。也就是说在某种情况下，某类小句或复句通常会采用某种译法，这种译法固定下来，就模式化了。如：

[6] It's time for doing sth.

Пора что делать.

译式A：是干……的时候了。

译式B：该干……了。

上述英俄语句式有两种模式化译法：译式A有书面化特点，是欧化句式；译式B具有口语化特点，是本土化句式。

每种模式化命题都有不少变体，相应的变体也会模式化，所变之处在于给模式的主要构件加上一些限定成分，翻译时也相应地加上这些限定成份。如上述英语句式可在time前加上一些限定词，如first、second、high等。请看实例：

[7] It's the second time that we have been in Moscow.

这是我们第二次到莫斯科。

2. 定型化命题意译机制

定型化翻译，也称套话翻译，是模式化翻译的进一步发展，指长期以来人们在特定场合表达特定意思的特定句式。定型化翻译在语际转换中有时不能见词解义，只能把它当作整体，按其交际语值表达，最能反映文化价值的转换。最常见的如招呼语"您哪去？"译作How are you或者Hello/Hi且不用说，就拿Ypa为例，俄苏影片中，战士们在战场上，冲锋陷阵时常常高喊"Ypa!"，本意是"万岁！"，译作"乌啦！"是音译，属于直译，译作"冲啊！"则更准确，是意译，也是定型化翻译，不仅与情境吻合，连口型也吻合。看实例：

[8] Wet paint.

俄译：Осторожно, окрашено.

汉译：油漆未干！

三个语种的互译均未照字面译，都是定型化翻译，词或短语之间无法对应，事物未变（paint），性状未变（wet），语用价值（警示功能）恒定，各种语言则用了不同的表述形式，保持了整体对应。

第三章　七大全译方法

全译力求完整地传达原作内容，兼顾原作形式，求得风格极似。全译之下的直译与意译是二级范畴，直译与意译交织起来构成了全译的三级范畴，三级范畴中各对范畴还可分出四级范畴，即具体的全译方法。全译有七大方法，即对译、增译、减译、移译、换译、分译和合译。

第一节　对译

对译是典型的直译，指言语单位逐项对换式的全译方法。典型直译主要表现在小句内和小句上，表现在复句、句群上的不多。复句和句群的对译以小句对译为基础，小句对译又以词对译和短语对译为基础。对译的概率大致是：词对译＞语对译＞小句对译＞复句对译＞句群对译。对译的特点就是对应，程度达到等量代换的地步。

总体上看，对译是最基础、最常用的全译方法。

一、对译及其特点

对译，概括地讲，即逐字/词翻译，是双语在翻译过程中达到语形、语义和语用的对应；具体地说，是原语单位与译语单位依次对出、词义逐一对应、交际价值对等的全译方法。（黄忠廉、贾明秀，2013）对译的基本特点是：

第一，语形上对号入座。意义是生命，而形式仿佛是两两对生的平行过程，呈递次右进状态，原语单位与译语单位依次对位排出，形成整体上两文两相对峙、对称的状态。原文与译文之间似乎存在着无形的对称轴，双语文字又恰如这条对称轴上的对称图形，从整体的语言长度到排列形式都实现对号入座。如例[1]中"怎么""老""是""你"与how、old、are、you一一对应。

[1] How old are you?

　　怎 么 老 是 你?

第二,言语单位意义一一对应。原语系统中某个单位的义项与译语系统某个单位的义项对应,即在具有基本词汇意义的前提下,原语词汇的义项在选取译语词汇的过程中出现了对称同一的现象,原文与译文两相对照,译文与原文句子的逻辑关系和语义结构的各个组成要素存在对应。例[1]原语四个要素的基本义项在汉语中存在对应,这是语形对位的前提之一;意义也对应了,但为什么会产生幽默呢?请看第三特点。

第三,交际意图的相互等同。对译与死译和硬译的最大区别在于对译具有语用价值,有助于双语信息的传达与交流,而不是阻碍交流或曲解原语信息。语形上的对位整齐和对称是一般翻译方法所不能达到的,而语义方面,以双语间存在语义结构相似性为前提,选取句子语义结构要素的基本义项,在无佶屈聱牙之弊的同时,准确无误地传达原语的信息。例[1]原文的疑问副词+形容词+动词+代词结构在汉语中存在同构,即该结构在英语和汉语中都构成疑问句,这种原文与译文无论是词序还是词性都达到了高度平行式对照,却未完成交际任务,甚至有意的"弃用留形"还破坏了交际,因此达到了幽默的效果。

二、对译原则

循着对译的三大特点可确定对译的三大原则:

第一,语形对位原则。原文单位与译文单位在语表形式上呈现对位是对译的基本要求。在全译转换过程中,原文组成要素在译语中无需语形上的调整和变化,直接对应落位成句,双语间呈对称平行关系,这种形式上的和谐对应也是对译与传统意义上其他翻译方法的最大区别。如:

[2] 俄语:Ура!

英译:Urrah!

译文1:呜啦!

译文2：万岁！

译文3：冲啊！

例[2]的英译与汉译文1的音节均已对应：y—u—呜，pa—rrah—啦。汉译有文3，不同译文选取的角度和达到的效果也各不相同，译文1采用音译法，口型也对应原文的发音特点，但中国观众不习惯，有人甚至听不懂。

第二，语义对应原则。语义逐一对应，这是语里意义上的要求。双语翻译过程是义项的选择过程，民族间的共性是义项存在共性和语义对译的基础。语义的对应是两个民族间思维模式对应的体现，两种文化在交流接触过程中实现接轨。如例[2]的译文2是意译，语义上与原文对应了——如同对襟，双语的语表形式正如两襟，而缀连语表的语义正如纽扣，居中维系二者——可是置入战场冲锋的语境仍显得有些别扭。

第三，语用对等原则。具有同等交际价值，这是语用价值上的要求。对译不同于死译、硬译，根本原因在于对译在与原文保持高度形式对应的情况下，不会出现诘屈聱牙的生硬译文，可以在兼得原文形义的同时，准确地传达原语的交际意图，达到语际信息交流的目的。例[2]的译文3既照顾了原文语音的特点——口型由小到大，又译出了语境意义，战场上发起冲锋时喊"万岁"符合俄国国情，但不适应中国现代文化，中国现代文化认同的是"冲啊"。

三、对译方法

1. 词对译

词对译，指用译语词对换原语词的对译方法。

词对译是对译的主体，其基础是词素对译。词对译是最常用、最重要的对译法，有时几乎是移字过纸，查阅双语词典即可解决问题。就目前译学界的研究兴趣点来看，对词对译的关注最多，英、俄、日、法、德诸多语言汉译较多地关注称呼、类词（介词、动词、名词等）、商标、医药、戏曲、食品、金融等诸多领域词汇的对译，讨论某个词的对译的文章更是不计其数。再看例[3]的译文与原义几乎字字对应，滴水不漏。例：

[3] To see the wind, with a man his eyes, it is unpossible.

　　观　　　风，凭一个人的眼睛，那是不可能的。（杨自伍 译）

2. 语对译

语对译，指用译语短语对换原语短语的对译方法。

词与词容易对应，但词与词的组配会受到许多规则管约，且不同语言的短语组配各有特定要求。语由词构成，长于词，语对译因此基于词对译，词的对译成功有助于语对译。翻译单位越大，语形越复杂，对译难度就越大，所以语对译要少于词对译。如：

[4] 近年来，中国经济保持快速发展，为世界经济发展注入了活力。

In recent years, China's economy has maintained rapid development, injecting vigor into global economic growth.

第一句基本采用了对译法：近年来——in recent years，中国经济——China's economy，保持快速发展——has maintained rapid development，"保持"之后本可加"了"，因后面"注入了"的后管控而省去完成义标记，但是英译要译出此义。时间状语位于句首，句子采用"主+谓+宾"的结构顺序翻译，绝对对应，保留了原文的结构形式以外，还采用现在完成时表示这种状况的一贯性，确保了原义的完整性。试比较例[5]的三种译文，不难发现原译中许多短语是对译的。

[5] And I do not mistrust the future; I do not fear what is ahead. For our problems are large, but our heart is larger. Our challenges are great, but our will is greater. And if our flaws are endless, God's love is truly boundless.

原译：而我不是不相信未来；我不害怕即将来临的事情。因为我们的问题是大的，但是我们的心更大。我们的挑战是大的，但是我们的决心更大。如果我们的缺点是没完没了的，上帝的爱是真正无穷无尽的。

改译：我并非不信任未来；我并不害怕我们面临的问题。我们的问题很多，但我们的心胸更宽广。我们面临的挑战很严峻，但我们的决心坚定无比。如果说我们的弊病层出不穷的话，那么上帝的爱更是真正地广袤无边。（冯庆华用例）

试译1：我并非不相信未来；我不害怕面对未来。面对成堆的问题，我们的胸怀更宽广。面对严峻的挑战，我们的决心更坚定。即使我们一无是处，上帝的爱也真切无限。

试译2：我并非怀疑未来，也不害怕面对。问题成堆，我们胸怀更广。挑战严峻，我们决心更坚。即便我们一无是处，上帝之爱仍真切无限。

3. 小句对译

小句对译，指用译语小句对换原语小句的对译方法。

小句对译基于语对译，是语际思维一致的结果。原语小句对译为译语小句的机制适用于思维顺序与语言表达顺序同构的双语小句。如果原文与译语的命题成分数基本相等，命题成分的组织序列基本相同，外在的语言显现结构也基本相似，译语就非常容易找到对应块，容易找到匹配对象，整个命题就容易直接对应上去，完成语际转换。（黄忠廉，2008：88）词和短语是小句的构件，它们对译成功，是小句对译成功的前提。

短语本身加上语气有时可以成句，但并非所有的短语加语气都能成句，所以句子层对译比短语层对译又少许多。如例[5]，主谓短语I do not fear可对译为"我不害怕"，但I do not fear what is ahead全句就不能对译了。同时，Our challenges are great等句却可以对译，也可不对译。再看一句层对译：

[6] I must launch out my boat.
　我必须 撑　　出 我的船 去。（冰心 译）

4. 复句对译

复句对译，指用译语复句对换原语复句的对译方法。

对译由几个小句构成的复句，并非易事。复句对译是语际思维偶合的结果。句子越长，对译受结构复杂性的制约就越大。复句对译以小句对译为基础，其出现频率比小句对译更小。

[7] Thou hast made me endless, such　　 is thy　pleasure.
　你　　已经使 我　永生，这样做是你的 欢乐。（冰心 译）

例[7]的译文与原文虽属复句翻译，但仍属对译，字或词对应，可以从原语译到译语，还可以从译语回译到原语。不过细比之后，发现thou是古英语，相当于"汝"；hast用于古英语诗歌，是have的第二人称单数现在时，与thou连用；thy 是古词thou的所有格，因此从微观上看，该译也非绝对对译。真正的对译似乎应为：

汝使吾永生，此乃汝之乐！

5. 句群对译

句群对译，指用译语句群对换原语句群的对译方法。

对译由几个小句构成的句群，更非易事。句群对译更是语际思维巧合的结果。复句与句群的区别仅在于关联手段和标点符号，因此句群对译与复句对译的概率差不多，都不大，甚至前者比后者更少，在对译中的占比居末位。前后小句的对译成功将保证整个句群的对译成功，如：

[8] This has been my life. I have found it worth living, and would gladly live it again if the chance were offered me.

原译：这就是我的生活。我发现它值得一活。我会愿意再活一遍，如果我有这个机会的话。（叶子南 译）

试译：这就是我的生活。我发现它值得一活，且乐意再活它一回，如果机会垂青于我。

例[8]中原文为句群，后一句是三重复句，其中前两个分句共一主语，句意一脉相承，而原译却将后一句译成了句群，割断了原意的连贯性。

第二节　增译

一、增译及其特点

增译，即增加式全译，指从原文出发根据逻辑、句法、修辞的需要在译文中增加一些必要的语言单位的全译方法。按在增译中使用的频率大小排列，增加的语言单位有词、短语和小句。

由于双语的思维方式、语言文字结构以及习惯表达法的差异，翻译中有时会增加某些必要的语言单位来衔接语义，填补可能出现的语义空缺，使译文结构更加完整，语义更加明确，合乎汉语的表达习惯，达到和原文相似的某种修辞效果，从而体现原文的语用价值。增译可以把原文中隐含的成分或内容，尤其是一些与原文的背景有关的信息，用明显的语言形式表达出来，但对意义并无增加，只是增加信息的突显度。

二、增译的原则

增译不是无中生有地随意增加语言单位，而是增加原文中虽无其形却含有其意的一些语言单位。为使译文更加通顺达意，所增补的语言单位必须是在修辞、结构或语义上必不可少的，增补后并无蛇足之感。增译必须是最小限度的，切不可增加过多而把全译变成阐译。

增译的原则：增形不增意。

三、增译的方法

（一）语法性增译

原语与译语语法体系的差异决定了译语表达中要增加某些语言手段以反映原作内容，以词语增译为主。英汉两种语言分属不同的语系，其在构词、句法等方面存在着差异，比如英语中无量词，而汉语中则拥有丰富的量词表达，英语动词一般有严格的时态之分，动词的形态变化突出"时"和"态"的不同，而汉语动词没有形态上的变化，句子通过词汇手段表示"时"（如用可作状语的词）和"态"（如用助词"了、着、过"）。英语中复数概念也是通过名词词形的变化来表现的，而汉语则不然，必须添加某些词汇来准确地传达原文的含义。

1. 表数性增译

英语名词有单复数之分，见于词尾的变化，汉语名词复数的表现则主要依赖于词汇手段，其次才是语法手段。因此汉译英语的复数概念时，要根据具体情况增加汉语中表示复数概念的词。

（1）添加表概数的词。原文用表概数的语法形式，汉译则用表概数的词，如"一些、许多、各种、几个、大量、批、们、各"等。看例：

[1] You must know the properties of the material before you use it.

原译：在使用前，你必须弄清楚这种材料的各种特性。

试译：使用前必须弄清材料的各种特性。

[2] The moving parts of a machine are often oiled that friction may be greatly reduced.

机器的各个可动部件常常涂上润滑油，以减少摩擦。

两例分别增加了表示复数概念的词"各种""各个"，不仅语义同原文相似，而且表达更加自然贴切。

（2）添加表确数的词。传达原作的内涵时，既可用实指，也可用虚指，汉译则多用实指，添加表确数的词。如：

[3] You may wonder why the magnet's poles point north and south.

你会感到好奇，为什么磁铁的两极会指南北呢？

翻译the magnet's poles时根据地学知识加了数词"两"。

（3）汉字叠用，表示英语的复数概念。如：

[4] When the plants died and decayed, they formed layers of organic materials.

原译：植物腐烂时，它们就形成了一层层的有机物。

试译：植物腐烂，形成了一层层的有机物。

[5] Gas and dust clouds, spinning because the galaxy is spinning, collapse due to gravitational attraction and form stars.

气体和尘埃云随着星系旋转，由于引力作用缩成了一颗颗恒星。

两例译文选用了汉语的特殊方式"叠词"，表达了原文的复数意义，还反映了事物的一些形状特征，形象生动。

2. 表量性增译

量词是英语所缺的词类，多数情况下，数词和冠词可直接用在名词前面，无需量词，少数英语名词可构成名词短语用作表量手段，如a piece of paper、 an item of news等。而汉语中量词表达丰富多彩，计量时不论物量还是动量，通常要加量词。所以，英译汉时需要增补量词。如：

[6] The words "velocity" and "speed" are considered as synonyms unless they are used in technical books.

原译："速率"和"速度"这两个词，如不是用在技术书中，可以认为是同义词。

试译："速率""速度"这两个词被非技术图书视为同义词。

[7] Aluminum is said to be the thirteenth element in the periodic table.

铝是周期表第13号元素。

[8] Once, they had a quarrel.

有一次，他们争吵了一番。

例[6]增译数量词"两个"，使语气更加完整，表达更加清晰。翻译英语的序数词时，也要补出量词，故例[7]增加了量词"号"。例[8]，英语中有些动词或动作名词在译成汉语时常需增加一些表示行为、动作的动量词，如have a rest（休息一下）和make a stop（停一下）。

3. 表时性增译

英语动词通过其形态变化表达句子的时、态、体、式等语法意义，而汉语的动词并没有形态上的变化，译文要反映出原文所表达的时态意义，就必须要增加如"正在、曾经、已经、将要"等各种时间助词或副词。如：

[9] Our transmitter is sending out a series of short pulses.

原译：我们的发射机正在发射一系列的短脉冲。

试译：我们的发射机正在连续发射短脉冲。

[10] The high-altitude plane was and still is a remarkable bird.

这种高空飞机过去是，现在仍然是一种很好的飞机。

例[9]为现在进行时，译文增加"正在"，再现了原文的时间概念。例[10]用了过去时和一般现在时的并列谓语，was and still is译为"过去是，现在仍然是……"，虽然加了词，但取得了意似。

4. 表态性增译

英语被动句用得多，译成主动句才符合汉语习惯。被主转换时，或要补出主语或施事者。英语有很多泛指人称的被动句未出现施事者，汉译时则需补出泛指意义的施事者，句子意义才完整。如：

[11] It was found that luciferin is not a single compound.

人们发现，虫荧光素并不是单一化合物。

[12] Many methods of bleaching had been developed by trial and error and tradition.

通过试验，汲取成功的经验和失败的教训，人类创造了许多漂白方法。

例中原文都是泛指人称的被动句，译文增译了泛指的施事者"人们""人类"，将原文的被动语态转为主动句，更符合译语表达习惯。

翻译英语祈使句时，可相应地增加"要、请、应该、千万、一定、务必"等词。如：

[13] When the machine is in operation, do keep away from it.

机器运转，千万不要靠近！

[14] Name five different kinds of matter.

请列举五种不同物质。

5. 具体化增译

英语词根的派生构词能力很强，比如由形容词派生而来的抽象名词可用于表示事物的性质、状态、程度或人物的身份、地位、等级、资格等，由动词派生而来的抽象名词可用于表示人、动物的行为、手段、状态，以及行为的过程或结果等，如果这类名词单独译出，则语义不够明确。汉译时，常据上下文在其后增添适当的词语，如"状态、工作、过程、作用、方式、情况、问题、部分、领域、系统"等，以具象表达抽象，使其含义更加具体。如：

[15] They enjoyed the risk and excitement of business enterprises, as well as the higher living standards and potential rewards of power and acclaim that business success brought.

他们喜欢企业的冒险性和刺激作用，喜欢商业上的成功所带来的更高的生活水平、权势及赞扬声。

原文中excitement和acclaim是由动词派生和换化而来的两个名词，如果按动词词根分别对译成"刺激"和"赞扬"，则其与前面同自身并列的名词——"冒险性"和"生活水平""权势"的组合不够和谐，因此通过增译名词"作用"和"声"，将其名词化、短语化，表意更加明确。

[16] The development of the field-effect transistor can be traced in term of these fabrication methods.

原译：场效应晶体管的发展过程可以在这些制造方法中寻踪。

试译：场效应晶体管的发展过程有这些制造方法为证。

[17] At low frequencies, the DC resistance of a given conductor is essentially the same as its AC resistance.

在低频情况下，给定导体的直流电阻与其交流电阻实际相同。

例[16]，development为动词派生而来的名词，将其具体化为名词"发展过程"，添加了"过程"，语义更加具体连贯。例[17]，At low frequencies是对原文语义条件的限定，汉译加上"情况"，其义更加具体直观。

6. 非谓性增译

由于英语重形合的句法特点，一句只有一个谓语动词，为追求句式简洁，经常运用非谓语化短语，将动词派生为名词或形容词，以表达动作的结果或状态。非谓语动词以短语或复合结构出现，多含有附加意义，尤其是分词短语、分词独立结构和不定式短语在句中作状语或定语时，往往含有比较含蓄的时间、原因、条件、方式、结果、让步和伴随等意义，字面上又表示不出来，翻译时就需加词。如：

[18] The chief difficulty to be overcome in aviation is that of renewing supplies of petrol while in the air.

航空要克服的主要难题是空中加油。

[19] Hydrogen burns in air or oxygen, forming water.

氢气在空气或氧气中燃烧便形成水。

例[18]的不定式短语to be overcome含有"将来"之意,加"要"能准确表达其义。例[19]的分词短语forming water表示前后承接关系,译文增加"便"把前后句意连接起来,表达更为连贯。

7. 结构性增译

为使语言简练,避免重复,或因表达习惯使然,或因某些结构要求,有时英文句子可省略一个或多个句子成分,汉译时通常要将其表达完整,否则就不符合汉语的表达习惯或句子会变得含义不明。

（1）还原式增译

英语也有省略,所省部分可能是主语、谓语、表语、宾语和状语,也可能是谓语的一部分或全部主要成分,省略句极富变化,汉译时应根据具体情况适当还原词语。如:

[20] All bodies consist of molecules and molecules of atoms.

物体由分子构成,分子又由原子构成。

[21] Like charges repel each other, but opposite charges attract.

原译:相同的电荷互相排斥,但相反的电荷却互相吸引。

试译:同性电荷相斥,异性电荷相吸。

例[20],原文省略了并列成分的谓语动词,要使译文结构完整,含义明确,则须补全。例[21],原文后一小句省去状语each other,译文中补出,与前文对应。

（2）列举式增译

列举时,英语很少用概括性词语;分述时,英语也很少用分述性词语。汉语则相反,汉译时,可增加概括性词语和分述性词语,这种增译主要用于列举性表达。如:

[22] The frequency, wave length, and speed of sound are closely related.

声音的频率、波长和速度三者密切相关。

[23] The principal functions that may be performed by vacuum tubes are rectification, amplification, oscillation, modulation, and detection.

原译:真空管的五大主要职能是:整流、放大、振荡、调制和检波。

试译：真空管有五大职能：整流、放大、振荡、调制和检波。

[24] There are four main ways of joining together sheets of metal: by bolts or by rivets, by soldering and by welding.

原译：连接金属板的方法主要有四种：一是用螺栓，二是用铆钉，三是用钎焊，四是用熔焊。

试译：金属板连接方法主要有四种：螺栓，铆钉，钎焊，熔焊。

例[22]和例[23]分别增加了表概括性的词语。句中几个成分并列时，可据并列成分数量的多少，增加对应的数词，可加上"个"、"者"、"大"、"种"、"方面"、"领域"等词。例[24]增加的是分述性词语，加词后的译文层次鲜明，不加则显得干涩，不够连贯。

8. 逻辑性增译

英汉语逻辑有共通之处，也有相别之处，若将原文照直译出，汉语逻辑上有时会不通，应据需要，添加适当的语言单位，以显原作的隐含之意。

（1）事理逻辑性增译

科学文章阐明事理、探讨问题、描述过程，因双语的逻辑与语言对应的表达方式不同，同一逻辑形式用原语说得通，译语如法炮制可能就不通，需添加一些语言手段，才能使译文符合事理逻辑。如：

[25] Atomic cells are very small and very light as compared to ordinary dry cells.

原子电池与普通干电池相比体积小，重量轻。

[26] Speed and reliability are the chief advantage of the electronic computer.

速度快，可靠性高是电子计算机的主要优点。

例[25]，原文仅用两个并列形容词——small和light指明原子电池的特性是"小"和"轻"，这在原语中可以理解，直译过来则概念不清，增加"体积"和"重量"，表达更为准确。例[26]，译文通过增译形容词"快"和"高"，将英语名词增译为汉语主谓短语，表意更清楚，指向更明确，逻辑也更严密。

（2）语言逻辑性增译

词语在原作中组合合理，但在译文中将之对等译出，不加语言手段可能就不通不畅。另外，各成分之间，句子之间，有时加词才能显出层次，理出条理，明确句与句之间的逻辑关系。主要表现为关联词的使用，英汉语均有关联词，但用法不同。汉语关联词主要用于分句与分句之间，起连接作用，往往成对出现，如"不仅……还""如果……就""虽然……但是"等，有时两个连接副词也可配合使用，如"又……又""越……越"，其用法相当于连词。英语关联词常用于句子与句子之间，相当于汉语的句间连词。英语还有汉语所缺的关系副词，用来引导各种从句，充当从句的状语。鉴于此，汉英互译时应适时增加关联词或关系副词，以准确传达原文的逻辑语义关系，符合译语表达习惯。

① 关联词配对出现。复句的关联词有时讲求配对，有时不讲求，应根据译语的复句表达习惯处理，该加时就加。如：

[27] Electricity is produced if acids react more with one metal than the other.

如果酸与一金属的反应比与另一金属的反应强烈，则产生电流。

[28] An object, once in motion, will keep on moving because of its inertia.

物体一旦运动，就会因惯性而继续运动。

[29] Force is measured in pounds, no matter how it is produced.

原译：不论力是如何产生的，都可以用磅计算。

试译：力可以磅计，不论产生方式如何。

英语习用一个关联词表达各成分之间、句子间的关系，汉语则不然，关联词多成对使用，这样语气才能连贯，主从关系了然，如上述三例的"如果……则（就）""一旦……就""不论……都"。类似的还有"如果……那么""虽然……但是""不仅……而且"等。

② 关联词添加。英汉语句法构成不同，英语常通过分词短语、不定式短语、介词短语等附加成分表示"时间、原因、条件、让步"等状语意义；还有无连接词并列句，只用某些标点符号分开。汉译时必须注意原文中词与词、词组与词组、句子与句子、段落与段落间的衔接与关联，根据其暗含的意义、关系增加相应的关联词语。如：

[30] Most of the vapor turns to liquid in the condenser and returns to the flask.

原译：大部分蒸气先在冷凝器中转化为液体，然后再回到烧瓶中去。

试译：多数蒸气在冷凝器中液化，再回到烧瓶。

[31] White or shining surfaces reflect heat: dark surfaces absorb it.

白色的或发亮的表面反射热，而黑暗的表面吸收热。

例[30]中and连接两个并列的动词谓语，实际表示前后承接关系，增加关联词使原文所表达的涵义更加清晰准确，符合科技文体的要求。例[31]为无连接词并列句，两句之间语气暗含对比与转折，译文增译连词"而"，以显两句间的对比关系。

9. 修辞性增译

修辞手段使用不同，文章水平可见高低，内容精、形式美，再讲究修辞，译文一定会出彩。

（1）重复性增译

构句手段重复也属增译，汉语的重复较英语的多，因为英语可用各种词代替重复之处，如代词、助动词等，汉语则一字一音节，容易重复。重复旨在确保译句结构匀称完整，表达明确具体。如：

[32] The heart can be safely opened and its valves repaired.

心脏能安全打开，其瓣膜能安全修复。

[33] The 12 months of the year were divided into units of 30 or 31 days, except that in non-leap years the month we call February had only 29 days.

一年12月，分大月和小月，大月31天，小月30天。闰年之外，2月只有29天。

例[32]是由and连接的并列句，后一分句承上省略了副词safely，译文增译出来，语义更加明白，语气更加完整。例[33]若不增译，"一年的12个月分为包含30天或31天的单元"就行不通，读者会不知所云，增译后语义明确，一目了然。

（2）显豁性增译

有的英文句子，若直译，显得译笔太秃，或意义晦涩，或不成句子；若加点缓和语气或补充说明性的文字，译文就含义明确，读起来也流畅了。如：

[34] Piston engines are used for relatively slow planes flying at 20000 feet or less.

活塞式发动机用于飞行速度较低、飞行高度低于20000英尺的飞机。

[35] Pairs of shared electrons must spin in opposite directions.

原译：共享电子对必须按相反方向旋转。

试译：共享电子对的两个电子必须互相反向旋转。

例[34]，译文若不加词直译，则含义比较模糊，增译"飞行速度""飞行高度"后语义更加清晰，将原文所含内容译出，显得更加专业，符合科技文体特征。例[35]若不用补充词语说明原文的含义，译文会生歧义。"共享电子"是一起旋转？与哪个方向相反？原译在专业上表述不通。

（3）分解式增译

英语为了避重，几个并列成分常常共用一个谓语或定语，这是英语语法的习惯，但若按此形式直译成汉语则不合汉语表达习惯。如：

[36] Possible changes that occur upon exposure to high temperatures may be categorized into bulk, metallurgical, and surface effects.

高温下可能发生的变化可分为体内效应、合金效应和表面效应。

原文中effects为bulk、metallurgical及surface所共有，所以重复译出。

（4）生动性增译

为了强调，为了明义，为了形成有特殊修辞效果的四字组，为了使句子平稳和富于变化等，译文常常需要增加一些不悖原意的词语。有时也可以适当发挥译语的优势，如采用四字格，利用对偶、排比等手段丰富表达形式，追求生动等。如：

[37] He once again imparted to us his great knowledge, experience and wisdom.

原译：他再一次向我们展示了他丰富的知识、经验和智慧。

试译：他再次让我们领略了他渊博的知识、丰富的经验和无穷的智慧。

例[37]，原文用了形容词great与不同名词搭配，而在汉语中，似乎难以找到一个恰当的形容词同时修饰"知识""经验"和"智慧"，只能用同义或近义的形容词分别与其搭配，采用三个排比短语生动再现原义，以求达到与原文相似的修辞效果。

第三节　减译

一、减译及其特点

减译，即删减式全译，指从原文出发，根据逻辑、句法、修辞的需要在译文中删减掉一些不必要的语言单位的全译方法。减译不是删掉原文的某些内容，而是为了避免内容重复、文字累赘，删减掉一些不必要的冗余信息及其表达形式，使译文更加简练，更符合汉语的表达习惯，同时也有利于译文读者进行信息接收和处理。

由于英汉两种语言在词汇、语法和修辞上存在差异，有些词语或句子成分，在英文中是必不可少的，但若搬进汉语译文，会成为冗词赘语或蛇足，影响译文的简洁和通顺。减译就是在不改变原文语义和语用的前提下，将某些不必要的词语、短语甚至句子过滤掉，使译文更为简洁明了。

二、减译的原则

减译是要删去一些或可有可无，或表达形式累赘，或违背译文语言习惯的语言单位，但删减并不是要改变原文所传达的内容，只是删去原文的某些冗余信息，或出于汉语表达需要不必译出的语言单位。减译后译文虽无其形但已有其意，或者语义在译文中是不言而喻的。

减译的原则：减形不减意。

三、减译的方法

（一）语法性减译

语法性减译，是指因双语结构的差异，在用译语表达时要删减掉原文的某些语言手段，如词、短语甚至小句，使译文在不改变原文语义的前提下，行文更加简练流畅，更符合译语的表达习惯。

1. 实词减译

由于文体特点的不同和汉外语之间的差异，全译转换过程并非词词对应，有时连实词也会从语表上省去。

（1）代词减译。英语是形态化语言，一切关系显于语表形式。英语通常每句都有主语，人称代词作主语的情况往往多次出现，而汉语求意合，语表上比较凝练，为了避重，英语中的各种代词在汉译时往往省去不译。如：

[1] Since the airplane's mass is not given, we can find it by using this formula.

原译：飞机的质量并未给出，但是可用这个公式求出来。

试译：飞机质量未给，但可由本公式求出。

[2] As soon as a positive charge approaches an electron, it combines with the latter.

正电荷一旦遇到电子，就与之结合。

[3] The mass of one unit of volume of a material is called its density.

物质单位体积的质量叫作密度。

[4] The gas distributes itself uniformly throughout a container.

气体均匀分布在容器中。

[5] The volume of the sun is about 1300000 times that of the earth.

太阳的体积约为地球的130万倍。

科学文体中作主语的we、you、they等人称代词多为泛指，非实指，译出反而不得体。例[1]译文省去了代词we；例[2]，it的含义承前文的"正电荷"而省去。英语某些作定语的物主代词，因其关系明确可省略不译，如例[3]；根据汉语表达习惯，某些用作宾语或同位语的反身代词常省去不译，如例[4]；例[5]是比较句，其中的指示代词在汉译时通常省去。

（2）动词减译。英语各句型都必须用谓语动词，汉语则不然，句中可以无动词，直接用形容词、名词或词组作谓语，如"花红了""他岭南人"等。英语有许多词兼做名词和动词，常与另一动词连用，表达的仍是动词义，汉译时只需译出其动词含义，因此，英译汉时常省略动词。有些谓语动词省去不译，句子会更为通畅有力。如：

[6] When the pressure gets low, the boiling point becomes low.
气压低，沸点就低。

[7] It is clear that solids expand and contract as liquids and gases do.
很显然，固体也像液体和气体一样膨胀、收缩。

[8] The base bleed unit is used to give an increased range of fire.
这种底部排气装置可以增大射程。

例[6]译文省略了动词gets和becomes，按汉语表达习惯直接用形容词作谓语，译文更紧凑简练。例[7]助动词do替代前面出现的谓语动词expand和contract，两个同样的谓语并列，译文可省略合并译出，语义更加精练。例[8]中give an increased range是动词短语，其实传达的是动词increase的含义，所以省去连用的动词，直接译为"增大"。

（3）名词减译。英语中，同一名词常常同时充当主语和表语或其他句子成分，汉译时出于修辞的需要，往往略去一个。此外，有些名词在英文里是必要的，在汉语里则成了蛇足，也不宜译出。如：

[9] The problem of the age of the earth is one problem we shall approach.
地球的年龄是我们将谈及的一个问题。

[10] Forces are measured in pounds, ounces, tons, grams, kilograms, and other units commonly called units of weight.
力由磅、盎司、吨、克、千克和其他重量单位量度。

例[9]原文的主语和表语都是problem，出现了重复，前一个在汉译时省去。例[10]中心词units同其后充当其定语的分词短语中的units重复，如译为"被称为重量单位的单位"则不符合汉语的表达习惯。

2. 虚词减译

虚词的减省，主要指冠词、连词、介词等的减省。有些虚词于英语有用，于汉语不一定需要，译出会使汉语膨化，甚至造成汉语使用失范。

（1）冠词减译。冠词为英语所独有，用得十分频繁，汉语无这一词类，故汉译时常省略掉冠词，如例[11]和例[12]。英语冠词若具某些词汇意义时，则不能省，如例[13]中定冠词the相当于指示代词this，译文需对应译出。

[11] The basic function of the triode is as an amplifier of current.

三级管的基本功能是放大电流。

[12] The total length of the intestines of a newborn baby equals eight times his body length.

原译：新生儿肠道的总长度是其身长的8倍。

试译：新生儿肠道总长是其身长的8倍。

[13] A research group led by him began to solve the problem in 1960s.

原译：他领导的一个研究小组在20世纪60年代着手解决这个问题。

试译：他领导的研究小组20世纪60年代开始着手解决这个问题。

（2）介词减译。英语中，介词是异常活跃的词类，数量多、功能强、使用广、频率高，词与词、词组与词组之间的关系多用介词表示，介词不仅单列一个词类，还可构成形式多样的介词短语。汉语则不然，汉语介词在句法中起介引作用，数量有限，语义多由语序和逻辑显示，因此，汉译时许多介词可以省略。如：

[14] The capacitor is a square with all sides a half centimeter long.

电容器为正方形，边长0.5厘米。

[15] In the transmission of electric power a high voltage is necessary.

远距离输电必须用高压。

[16] The drag reduction unit potentially increases maximum range by 23%.

这种减阻装置能将最大射程提高23%。

例[14]，原文介词短语修饰限定前面的名词square，译文将其分开，省略掉介词，把介词短语译为小句，表达更为清晰。例[15]，原文的介词短语看似地点状语，其实有条件的语义内涵，译文省略介词将其译为动状短语在句子中作主语，更加精练。例[16]，介词by是原语所要求的固定用法，表示提高、增加的程度，译文不需译出。

（3）连词减译。英语中，连词用得很普遍，词与词、短语与短语、句与句之间多采用形合法，通过一定的连词连接起来，为求结构上完整，一般不能省略；而汉语中，连词用得较少，词与词之间、句子的结构多采用意合法，通常按一定的时间顺序和逻辑关系排列，语序固定，关系明确，无需连词。所以英语中有些并列连词和主从连词往往在译成汉语时省略不译。如：

[17] Telephone communication is now widespread and efficient.

现在的电话通信广泛有效。

[18] As the temperature increases, the volume of water becomes greater.

原译：温度增高，水的体积就增大。

试译：水温越高，水的体积就越大。

[19] Practically all substances expand when heated and contract when cooled.

原译：几乎所有的物质都热胀冷缩。

试译：凡物质都热胀冷缩。

上述各例的连词汉译时皆省略，用语序和暗含的逻辑关系表达，充分发挥汉语意合的特点，译文依然清晰明了，硬译出来则显得啰唆。例[19]的译文省略连词when，用"热胀冷缩"四个字生动精练地传达了原文两个从句的意思。

3. 合句式减译

翻译时，有时会将原文两个句子合译为一句，或者将复句译成单句，此时常常需要省略某些词语或句子成分。如：

[20] When found in the earth, gemstones are often dull-looking and rough. Cut and polished, they sparkle as with an inner fire.

原译：从地里采出来的宝石通常粗糙发暗，经过切削和磨光之后才发光，像内部燃着火似的。

试译：从地里采出的宝石通常粗糙发暗，削磨后才发光，仿佛在燃烧。

[21] From Florence the river Arno ran down to Pisa, and then it reached the sea.

阿诺河从佛罗伦萨流经比萨入海。

例[20]，前后两句联系密切，主语相同，其他成分是对同一对象的描述，译文是合句的结果，只保留了一个主语。例[21]，译文充分运用了汉语的意合优势，用有限的几个词将原文的两句话译成汉语连动句，生动地再现了原文。

4. 虚设形式减译

英语表示"存在、出现"类的词（如exist、occur、happen、remain、seem、appear等）和结构（如there be），引导强调句型的it等，只是一种成句手段，汉译时宜省形式，突出原句的意义中心。如：

[22] It is worthwhile attempting to use an ultra-high-vacuum system for such purposes.

超高真空系统作此用途值得一试。

[23] There exist neither perfect insulators nor perfect conductors.

既没有理想的绝缘体，也没有理想的导体。

例[22]，it是形式主语，无实际义，其后的动名词短语才是实际主语，故通常翻译时会将动词不定式、动名词等实际主语或从句译为主语，it省去不译。例[23]用了相当于there be的结构，there本身没有任何词汇意义，可省略。

（二）逻辑性减译

原文逻辑通，照译未必通，可能重复，可能多余，也可能悖理，此时需要删减影响译文逻辑表达的冗余。如：

[24] Since transistors are extremely small in size and require only small amounts of energy, they can make previously large equipment much smaller.

原译：晶体管非常小，而且所需要的能量也少，从而，使以前的大设备也变得小多了。

试译：晶体管非常小，所需能量少，因此以前的大设备变得小多了。

[25] Part-time waitress applicants who had worked at a job would receive preference over those who had not.

原译：应聘业余服务员的人，有工作经验的比没有工作经验的优先录取。

试译：招聘业务服务员，有工作经验者优先录取。

例[24]，small in size在英语中逻辑是通的，但如果照译成汉语，则有画蛇添足的味道，size的含义已暗含于"小"中，不言白明，无需译出。例[25]原文两者比较的逻辑关系十分明确，但原译该省略的没省，显得啰唆，试译删简了被比对象，汉语的逻辑关系相当明了。

（三）修辞性减译

1. 同义性减译

英语中有些同义词或/和近义词往往连用，有时表示强调，使意思更加明确，有时表示同一名称的不同说法，有时是出于释义、修辞或以旧词带新词等作用的考虑。汉译时，常常不必或不能译成同义词或/和近义词连用的形式，只能择译其一。如：

[26] Semiconductor devices have no filament or heaters and therefore require no heating power or warmed uptime.

半导体器件没有灯丝，因此不需加热功率或加热时间。

filament 和 heaters均为"灯丝"，and和 therefore都有"因此"、"所以"之意，所以各译出一个，省略一个。

2. 简练性减译

语言讲究简洁美，以简驭繁，力求以精短的形式承载更多的信息，有的词、词组或分句，如果照译，会译出冗词赘语。为求简洁，这类词、词组或分句应省去不译。如：

[27] Besides teaching the deaf and dumb he was absorbed in the scientific study of sound, and also in the possibilities of transmitting it by means of electricity or light.

除了教聋哑人外，他还致力于声学和电光传声研究。

[28] The First manned landing on the Moon surface was achieved by American astronauts on July 20, 1969.

原译：1969年7月20日美国宇航员首次登上月球。

试译：1969年7月20日人类首登月球由美国宇航员实现。

例[27]，also in the possibilities与前面的study由and相连，据上下文承接关系可将其深层含义延伸至study。例[28]，译文将原文信息进行重组，依靠语境，surface也因landing on the Moon的汉语意思"登月"而省，登月自然是登上月球的表面；但是，原译中manned因后面的American astronauts而省，was achieved因landing而省，却未突出美国人与人类的关系，信息焦点有误，试译改回。

第四节　移译

一、移译及其特点

移译，即转移式全译，指为照顾译语结构和表达习惯转移原文语表形式的全译活动。移译包括句子成分的单纯位移和位移时相伴而生的句子成分的变化。移是原语语表形式空间位置的移动，原文的语里意义和语用价值并不发生改变，其方法包括移位、转化和词义引伸。

二、移译的原则

由于双语结构和表达习惯的不同，翻译时应按照译语的语法和表达要求对原语进行相应的转化。移译通常是在语法层面上进行的，是应语用价值和语里意义的需要而进行的语表形式变化，只是形式上的转移，意义力求不变。

移译的原则：移形不易意。

三、移译的方法

（一）移位

移位，指原语句法成分由于译语表达的需要而移动其位的移译方法，主要包括定语前移、主从句位置移位、否定部分移位、句子重心移位和状语的移位等。

1.定语前移

英汉语中定语的使用情况差异较大。根据与中心词的意义关系，汉语定语分为修饰性定语和限制性定语，大多置于中心词之前，而英语定语种类繁多，表达形式多样，比汉语复杂，定语前置、后置的情况都很普遍，其中，分词短语、不定式短语、介词短语、形容词短语等作定语时常放在被修饰成分之后，翻译时通常要将这些定语前移。如：

[1] The design calculations will serve as an illustrative application of the theory of semiconductor devices.

这些设计计算将是半导体器件理论的实际应用的明证。

[2] The force to change the motion of a body is proportional to the mass of the body.

改变物体运动的力与其质量成正比。

英语短语位于被修饰语之后作定语，合乎英语的语法习惯，汉译时，遵循汉语的语法规范和习惯，一般将其前移，使原文中介词短语、不定式短语的修饰限定作用表现得更为严谨和充分，也使译文显得更加紧凑和简洁。例[1]和例[2]，原文句子较长，逻辑较严密，译文将后面分离出去的分词短语前置并连成一句，符合原文的风格。

2. 主从句位置移位

主从句位置移位，指在译文中调整原文主从句的位置。汉语复合句一般从句在前，主句在后，受时间顺序原则支配，遵循动作发生的实际次序和逻辑上的因果次序。英语主从句排序则相对灵活。如果英语主从句排序有悖于汉语表达习惯，翻译时就要调换主从句的位置。如：

[3] A body is negatively charged when it has electrons in excess of its normal number.

原译：物体所含电子超过正常数目时，物体就带负电。

试译：物体所含电子数超过正常时，就带负电。

[4] The volume of a gas becomes smaller when the pressure upon it is increased.

原译：当作用在气体上的压力增大时，气体的体积就缩小。

试译：气体受压增大时，体积缩小。

[5] Concrete structures generally do not require much maintenance, internally or externally, if adequate provision is made for good expansion joints and firm foundations.

原译：如果有良好的伸缩缝和坚实的基础，混凝土结构一般不需要大量的室内外维修。

试译：如果伸缩缝良好，基地坚实，室内外混凝土结构一般不需要大修。

例[3]和例[4]的原文暗含因果和先后承接的顺序，译文按照逻辑先后顺序处理，将从句提前，以符合中国人的思维习惯。例[5]是典型的条件关系主从复合句，条件从句可前可后，汉语则一般先条件后结果，其逻辑依据依然是时序，移位后更符合汉语语感。

3．否定部分移位

表达否定概念使用的手段因语言逻辑不同而显差异。就否定范围而言，汉语的否定对象一般置于否定词之后，英语则不然，否定词常常置于谓语、主语、宾语之前，但其意义和逻辑所否定的对象不一定就是这些成分。汉译时，必须准确判断原文的语用否定对象，将否定词移位到其语用否定对象前。

（1）否定从主语转向谓语

英语否定词可直接用在名词前面表达否定，如no+名词、none+of+名词或代词、由no构成的不定代词等，这种成分作主语时翻译需据汉语表达习惯，将否定转至句子的谓语，以取得和原文相似的语用价值。如：

[6] The experiment on the transformation of energy shows that no energy can be created and none destroyed.

能量转换试验表明能量既不能创造也不能消灭。

[7] In general, no new substance forms in a physical change.

原译：一般来说，物理变化中不形成新的物质。

试译：物理变化通常不会产生新物质。

两例都用否定形容词no修饰名词，其否定对象按汉语表达习惯由主语转至谓语，意义未变，表达更有力。

（2）否定从谓语转向状语

英语否定词除与名词连用外，否定副词not通常位于助动词、情态动词或系动词be之后，谓语动词之前，这是英语语法的要求，形式上看似是对谓语的否定，其实不然，汉译时需弄清原文的语用重点，根据实际需要转移否定词。如：

[8] The craft did not crash because of engine failure.

飞行器并非由于引擎故障而坠毁。

[9] You cannot get AIDS by working or attending school with someone who has the disease.

原译：人们不会因为跟艾滋病患者在一起工作或学习而染上艾滋病。

试译：人们不会因与艾滋病患者一同工作或学习而染上艾滋病。

例[8]若译为"……由于引擎故障而没有坠毁"，不合逻辑，将否定由谓语转向状语，译文才合逻辑。例[9]原文重点不是怎样才不会染上艾滋病，而是告诉人们"不会因为与艾滋病患者一起工作或学习而染上艾滋病"，弄清语用重点，有利于否定对象的转移。

（3）否定从谓语转向补语

否定词在谓语之前是英语语法的要求和表达习惯，汉语则习惯否定什么就直接将否定副词置于被否对象之前，如"不怕辣，辣不怕，怕不辣"。汉译时要清楚原文的实际语义。如：

[10] This electric motor does not work properly.

这台电动机运转得不正常。

[11] Genetic engineering is not developing fast enough.

基因工程发展得不够快。

例[10]的语用否定对象已从谓语work转至状语properly，does not work只是字面否定，而作者意念中的否定对象是properly；例[11]同理。

（4）否定从宾语转向谓语

英语否定词+名词作宾语的表达方式在汉语中是没有的，此时需按汉语表达习惯将否定从宾语转向谓语。如：

[12] Semiconductor devices have no filament or heaters and therefore require no heating power or warm-up time.

半导体器件没有灯丝，因此不需加热功率或加热时间。

英语否定词no和not可以与名词、动名词、代词等连用来否定宾语，但否定重点一般不是宾语，而是谓语，而汉语"不"无此用法，一般不说"儿童需要不关心"，故汉译时否定词则要移至谓语前。

（5）否定从介词宾语转向谓语

英语有时会将否定词直接放在名词前突出强调其语义成分，翻译时依然要对其作移位处理。如：

[13] Workers can violate the safety rules on no conditions.

工人任何时候都不能违反安全规则。

为了强调，原文将否定词置于介词短语的宾语之前，译文将它移至谓语之前，增加"任何"一词，取得了相似的强调效果。

（6）否定从主句转向从句

英语表示推测、期盼等意义的谓语动词之后的宾语从句常要前移否定，这在汉语表达里比较少见，如"I don't think you are right."通常译为"我认为你不对"，很少译成"我不认为你是对的"（除非刻意强调）。再如：

[14] I don't think that he can operate a new electronic computer.

我认为他不会用新型电子计算机。

例[14]否定主句的谓语，译作"我不认为他会用新型电子计算机"未尝不可，但不太顺口，译文将否定移入从句，语义未变，且更符合汉语的表达习惯。

4．句子重心移位

句子重心指交际过程中句子的语义重心。英汉语句子重心各有侧重，英语民族重直线思维，习惯于重心句先说，再补叙其他。汉民族则重曲线思维，惯于从侧面说，阐述外围，最后点出重心。反映在语表上，英语句子结构多为重心前置，头短尾长，汉语句式结构多重心后置，头长尾短。汉译时常将原文句首重心后置。如：

[15] The people of a small country can certainly defeat aggression by a big country, if only they dare to rise in struggle, dare to take up arms and grasp in their own hands the destiny of their own country.

原译：小国人民只要敢于起来斗争，敢于拿起武器并掌握自己国家的命运，就一定能战胜大国的侵略。

试译：小国人民只要敢于斗争，敢于拿起武器，掌握本国的命运，定能战胜大国侵略。

原文中，if引导的状语从句虽长，却只是说明条件，不是主要的，所以放在主句之后。汉译则强调逻辑顺序，先说条件，再道结果，重点在后，即把主句放在句后。由此可知，汉语若有叙事和表态部分，往往先说事，再表态，英语则相反，先表态。又如：

[16] It was a keen disappointment when I had to postpone the visit which I intended to China in January.

原译：我原来打算在今年一月访问中国，后来不得不推迟，这使我非常失望。

试译：我打算一月访华，后被推迟，非常失望。

原文环环紧扣。第一环：失望的态度；第二环：失望的原因是延期访问；第三环：访问原定于一月。汉译相反，从事由说起，由因致果。

5. 状语的移位

英语副词（尤其是表程度和方式的）修饰动词时，置于动词前后均可，修饰不及物动词时，常在其后。汉译时一般将副词置于动词之前。英语中有许多介词短语、分词短语、不定式短语等作状语的情况，汉译时也常将其置于谓语动词前。如：

[17] Automatics, as their name implies, are machine tools which machine work pieces automatically.

自动化机器，顾名思义，是自动加工工件的机器。

[18] The operator should visually check the hole and drill after each operation.

原译：在每一次操作之后，操作者应目视检查钻孔和钻头。

试译：每次操作完毕，操作者应目测钻孔和钻头。

以上两例都是整个状语移位。除了整个状语移位外，状语内部位置也会发生变动。英语同一谓语动词被两个及以上的状语修饰时，一般是地点状语在时间状语之前，方式状语又在地点状语之前，这种顺序与汉语相反。英语时间状语和地点状语，通常是单位越小越在前，单位越大越在后，汉译时，单位越大越在前，单位越小越在后。又见例[19]：

[19] Boeing—747 was assembled in the new factory at Everett, Washington, U.S.A.

原译：波音—747是在美国华盛顿州埃佛雷特一家新工厂里总装的。

试译：波音—747由美国华盛顿州埃佛雷特一家新厂总装。

（二）转化

转化是转移的更进一步，除了语言单位静态位置的移动外，句子成分本身也发生变化。转化在短语、单句和复句三层都可能发生。转化所化的并非内容，而是形式，通过形移而达至意义的极似。

1. 搭配关系转化

翻译实践中，词语修饰关系调整的出发点是努力使译语的铺叙既合乎汉语语言的表达习惯，又合乎英语语句的表意内涵。

（1）修饰语和被修饰语对调。不同民族对同一事物的思维方式和选取角度有所不同，英汉语的修饰关系和被修饰关系有时恰好相反，汉译时就需要对调。如：

[20] The mathematical model provides determination of the parametric pressure and speed of rotation fluctuation, the static values of the drive being known.

原译：在已知静走驱动值的情况下，这个数学模型可以用来判定压力参数和转速波动参数。

试译：已知静走驱动值，该数学模型可定压力参数与转速波动参数。

[21] The world is still engaged in a massive armaments race designed to insure continuing equivalent strength among potential adversaries.

全球仍在进行大规模军备竞赛，试图在潜在的对手间继续保持力量的平衡。

例[20]，parametric pressure若译为"参数的压力"，语义不符合原文，读者会不知所云，从专业的角度分析应，为"压力参数"才是科技语的表达。例[21]，equivalent strength直译为"平衡的力量"也容易理解，但语气不如转化后的译文有力。所以汉译时不可随便直译，应按照原文的逻辑关系将修饰语和被修饰语对调过来，使译文合乎汉语逻辑。

（2）修饰语转化。汉译时，本来修饰说明某一词语的修饰语有时要转向修饰说明另一词语，甚至是全句，或者相反。如：

[22] In the Aegean, bronze began to supersede copper, particularly for tools and weapons in about 1700 BC.

约公元前1700年，青铜在爱琴海地区开始代替铜，工具和武器制造更是如此。

in about 1700 BC修饰其前面的两个名词tools and weapons，译文将之转用作时间状语，调至句首。

（3）并列关系与主次关系转化。原文词语之间是并列关系或主从关系，但深层结构却是主次关系或并列关系，汉译时需作转化处理。如：

[23] Fluid sand process has found application in the production of large and steel castings.

流态砂法已用于生产大型钢铁铸件。

large and steel（castings）语表上呈并列关系（"大的和钢铁的铸件"），逻辑上却呈主次关系，转化后译文简洁地道。

（4）疏状、限定关系与并列关系转化。原文词语之间是疏状、限定关系，而深层结构是并列关系，汉译时需作转化处理。如：

[24] The electrode is uniformly thin.
电极薄而均匀。

修饰thin的副词uniformly被转译为形容词，结果二者形成了并列关系。

（5）同位关系与限定关系转化。英语形式上是同位关系，语义上却是甲词对乙词的限定，汉译时要将同位关系转化为限定关系。如：

[25] A VF carrier system can be operated over any telephone type circuit, wire or radio.
话频载波系统可利用任何电话类型的有线线路或无线线路工作。

wire or radio是telephone type circuit的同位语，直译体现不出其内在联系，转化为限定关系后，语义更加清晰。

（6）并列关系与种属关系转化。原文词语之间是并列关系，而深层结构是种属关系，汉译时需作转化处理。如：

[26] Ultrasonic waves…are reflected at discontinuities or boundaries of materials having different elastic and physical properties.
原译：超声波……在遇到突变点或弹性和物理性能不同的两种物质的分界面时会反射回来。
试译：……遇到突变点或弹性等性能不同的两种物质界面时，超声波发生反射。

elastic and physical properties语表上为并列结构，但原译中"弹性和物理性能"违背了种属概念关系，即"弹性"类属于"物理性能"，两者不能并列。汉译时要反映二者的种属关系，并列关系就成了种属关系。

2. 句子成分转化

转化在单句层面表现为句子成分的转化。不同语言之间发生语际转换时，句子成分也可能会发生转化，成分转化和词类转化有部分重合，但词类转化涉及的仅是个别词的词类，成分转化则涉及作为句子成分的词或词组，此外，词类转化后会引起成分转化，而成分转化不一定带动词类转化。

（1）主语的转化。原文主语转化为译语的其他成分。如：

[27] Were there no frictions, transmission of motion would be impossible.

没有摩擦就不能传递运动。（主语→谓语）

[28] The mechanical energy can be changed back into electrical energy by means of a generator.

利用发电机可以把机械能重新转变成电能。（主语→宾语）

[29] Ultraviolet rays contain a larger amount of energy than visible light does.

紫外线的能量比可见光大。（主语→定语）

[30] 1960's saw the great development of our oil industry with the opening up of the Daqing Oilfield.

随着大庆油田的开发，20世纪60年代我国石油工业得以长足发展。（主语→状语）

有的英语名词由动词派生而来，仍具动词性质，如例[27]主语transmission就具有动词的内涵，汉译时宜将其转为动词谓语。英语被动语态多，汉语被动语态少，汉译时英语主语常被译成汉语宾语，如例[28]的the mechanical energy就被译成了汉语把字句的宾语；英语某些及物动词的宾语（表语）被译成主语时，原句的主语通常译成其定语，例[29]将及物动词的宾语energy译为主语，而原来的主语ultraviolet rays成了译文主语的修饰语。英语若用表达时间、因果等的词作主语，汉译时通常要将其转化为汉语的状语，如例[30]。

（2）谓语的转化。英译汉时，为照顾汉语的表达习惯，原文的谓语有时也可转化为汉语的主语、宾语、定语和状语。如：

[31] Cotton and linen burn quickly and easily, and smell like burning paper.

原译：棉布和亚麻布易燃，燃烧产生的气味像烧纸一样。（谓语→主语）

试译：棉布和亚麻布易燃，燃烧产生的气味如同烧纸。（谓语→主语）

[32] The sun affects tremendously both the mind and body of a man.

太阳对人体和精神都有极大的影响。（谓语→宾语）

99

[33] The landscape of the moon was seen to have mountain ranges and craters great and small.

所见到的月球表面有山脉和大大小小的火山口。（谓语→定语）

[34] After more experiments, Galileo succeeded in making a much better telescope.

反复实验后，伽利略成功地制造了一架更好的望远镜。（谓语→状语）

例[31]原文的谓语动词被译成了名词，谓语也随之转化为主语。例[32]，谓语不转化，译为"太阳极大地影响人的身体和精神"未尝不可，但不如译文符合科技文体的风格。例[33]将原文的被动谓语译为主语的定语，表达更显紧凑。英语的某些动词谓语或合成谓语难以译成相应的汉语谓语形式，故汉译时常将之转译为状语，如例[34]。

（3）宾语的转化。英语的宾语也可转为汉语的主语、谓语、定语、状语等成分。为了便于叙述，表语的转化也列入了宾语转化部分。如：

[35] Water has a density of 62.4 pounds per cubic foot.

水的密度为每立方英尺62.4磅。（宾语→主语）

[36] The lower stretches of rivers show considerable variety.

河流下游情况千变万化。（宾语→谓语）

[37] Much later Heinrich Hertz demonstrated radio waves in a primitive manner.

原译：隔了相当长一段时间，赫兹用一种简单的方法证明了无线电波的存在。（宾语→定语）

试译：很久之后，赫兹用简单方法证实了无线电波。

[38] He spent the First World War in the Russian Army Signal Corps.

第一次世界大战期间，他在俄国通信部队服役。（宾语→状语）

如果原文的宾语与主语关系紧密，是主语的一部分或属性等，有时可在译文中将宾语转为主语，原主语则转为定语。如例[35]，密度是水的属性，汉语不说某物有多大的密度，而说"某物密度多大"，所以density转为汉译主语，原主语water被译成了译文主语的定语。例[36]将原文宾语译为汉语的谓语"千变万化"，句子显得通顺自然。英语宾语转化为汉语的定语，多半由增译引起。例[37]原译增加了宾语"存在"，不增译其实也可，"证实"本身即确认或证明事物的客观存在。例[38]照译为"他在俄国通信兵部队度过了第一次世界大战"未尝不可，但这是欧化译文，原译转化了成分，实现了译文本土化。

（4）定语的转化。英译汉中定语可以发生转化，通常转化为主语、谓语、宾语、状语等。如：

[39] The idea of obtaining potable water from wastewater is a psychologically difficult one for many people to accept.

从污水获取饮用水，许多人心理上难以接受。（定语→主语）

[40] With catalysts, the higher rate of reaction between nitrogen and hydrogen is at 500℃.

原译：有了催化剂，在500℃时，氮和氢之间的反应速度较高。

试译：借助催化剂，500℃时氮氢反应速度会更高。（定语→谓语）

[41] The selectivity measurement was then repeated.

然后，重复测量选择性。（定语→宾语）

[42] No drawing or model of Mr. Mill's contraption survives.

米尔先生的新发明，无图或模型留下。（定语→状语）

例[39]，the idea带有长定语，主语及其定语的语义所指是一致的，"从污水获取饮用水"是"观念"的内涵，译成定语冗长，直接译为主语，更为明了。英语形容词作名词的前置定语，汉译时可将二者颠倒，形成主谓关系，形容词作谓语，名词作主语，如例[40]。例[41]，主语measurement是由动词派生而来的名词，译文将其转化为动词后，其修饰语selectivity就按语义转化为宾语，这样更符合汉语表达习惯。例[42]属于介词短语作定语的转化，英语介词结构中定语或介词结构充当的定语可转成状语，"米尔先生的新发明的图或模型没有遗留下来"容易产生歧义，将介词短语转为状语，语义清晰，重心明了。

（5）状语的转化。表示地点、方位、范围、处所等的介词短语用作状语，英译汉时可将之转为主语、谓语、宾语和定语等。如：

[43] Throughout the world come into use the same signs and symbols of

mathematics.

全世界都采用同样的数学记号和符号。（状语→主语）

[44] There are nine known planets in the solar system.

已知太阳系有九颗行星。（状语→主语）

[45] The wide application of electronic computers affects tremendously the development of science and technology.

原译：电子计算机的广泛应用，对科学技术发展的影响极大。

试译：电子计算机广泛应用，对科技发展影响极大。（状语→谓语）

[46] Television has been successfully sent by laser, too.

用激光发射电视也大获成功。（状语→宾语）

[47] The critical temperature is different for different kinds of steel.

原译：对于不同类型的钢，它们的临界温度是不同的。

试译：各类钢的临界温度不同。（状语→定语）

例[43]，语表上the same signs and symbols of mathematics是主语，但进入汉语逻辑，就成了宾语，原文状语所指的"全世界"则成了主语。例[44]，常见的"there+be+……"句型中地点状语汉译时也常转为主语。例[45]，原文谓语汉译转化为主语，作为其修饰成分的状语也随之发生转化。状语和宾语的语法作用相差很大，但也可发生转化。例[46]照译为"电视被激光成功发射"也可，但汉语一般不这样说，因此译文先陈述事实"用激光发射电视"，再作出评价"获得了成功"。例[47]，原译繁琐，不像科技文体的语言风格，既然增加"它们的"作主语的定语，为何不将原文状语直接转为定语？意义未变，表达更简。

（三）词义引申

所谓引申，指从原语词语的概念义或字面义出发，产生符合原文实质的新义。汉译过程中，会遇到汉语里找不到与原语对应的词，或者有对应词，但不符汉语表达习惯，以及需要用到特定的修辞等情况，此时要使用引申法。引申法大致可归纳为三种：

1．专业化引申

英语科技文含有大量的半技术词，借自生活，但进入科技语境，获得了专业化语义。因此，汉译时应基于词的本义，据所涉专业引申出专业义。如：

[48] Tasks invisible to the user include: reading the data and map files into memory and organizing them for fast retrieval; reacting to the movements of the trackball, and house-keeping.

用户不可见功能包括：将数据和导航图文件读入内存，加以处理，以便快速检索，对移动光标作出响应，予以内务修整。

本例至少有三处用到专业化引申：task（任务）引申为"功能"；retrieval（提取）引申为"检索"；house-keeping引申为"内务修整"。

2．具体化引申

具体化引申，又称形象化引申，英汉语中不少词语的字面语义颇为笼统或抽象，若据本义直接译出，往往难以明确和准确地转达原文的语里意义和语用价值。这时应当根据特定的语境，以原文的字面语义为基础，用比较具体或形象化的译语予以引申。如：

[49] For ferocity it has no peer in all the awful annals of human oppression.

原译：其残忍程度，在人类相互压迫的丑恶历史中，是绝无仅有的。

试译1：其残忍程度在人压迫人的丑恶历史中是绝无仅有的。

试译2：其残忍程度在人类相互压迫丑恶史上绝无仅有。

human oppression在语义上是潜在的动宾关系，即oppress human，隐含了逻辑主语human，汉译时化抽象为具体，译成"人压迫人"；当然也可以不引申，如试译2。

3．概括化或抽象化引申

英汉语中有些词语的字面语义比较具体或形象，若直接译出，显得牵强，甚至令人费解。这时应当用译语中含义较为概括或抽象的习惯用语引申。如：

[50] Alloy belongs to a half-way house between mixtures and compounds.

原译：合金是介于混合物和化合物之间的中途旅店。

试译：合金是介于混合物和化合物之间的物质。

[51] The major contributors in component technology have been in the semi-conductors.

原译：元件技术中的主要贡献者在半导体元件中。

试译：元件技术的核心是半导体元件。

例[50]，half-way意为"半途的"或"中途的"，house意为"房子"或"旅店"等，意义很具体，据上下文，将"中途旅店"作抽象化引申，译为"（中间）物质"才能达意。例[51]，contributors意即"贡献者"，表示人，根据句子含义，将"主要贡献者"作进一步概括，译为"核心"。

第五节　换译

一、换译及其特点

换译，即交换式全译，是译者为完整再现原文语值、准确传达原文语义而交换双语语表形式的全译活动。

双语因思维模式不同而导致语言文化系统的差异，对于同一客观世界，不同文化会有殊途同归的认知方式，从而采取形式相异而内容相同或相似的表达方式。换译是获得语义、灵活选择表达手段必不可少的全译方法。

换是双向行为，包括肯否换译、主被换译、动静换译、语序换译、句型换译、虚实换译、词类换译等。

二、换译的原则

换译旨在追求译文通顺流畅，不仅要符合译语语法规范和表达习惯，且要同原文达到最大限度的相似，易于为读者所接受。所以，换译是应语用价值和语里意义的需要而进行的语表形式变化，只是形式上的交换，即换一种表达方法，意义力求不变。

换译的原则：换形不换意。

三、换译的方法

（一）肯否换译

任何语言都有正面肯定和反面否定的表达结构，包含否定词的句子通常称为否定句，不包含否定词的句子称为肯定句。英汉互译时，原语正面表达的内容，译语可能习惯反面表达；原语的双重否定，译语可能必须正面肯定。因此，理解原文时，必须借其语表形式深入其语义真假值；译文表达，必须摆脱原文肯否的形式束缚，坚持"形式服务于内容"的原则，侧重正面或反面语义内容的准确传达，适时正反换化，以正确反映原语的思维方式，同时符合译语的表达习惯和规范。

1．肯定换为否定

原文结构不带否定语气词，形式肯定，实表否定，或汉语习惯上用否定语气表达时，译者须从逻辑上揭示其否定实质，将原文的肯定语气换译为否定语气。如：

[1] Particle sizes are small, rarely large enough to be seen by the human eye, and very dirty oil still looks very good to eye.

脏油颗粒的尺寸小得肉眼都看不见，因而显得相当干净。

[2] Theory of Relativity worked out by Einstein is now above many people's comprehension.

爱因斯坦提出的"相对论"，现在仍有不少人理解不了。

例[1]，原文形式看似肯定，rarely却含有否定义，表示"不常、很少"，译文换用否定语气表达。例[2]，原文从正面叙述，但"在很多人的理解之上"的表述不符合汉语表达习惯，译文变换角度反面表达，译作"理解不了"。

2．否定换为肯定

与上一种情况相反，有时原文形式否定，实表肯定，汉译时应将否定换为肯定。如：

[3] It is impossible that the man-made satellite never loses its orbit velocity.

人造卫星永久保持轨道速度是不可能的。

[4] Metals do not melt until heated to a definite temperature.

金属加热到一定的温度才会熔化。

例[3]，原文从反面强调，译文将其换为肯定表达"永久保持"，也能突出原文的强调意义。例[4]，译文将否定换为肯定，表达更为简明直接。

3．双重否定与肯定互换

双重否定即否定之否定，双重否定的深层内涵是肯定，语用意图是强调。但是，汉译有时为了避免洋腔洋调，要依据语境灵活置换。如：

[5] Variations outside the ranges given are not unlikely.

变化值很有可能超出规定的范围。

[6] We are a nation that must work hard to keep powerful.

我国不努力就不能保持强大。

例[5]，原文用否定词和表示否定意义的副词表达，译文换为肯定表达，用"很"字突出了原文双重否定的效果。例[6]是肯定换为双重否定的例子，原文用情态动词must表示强调，译文转而用双重否定突出强调的意味。

（二）主被换译

首先，英语是综合性语言，其被动句称作"结构被动句"，用"助动词be的各种形式＋动词过去分词"这种规则性的搭配来表示语义和语境。而汉语是分析性语言，其被动句称作"意义被动句"，通过实词、虚词和句法手段表示词与词之间的语法关系，属于隐性语法范畴，且多用意念被动结构。

其次，英语是"主题突出"的语言。主语是句子不可或缺的成分，通常作为施事位于动词之前。而汉语的主语并非不可或缺，其表现形式比英语复杂得多，既可是施事，也可是受事，甚至是时间、地点、工具、方式等。汉英语言类型的差异导致被动语态在两种语言中的使用范围和频率相差悬殊，较之于汉语，英语被动态用得较多，尤其是在科技语体中。英语被动态所表达的内容，汉语常用主动态表示，所以，汉译时应尽量走出"被动"局面。

1．被动句换为带主谓结构的主动句

在英语里，被动语态很常见，在某些文体中更是司空见惯。进行此类英译汉时，往往使用非人称主语，让客观事物现象以原本的形式呈现。如：

[7] There are some metals, which possess the power to conduct electricity and ability to be magnetized.

原译：某些金属具有导电的能力和被磁化的能力。

试译：某些金属不仅导电，且能磁化。

[8] These spikes, called hemagglutinin (HA) and neuraminidase (NA), play a major role in the survival of the virus.

原译：这两种钉状体，一种被称为血球凝集素，简称HA，另一种被称为神经氨酸酶，简称NA，它们在流感病毒的生存上起着重要的作用。

试译：血球凝集素（HA）与神经氨酸酶（NA）两种钉状体对流感病毒的生存至关重要。

例[7]，充当主语的人或物有某种能力时，原文若是被动，应译成汉语的主动，因为能力是主动性的；说"有被磁化的能力"，无异于说"有挨骂的能力"或"有挨打的能力"。例[8]，原译用两个"被"字是多余的，试译要简练得多。

2. 被动句换为用"的"字结构作主语或表语的判断句

若原文被动态强调的不是受事所受的行为，而是行为所涉的性状，如时间地点、方式方法、因果、目的等，则常译作汉语判断句。如：

[9] Early cars were very strange: their engine had only one cylinder, and the tires on the wheels were made of iron or solid rubber.

早期的汽车很奇特：发动机只有一个汽缸，轮胎是用铁或实心橡胶制成的。

[10] Fastened on the crankshaft is an eccentric (off center) disk.

固定在曲轴上面的是一只偏心盘。

[11] Produced by electrons are the x-rays, which allow the doctor to look inside a patient's body.

电子产生的X射线，能使医生透视病人的身体。

例[9]，were made of强调制造该物品的材料，由此译文将原文被动句换为"的"字结构作表语的判断句。例[10]和例[11]，原文都是倒装语序的被动句，译文将其换为用"的"字结构作主语的判断句，"被"字无需出现。

3．被动句换为中动句

中动句是相对于主动句和被动句而言的，结构上是主动形式，语义上则表示被动含义，即用主动的语表形式表示被动意义。将原文形式上的被动句换为中动句，正好实现了译文与原文语义、语用的最大相似。如：

[12] Sugar can be dissolved in water.

糖可溶于水。

[13] He found that by heating milk to about 145℃ for 30 minutes most bacteria were killed.

他发现，把牛奶加热到145℃左右，持续30分钟，可杀死大多数细菌。

例[12]和例[13]的译文都是中动句，即形式主动而意义被动。原文被动句中动作的发出者被隐含，无需指出，句子的主语是后面动词的实际宾语。这种译法一般适用于原文主语为非生命物的被动句，译文谓语动词前有时加上"可、会、能、应、要、需要"等词。

4．被动句换为无主句

英语修辞学主张不能过分使用被动句，但有时为了达到结构紧凑、前后连贯、承上启下的效果，需要使用被动句，尤其是在一些具备较强信息功能的文本，如科技类、新闻类、公文类、论述类文本中，往往多用被动句。如：

[14] Through this manifold center, nine wells are connected and controlled.

这种集合管路中心可连通和控制九口油井。

[15] An interesting method of providing illumination was used in a few mines near the sea.

沿海少数矿井用过一种有趣的照明方法。

科技文章常常强调如何做，而不介意谁在做，这是被动态用得较多的主要原因。汉译时，可采用无主句，将原文的主语译成汉语的宾语，无需补出施事。

（三）动静换译

汉语作为典型的孤立语，动词不受形式变化规则的约束，缺乏时、体、态、式等丰富的形态变化，不区分谓语动词和非谓语动词，用起来非常灵活、方便，可以充当任何句子成分，还可以重叠、重复，形成连动句、兼语句、动词拷贝句等多动词的特殊句式，因而运用广泛，汉语也成了动词优势语。

与汉语不同，英语作为屈折语，动词使用受形式变化规则的严格约束，一个小句通常只有一个谓语动词（几个动词用作并列谓语的情况除外），句中其他应该用动词表达的动作概念和内涵必须使用介词、由动词词根派生的名词或形容词，以及少量副词，或者借助非谓语动词的形式表达，从而大大降低了动词的使用频率，弱化或虚化了动词自身的动作意味，语言表达倾向于静态。

总体上，英语造句倾向于多用名词，叙述多呈静态，构成静态句，汉语则多倾向于用动词，叙述一般呈动态，构成动态句。汉语主"动"、英语偏"静"的倾向，决定了汉英互译的过程是动静相互换化的过程。

[16] All employees must have a complete understanding of and dedication to the aims of the company.

原译：本公司的所有雇员都必须对公司的宗旨有一个彻底的理解和献身。

试译：凡本公司雇员需充分理解公司之宗旨，为之献身。

[17] Automation involves a detailed and continuous knowledge of the functioning of the machine system, so that the best corrective actions can be applied immediately they become necessary.

自动化要求不断细查机器系统的运作，一旦有必要，立即采取最佳校正措施。

例[16]，原文用了动名词understanding和由动词派生而来的名词dedication，类似用法多见于科技文体，动名词的表达比较客观、准确。汉语则多用动词表达类似的概念，换用动词表达后的译文表意更加明确。例[17]，knowledge原是静态词，由前后两个动态词continuous和functioning修饰，因此获得动感，换为动词"细查"。

（四）语序换译

任何语言的语序有常态，也有变态。能照顾原语语序的多半是直译，语序换译多属于意译。英语句子以主谓语为核心，句子骨干突出，句内其他各成分通过语法手段、词汇手段围绕中心，由主到次，递相叠加，形成"由一到多"的散射性结构。而汉语无发达形态，句子以动词为中心，以时间先后、逻辑事理为顺序，横向铺叙，形成"由多归一"的流水式结构。汉译时，译者应按汉语造句法将语言单位重组排列，该顺译则顺译，该逆译则逆译，顺其规律，以免出现过于欧化或逻辑杂乱的译文。如：

[18] The importance of oceanography as a key to the understanding of our planet is, seldom as well appreciated.

原译：海洋学是认识我们的星球的关键，其重要性人们却很少理解。

试译：海洋学是认识我们星球的关键，但人们对其重要性却不甚了了。

[19] The election system is such that such a large majority ordinarily cannot be attained on a major law unless at least a large part of the three major groups—business, agriculture, and labor— support it.

原译：除非某项重大议案获得商业、农业和劳工三大社会集团中至少是大部分人的支持，否则这项议案通常也不可能获得（国会的）大多数支持。这就是所谓的选举制。

试译：某项重大议案至少要获得农、工、商三大社会集团多数人的支持，否则不可能获得国会多数人的支持。这便是选举制。

例[18]，as a key to the understanding of our planet作oceanography的限定成分，插于主谓之间，若译作主语的前置定语，句子则过于欧化，译文将其转换为小句，按汉语叙事逻辑将其置于句首，再用"其"字指代与后小句衔接，自然流畅。例[19]由主到次，由一到多，句子成分递相叠加，完全按英语思维方式从前到后递次展开，顺势而下；汉译大反其道，按深层逻辑关系从后向前逆译，易于为汉民族文化心理所接受。

（五）句型换译

句型换译，是指双语不同句子类型之间的相互交换，属于句法层面的换译。句型换译包括三种类型：四种单句句型的换译、单句与复句的换译、复句内部的换译，每种类型可细分为若干次类。

1. 四种单句句型的换译

汉英句子按照不同的语气，可分为陈述句、疑问句、祈使句和感叹句四种类型。一般而言，句子语气和句子用途基本一致，因此，为准确传达原文语义、再现其语用价值，单句的语气对译是汉英互译的主体。但由于交际的主体、意图、环境、话题、方式等因素的不同，句子语气类型跟句子用途并非完全一一对应，不同的句类可以表达相同的语气、语义和语值，同一句类也可表达不同的语气、语义和语值。因此，在原文语义不变、语值不改的前提下，为了准确、鲜明、生动地传达原文的语义及其蕴含的语气，帮助译文接受者理解和接受原语信息内容以及信息发出者的交际意图，译者还必须进行不同单句的语气类型之间的换译。如：

[20] But one basic difference of opinion concerns the question of whether or not the city as such is to be preserved.

原译：但是一个根本的意见分歧是：像这样的城市是否还要保存下去？

试译：但是，根本分歧在于：这类城市是否要保存？（陈→陈+疑）

[21] The broader question of how late it is in teens of military balance cannot be definitely answered.

原译：更大的问题是：从军事力量对比来看，我们还落后多少年？对于这个问题，我们不能作出明确的答复。

试译：对比军事力量，我们还落后多少年？这个问题更大，难以作答。（陈→疑+陈+陈）

[22] Soon there would be no Poland to guarantee!

原译：很快就根本不会有波兰的存在了，还需要什么担保呢？

试译：波兰将亡，何需担保？（感→陈+疑）

例[21]，原译照顾原语语序，因而出现了"对于这个问题"这一必要的重复，试译先将问题内涵摆出，在思维上将the broader question与answered拉近，译起来更凝练。例[22]原文若直译，意为"很快就没有波兰需要担保了"，不仅费解，更易误解。译文将原文一分为二，把感叹句改为陈述句

111

和疑问句，句意豁然贯通。

2. 单句与复句的换译

换译类型除了单句与单句的同级换译，还有单句与复句的跨级换译。从语言单位角度看，单句与复句的换译就是通过增添词、短语或小句而将原语单句繁化为译语复句，或者是通过删减小句、短语或词而将原语复句简化为译语单句。英汉两种语言都有其特有的语言表达形式和习惯，比如英语有分词独立结构、不定式短语、定语从句等多种修饰成分，汉语有连动句、兼语句、紧缩句、主谓谓语句等。汉译时应据汉语习惯，利用汉语特有的句法形式，在不改变原文语义的前提下，展开单复句换译。

（1）单句换为复句

英语动词拥有丰富的变化形式，有分词独立结构、不定式短语等，汉语没有。英语动名词词组、介词词组等应用广泛，其本身就可能是由相应的从句演化而来的，独立表意的能力很强，汉译时通常将其译作独立的分句，于是原文的单句就换为汉语的复句。如：

[23] With a frozen supply of extra embryos, a woman can undergo a second transfer procedure at a later date without taking drugs and going through painful surgery to retrieve new eggs.

有了冷冻胚胎供应，妇女日后再次接受胚胎移植时，就无需服药，也无需经历痛苦的手术重新取卵。（介词短语→从句）

[24] The discovery of metals made possible the construction of more intricate and useful devices.

原译：金属的发现使得制造更为复杂和有用的器械成为可能。

试译：发现了金属，才能制造更复杂、更有用的器械。（名词词组→从句）

[25] Cold and drought tolerant, the new variety is adaptable to north China.

这一新品种耐寒耐旱，适合在中国北方生长。（形容词短语→分句）

例[23]，两个介词短语一前一后正好构成因果关系，主句在语意上反而退居从属地位。例[24]，原文主谓语间隐含因果关系，试译增添表因果关系的连词，将名词词组译作分句，原语单句成了译语复句。例[25]，形容词短语cold…tolerant置于句首作为独立成分，表示原因，译文用两个小句表达原文，前后暗含因果关系。

（2）复句换为单句

同一思想，英语可用复句表达，汉语用单句则更简练。常见的方式有：原语不同成分的从句有的译作译语中对应的成分，如英语主语从句译作汉语的主语等，有的译作其他成分，如英语方式状语译成汉语的定语等。如：

[26] That a moving body has kinetic energy is an important theory.

运动物体具有动能是一项重要理论。（主语从句→主语）

[27] Something that weighs one kilogram on the earth would weigh only 166 grams on the moon.

原译：在地球上重1公斤的东西到月球上却只有166克重。

试译：地球上1千克的物体到月球上只有166克。（定语从句→定语）

[28] China was the big unknown quantity until 1953, when a census was carried out.

1953年人口普查以前，中国人口还是未知数。（状语从句→状语）

[29] There is no air and water on the moon. That's why no living things can live there.

月球上没有空气和水，这是生物在月球上不能生存的原因。（表语从句→表语）

[30] A step-down transformer can reduce a voltage to whatever value is desired.

原译：降压变压器能把电压降低到所需要的任何数值。

试译：降压器能把电压降至所需电压。（宾语从句→宾语）

[31] Petroleum as it is found in the earth is a combination of several fractions.

地下发现的石油是由几部分组成的混合物。（方式状语从句→定语）

[32] Metals have important mechanical properties, one of which is their

machinability.

加工性是金属的重要性能之一。（定语从句→主语）

[33] A strict vegetarian is a person who never in his life eats anything derived from animals.

原译：严格的素食者终生都不食用动物性食品。

试译：真素食者终生不吃动物性食品。（定语从句→谓语）

[34] I had the honor of seeing Prime Minister Chou Enlai who visited Africa in 1963.

原译：我曾荣幸地在周恩来总理1963年访问非洲时见到过他。

试译：周恩来总理1963年访问非洲时，我有幸见过他。（定语从句→状语）

[35] The fact that plastics do not rust at all is shown in this example.

原译：这个例子说明了塑料完全不生锈的事实。

试译：本例证实了塑料根本不生锈。（同位语从句→定语）

3. 复句内部的换译

复句，无论是并列复句，还是主从复句，或者是两类复句之间，有时可以互换；在语际转换中复句逻辑关系在不同语种里有不同表现方式，各类复句内部的转换更是极为活跃。如：

[36] Some pathogenic bacteria live constantly in the body but cause no trouble unless there are changes in body, which lower its resistance, such as local irritation, fatigue, heat or cold, or hunger or thirst.

有些致病菌一直生活在体内，但不致病，除非体内发生了局部刺激、疲劳、冷热、饥饿或干渴等变化，降低了抵抗力。（定语从句→并列分句）

[37] The earth turns round its axis as it travels about the sun.

原译：地球一面绕太阳运行，一面绕地轴自转。

试译：地球绕太阳运行，且绕地轴自转。（时间状语从句→并列分句）

[38] It has heightened tensions between rich and poor nations; it has introduced a widened range of issues for potential conflict.

原译：对环境问题的关心不仅使富国和穷国之间的关系更紧张，而且还可能引起更大范围的种种矛盾。

试译：这不仅激化了富国与穷国的矛盾，而且激起了更大的潜在的冲突。（并列分句→递进关系从句）

[39] Rust is abrasive and can cause damage to the injection components.

铁锈具有磨蚀作用，所以能损坏喷射元件。（并列分句→原因关系从句）

例[36]，which引导的定语从句修饰changes，中间被in body隔开，such as引导的介词短语也修饰changes，译文将which引导的定语从句译作主句的并列句。例[37]，as引导的时间状语从句暗含伴随关系，译文添加"一面……一面……"把时间状语从句译作主句的并列句，表达更为形象生动。例[38]，原文是以分号隔开的并列句，含有前后递进关系。例[39]，"磨蚀作用"是原因，"损坏"是结果，二者是因果关系，而非并列关系。再看几例：

[40] When winds blow sand particles against a large rock for a long time, the softer layer of the rock are slowly worn away.

原译：由于风将沙砾刮起来，碰撞大岩石，久而久之，较松软的岩石层就被慢慢地磨损。

试译：风刮沙起，碰撞大岩石，久而久之，松软的岩层渐渐风化。（时间状语从句→原因状语从句）

[41] Where there is an object in the path of the beam of light, it can be seen.

原译：如果光束通道上有物体，就能看到它。

试译：物体若在光束通道上，就能被看到。（地点状语从句→条件从句）

[42] Electricity which is passed through the thin tungsten wire inside the bulb makes the wire very hot.

原译：当电通过灯泡里的细钨丝时，会使钨丝变得很热。

试译：电流通过灯泡的细钨丝，钨丝会发热。（定语从句→时间状语从句）

[43] They were short of sticks to make frames for the climbing vines, without which the yield would be halved.

他们缺搭葡萄架的杆子，葡萄产量会减半。（定语从句→结果状语从句）

[44] Iron, which is not so strong as steel, finds wide application.

虽然铁的强度不如钢，但用途仍很广泛。（定语从句→让步状语从句）

[45] They set up a state of their own, where they would be free to keep Negroes as slaves.

原译：他们建立起自己的国家，在那里他们可以随心所欲地把黑人当作奴隶。

试译：他们为自己建国，以便任意奴役黑人。（定语从句→目的状语从句）

[46] In the late 1960s, a type of filter was introduced in Britain and else where that would have made cigarettes safer.

20世纪60年代后期，英国等曾采用一种过滤嘴减少香烟的危害。（定语从句→连动句）

[47] The researchers found that the giraffe's jugular vein, which carries blood from the head back to the heart, has lots of one-way valves in it.

研究人员发现，长颈鹿的颈静脉（能将血液由头部送回心脏）有许多单向瓣膜。（定语从句→汉语的括入式插说成分）

（六）虚实换译

虚实换译，即常说的抽象与具体互换。中西方思维方式不同，西方人喜欢抽象，长于分析，而中国人喜欢具体，长于综合。由于风俗和语言上的差异，西方人习惯用含有抽象意义的词语表达思想。此类句子汉译时若处理不当，译文就会晦涩难懂，很别扭。因此，汉译时，应注意汉语表达习惯，对句子或词语妥善处理，力求译文流畅、准确，使隐形的信息具体化、概括化。

1. 以虚换实

以虚换实指将原文中抽象、概括性的词语具体化。

（1）抽象概念具体化。英语常用抽象概念表示具体事物，汉译时要将原文词语的抽象内涵用译语的具体词语表达出来，将抽象化为具体。如：

[48] In August l999 the *Indian Draft Nuclear Doctrine* called for deployment of a triad of "aircraft, mobile land-missiles & sea-based assets" to deliver nuclear weapons.

原译：1999年8月，《印度核原则草案》呼吁部署"由飞机、地面移动和海上发射国家力量"组成的三位一体的核力量。

试译：1999年8月，《印度核原则草案》要求部署"飞机机载导弹、地面移动导弹和海上发射导弹"三位一体的核力量。

原文assets（国家资产）用词笼统，是印度军方的隐晦说法，意在模糊媒体视听，实指导弹核武器。汉译应将其具体化，只有译作"导弹"，才符合汉语的表达，即使是重复多次也无伤大雅。

（2）普通词义具体化。指将概括性强且语义笼统宽泛的词义范围缩小，使之具体化。如：

[49] The pupil of the eye responds to the changes of light intensity.
瞳孔可随光线的强弱放大或缩小。

respond to本义"对……作出反应"，用于译文，显得笼统抽象，可将原文意义具体化，译作"随……放大或缩小"。

2. 以实转虚

以实转虚指用更概括的译语表达原文具体或详细的文字。

（1）具体词义的概括。有些词语的字面语义比较具体或形象，但若直译而出，则显牵强——不合译语表达习惯，甚至还会令人费解。这种情况下，就应当用译语中含义较为概括或抽象的习惯用语对原语进行转换。

[50] This lobbying was particularly offset by U. S. and Chinese diplomacy after Indian's tests.

原译：在印度进行核实验之后，中国和美国的外交在一定程度上抵消了这种呼声。

试译：印度核实验之后，中美两国的外交努力或多或少抵消了这种呼声。

diplomacy可指与外交有关的概念，如"外交政策、外交活动、外交手腕、外交策略"等，在此具化为"外交努力"，概念上有统领作用，语义上有包孕功能，换译恰如其分。

（2）描述文字的概括。描述是实描，常与叙述结合起来，有时细描可以转为概括性描写，或者换个角度，会更简洁一些。如：

[51] They reach their programmed positions within a few seconds of each other and detonate. Anything nearby is a goner.

原译：导弹相继以几秒之差到达程序目标起爆。附近的一切都是一个无可挽救的东西。

试译：导弹以几秒之差相继到达程序制导目标引爆。附近的一切倾刻间化为灰烬。

goner，即"无可挽救的人（或物）"，意义具体直观，但照译则文理不通，因此基于goner的内涵及联想意义，将其概括性描述为"化为灰烬"。

（七）词类换译

英汉语都有名、动、形、副、介、连等词类，也有彼此不同的词类。即使是同一词类，其在不同语言中的句法功能也不尽相同。英语一词多类、一词多义现象极为普遍。双语中各类词的使用频率也不同，如英语广用名词，汉语广用动词等。因此，汉译时应灵活运用汉语表达原文内涵。

1．换译为名词

英语的动、形、副、代等词均可换译为汉语名词。如：

[52] Laser acts differently from light from common sources.

激光的作用不同于普通光源发出的光。（*动词→名词*）

[53] The instrument is characterized by its compactness and portability.

这种仪器的特点是结构紧凑，携带方便。（*动词→名词*）

英语动词有两类：状态动词和动作动词，前者相对静态，并非真正的动作。在翻译有些表示主语的特征或状态的动词时，为适应汉语表达，可将其转译为名词。如例[52]和例[53]，动词谓语译作了名词，原有的主语成了该名词的定语。再如：

[54] The cutting tool must be strong, tough, hard, and wear resistant.

刀具必须具有强度、硬度、韧性和耐磨性。（形容词→名词）

[55] History develops by the replacement of the old by the new.

原译：历史是以新事物代替旧事物而发展的。

试译：新旧事物的更替推动了历史的发展。（形容词→名词）

[56] Both the compounds are acids. The former is strong, the latter weak.

这两种化合物都是酸：前者强酸，后者弱酸。（形容词→名词）

[57] Oxygen is one of the important elements in the physical world, and it is very active chemically.

氧是物质世界的重要元素之一，化学性质很活泼。（副词→名词）

[58] Though we cannot see it, there is air all around us.

原译：虽然我们看不见空气，但我们周围处处是空气。

试译：虽然我们看不见空气，空气却在我们四周。（代词→名词）

[59] The great the number of the free electrons in a material, the better its conductivity.

材料的自由电子数越多，导电性越好。（代词→名词）

[60] The unit of weight is the gram, that of length is the metre, and that of capacity is the litre.

重量单位是克，长度单位是米，容积单位是升。（代词→名词）

某些表事物特征的英语形容词做表语，汉译时往往在其相应名词后加"性、体、度"等词缀，使其更具名词性标志，如例[54]。英语某些形容词前加定冠词the，已成名词，汉译时常在其后加"人、者、员、事情、事物、东西、问题"等词，如例[55]和例[56]。科技文章中有不少以名词为词根构成的副词，往往含有"在……方面"或"用……方法"等义，为使译文通顺，常将其译为名词，如例[57]。英语中人称代词、物主代词和指示代词用得比较广泛，以避重复，汉译时，有时要译出它所代替的名词，意思才会明确，如例[58]、例[59]和例[60]。

2．换译为动词

与英语相比，汉语多用动词。英语一句往往只用一个谓语动词，汉语则会用几个动词。汉译时，英语的名、介、形、副等词均可换译为汉语动词，如：

[61] A one-celled animal or plant cannot, of course, survive the destruction of its one cell.

原译：单细胞的动物或植物，在仅有的一个细胞被破坏后当然就不能生存了。

试译：单细胞动物或植物，唯一的细胞破坏后自然就消亡了。（名词→动词）

[62] The chlorine from salt is used for bleaching paper and textiles.

原译：用食盐制取的氯被用来漂白纸张和纺织品。

试译：盐中取氯，可用于漂白纸张和纺织品。（介词→动词）

[63] We are all familiar with the fact that nothing in nature will either start or stop moving of itself.

原译：我们都熟悉这样一个事实：自然界中没有一个物体会自行开始运动或自行停止运动。

试译：我们都熟悉：自然界任何物体的运动都不会自行开始或自行停止。（形容词→动词）

[64] The force due to the motion of molecules tends to keep them apart.

原译：由于分子运动而引起的力能使分子分离。

试译：分子运动产生的力能使分子分离。（副词→动词）

由动词派生而来的名词和具有动作意味的名词往往可以转译成动词，如例[61]。英语的词间关系借用介词连接常含动作意义，汉译时可转译为动词，如例[62]。某些英语形容词表示情感、感受、知觉、信念等意义，在句中作表语，可译成汉语的动词，如例[63]。英语有些做表语的副词或复合宾语中的副词（作宾语补语），往往可译成汉语动词，如例[64]。

3. 换译为形容词

表示事物的称谓和性状的词也可指事物性质，因此名词、副词可换译为形容词。如：

[65] The nuclear power system designed in China is of great precision.

中国设计的核动力系统是相当精确的。（名词→形容词）

[66] He routinely radioed another agent on the ground.

他与另一地勤有过例行的无线电联络。（副词→形容词）

[67] His basic studies on the retina are considered the foundation for practically every advance in the neurophysiology of vision.

人们认为，他的视网膜基础研究奠定了视神经生理学每一次实际进展的基础。（副词→形容词）

英语常用名词表达事物的性质，汉译时可换译为汉语的形容词，如例[65]。英语动词译成汉语名词，或者英语形容词译成汉语名词时，修饰动词或形容词的副词往往换译成形容词，如例[66]和例[67]。

4. 换译为副词

事物及其属性、行为可以转换为性状，所以名词、形容词等可换译为副词。如：

[68] A steady increase of load on a part will cause it to deform gradually.

均匀增加零件的负荷会使零件逐渐变形。（形容词→副词）

[69] Below 4℃ water is in continuous expansion instead of continuous contraction.

4℃以下，水不断地膨胀，而非不断地收缩。（形容词→副词）

[70] The influence that this genius has had on science continues at the 100th anniversary of his birth.

这位天才诞生百年后仍在影响科学发展。（动词→副词）

英语名词换译成汉语动词时，原来修饰名词的形容词自然换译成副词，如例[68]和例[69]。例[70]，原文用名词作主语，译文将其换译为动词作谓语，原文谓语动词continues按照汉语的表达习惯就换译为副词，成了谓语的状语。

第六节　分译

一、分译及其特点

分译，即拆分式全译，指将原文拆成若干片段，把其中的词、短语或小句译成相应的译语单位。

分译不仅限于将原句简单地切开，它还包括将原句的一个或几个词析出，甚至可能从原文几个不同的地方将若干个成分提出，独立组成相应的译语单位。析出或提出时往往需要增加、重复或省略词语，有时候甚至需要重新打散、安排语序。

分译出来的成分可与原单位大小相等，如单词分译出的成分仍是单词，短语分译出的成分仍是短语；也可不相等，小单位可分译出大成分，大单位可分译出小成分。就应用范围而言，小至单词大至句子都可分译。

二、分译的原则

分译即将原文的语表形式分离，但语里意义不被打断，语用价值不受损害，同时译文符合译语的表达习惯和规范，实现求真、求美之目的。分译时不仅要看句子本身，还要考虑上下文的连贯以及文体风格。比如，有些句子孤立看，用分译法较好，但从全篇看显得不连贯，就必须改变译法。另外，翻译长句时也不能忽视文体，如果用汉语短句翻译詹姆斯·乔伊斯的意识流小说《尤利西斯》，原文风格会丧失殆尽。

分译时，必须确保被拆分部分的意思相对完整，顾及前后各部分的逻辑联系。必要时，可以在译作中添加某些词语，把原作隐含的意思充分表达出来。需要注意的是，由于英语长句涵盖的信息量较大，译完后须对照原文认真审校，以防漏译。

分译的原则：分形不损意。

三、分译的方法

（一）单词分译

单词分译，是指将原语某个单词从句中分离，译为译语的短语或小句。翻译过程中有时会碰到原文的词看似表达简单概念，实际相当于短语表达的复杂概念，甚至是小句表达的简单判断，而译语无与之对应的词的情况，令译者感到非常棘手。若照原文译出，要么搭配不当，无法准确表意，要么生硬拗口，带有翻译腔，无法为读者所接受，若不译出，又损原意。此时，要综合考虑原文语义，将其分译成一个短语或小句。能分译的单词，多为形容词和副词，动词和名词有时也可以分译。

1. 形容词分译

形容词分译，是指将原文形容词从句中分离，译为译文小句。原语中有些形容词跟中心词一起搭配时，若采取直译，译语搭配可能有失规范，其义也无法用译语词充分传达，这时必须存义变形、因义分形，将形容词从短语搭配中分离，用恰当的译语短语或小句表达出来，使译文顺畅。如：

[1] Alchemists made resultless efforts to transform one metal into another.

炼金术士试图把甲金属变为乙金属，徒劳无功。

[2] Recently, very fuzzy pictures of heavy atoms have been made with the use of a specially designed electron microscope.

最近，使用专门设计的电子显微镜，已经能拍摄重原子照片了，只是非常模糊。

例[1]，原文形容词resultless看似efforts的定语，实为作者对句子所述整个事件的评价，译文将其分出单独成句，先摆事实，再作评价，表达清晰准确。例[2]用被动句表示对主语的强调，译文将形容词very fuzzy分出单独成句，与原文的语用价值达成一致。

2. 副词分译

副词分译，是指将原文副词从句中分出，译为译文小句。英语有些副词从语表形式上看，是修饰其后的动词或形容词，但从语里意义深究，是表达说话人对整个小句所述内容的一种评价或态度。而汉语的类似场合习惯将客观事实与主观评价分开，而非眉毛胡子一把抓，常常是先摆事实，再作评价。如果简单地将副词理解为谓语动词的方式状语，机械地译为"……地"，会导致搭配不当，令人费解，必须将这些副词从句中分出，译为相对独立的短语或小句。如：

[3] In practice it is found that loads up to 65 ton per connection can be satisfactorily accommodated.

实践表明，每个节点可承受65吨的荷载，这种情况颇令人满意。

[4] The time could have been more profitably spent in making a detailed investigation.

原译：如果当初花时间做一番仔细的调查，好处就更大了。

试译：如果当初花时间仔细调查，效果就更好了。

例[3]和例[4]原文均将副词用作评价性文字融入事实叙述，作状语，而汉语则习惯将事实与评价分开表述，先摆事实，再作评价。

3．动词分译

动词分译，是指将原文动词从句中分出，译为译文小句。英语某些动词充当句中复杂谓语时，表达的并非句中核心信息而是外围信息，汉译时可根据实际需要将之从句中分出，单独译成小句，避免将整个句子杂糅在一起导致欧化现象。如：

[5] In those days, a cart that used an engine instead of a horse was thought to be dangerous.

当时的人认为，车靠发动机驱动而不用马拉是危险的。

[6] The scarcity of good actors in this town is astounding.

这个城市缺乏优秀演员，真令人吃惊。

例[5]将原句动词谓语游离出来，将原语被动句转换为译语主动句。例[6]将动词分译后，构成复句，后分句的主语靠意会，当然也可添加指示代词"这"。

4．名词分译

名词分译，是指将原文名词从句中分出，译为译文小句。英语为了避免使用过多的动词时常导致从句套从句的现象，有时也采用名词化结构，由动词派生而来的名词含义比较丰富，兼有名词和动词两种功能，语表上是一个抽象概念，实际相当于小句表达的简单判断，汉译时不能简单地把它们替换为相应的汉语名词，而要将其从句中拆出，根据其作用和意义并结合整句的安排，译为汉语小句，以便准确完整地传达语义，同时符合译语表达习惯。

[7] As a secret training base for a new plane, it was an excellent site, its remoteness effectively masking its activity.

原译：它作为新型飞机的秘密训练基地是很理想的：它地处边陲，人们不易了解其中的活动。

试译：作为新型飞机的秘密训练基地它是很理想的：地处边陲，不易发现。

原文的名词主语remoteness被译为独立小句，与"不易发现"形成因果关系。

（二）短语分译

短语分译，是指将原语某个短语从句中分出，译为译语的小句。较之于单词分译，短语分译更为常见，因为短语有时本身就是由小句压缩、简化而来的。能分译成一个或几个小句的短语，通常有分词短语、介词短语、动词不定式短语、名词性短语等。

1.名词性短语分译

名词性短语分译是指将原文名词性短语从句中分出，译为译文中相对独立的小句。原文有些名词性短语表达的概念比较复杂，等同于小句表达的简单判断，二者只有语表之别，而无语义之分，若按原结构译出，或显得转折太大、译笔太秃，或显得意义残缺、不好理解，不易为译语听读者所理解和接受。将短语从句中分出，用译语小句的形式表达其浓缩的语义，可消除直译导致的结构肿胀、译而不化等问题。如：

[8] The wrong power-line connection will damage the motor.

如果电源接错了，就会损坏电动机。

[9] Lower temperatures are associated with lower growth rates.

温度低，生长速度就慢。

[10] The infinitesimal amount of nuclear fuel required makes it possible to build power reactors in any part of the world.

原译：因为所需的核燃料极少，所以可能把动力反应堆建在世界上的任何地方。

试译：动力反应堆所需核燃料极少，可建在世界任何地方。

上述三例表明，英语名词性短语常作主语，主谓间多含有条件、因果等逻辑关系，照译则带有欧化味道，不合汉语表达习惯，若分译为汉语复句中的分句，则更能显豁原文的逻辑含义。

2. 动词不定式短语分译

动词不定式短语分译是指将原文动词不定式短语从句中分出，译为译文相对独立的小句。英语动词不定式短语的用法有时相当于副词，可以充当表示目的、结果、原因的状语，可扩展为相应的状语从句，汉译时则分化为表示相应逻辑语义关系的分句。如：

[11] Several theories of atomic structure were produced when the electron was discovered, only to be discarded when more information about the atom was obtained.

原译：发现电子后出现了若干种原子结构学说，后来人们获得了关于原子的大量资料，这些学说便被抛弃了。

试译：人们发现电子后提出了几种原子结构说，但随着了解到的原子的信息越来越多，前述学说便不再被提及。

[12] To find the hottest and coldest parts of the solar system on Mercury is quite strange.

人们发现太阳系中最冷和最热的地方都在水星上，这是颇为奇怪的。

例[11]后面的动词不定式短语实际是分句的省略，前面省去了several theories of atomic structure were。例[12]，英语动词不定式短语作主语，形式较长，可以分译为独立的分句。

3. 分词短语分译

分词短语分译是指将原文分词短语从句中分出，译为译文相对独立的小句。英语分词短语作定语时，用法相当于形容词，可分译为相应的定语从句；分词短语作状语时，用法相当于副词，通常说明动作发生的时间、原因、方式、条件、结果、让步、伴随、程度等，可以分译为相应的状语从句；有些分词短语还充当句中评注性状语，作为句中独立成分修饰全句，表达说话者的情感、态度、观点等，也可自由分化为汉语小句。如：

[13] A diode placed in a circuit acts like a valve, allowing current to flow in only one direction.

原译：装在线路中的二极管像阀门一样，只允许电流按一个方向流动。

试译：装在线路中的二极管如同阀门，只许电流单向流动。

[14] Being a gas, carbon monoxide very easily permeates through the lumps of iron oxide.

原译：一氧化碳是气体，因此很容易渗透到氧化铁里去。

试译：一氧化碳是气体，很容易渗入氧化铁。

英语分词短语往往有附加的状语含义，汉译时可将时间、条件、原因、目的、结果等从属意义表达出来。例[13]分词短语表结果义，例[14]分词短语表原因义。

1. 介词短语分译

介词短语分译是指将原文介词短语从句中分出，译为译文相对独立的小句。英语介词短语作定语时修饰、限定动作名词（短语），作状语时修饰、限定谓语动词（短语），有时本身带有动作意味，对整句起附加说明、补充作用，相当于小句表达的判断内容，汉译时可繁化、分化为汉语分句。如：

[15] Hydrogen is the lightest element with an atomic weight of 1.008

氢是最轻的元素，原子量为1.008。

[16] The terminals of the tube are made in the form of pins at the base of the tube.

真空管的支脚做成针状，位于管子底部。

例[15]，介词短语是element的定语，所起的作用却不是修饰限制，而是附加说明。例[16]将介词短语分译出来，先说形状，后说方位，层次分明，是地道的汉语。

（三）单句分译

单句分译，是指将原文的词或短语从小句中分离、重组为译语小句之后，原语小句就自动分解、扩展成为译语复句或句群，实际上是单词分译和短语分译的补充和综合应用。单句分译是因为原文中词或短语所表达的语义实际上相当于复句表达的复合判断或一个句群表达的推理，只有用译语的复句才能清晰准确地传达原文的语义信息。

1. 单词、短语分译为单句、形成复句

对原文单词或短语的分译，有的只是分译为词组，原文单句依然译为单句，而有的则分译为小句，原文单句随之转译为复句。如：

[17] Lathe sizes range from very little lathes with the length of the bed in several inches to very large ones turning a work many feet in length.

车床有大有小，小的只有几英寸，大的能车削数英尺长的工件。

[18] Engineered to meet California state seismic requirements, the houses are constructed of 14-inch walls, using the earth from the site mixed with 7 percent cement as a binding force.

为了满足加州的工程防震要求，这些房子用14英寸厚的墙建成，利用宅基的泥土，掺入7%的水泥，以增加黏合力。

例[17]是简单句，介词短语from...lathes to very...ones是修饰谓语动词range的状语，介词短语with the length of及分词短语turning a work many feet in length分别是修饰lathes及ones的定语。译文将这些介词短语和分词短语分译，先总说，后分说，层次鲜明，传达了原文的内容。例[18]，主句是the houses are constructed of 14-inch walls，句首过去分词短语Engineered to meet California state seismic requirements是原因状语，照译用作状语句尾，现在分词短语using the earth from the site mixed with 7 percent cement as a binding force是方式状语，译作三个小句，原语小句成了译语复句。

2. 短语分译为单句，形成句群

原文单句比较复杂，有很多附加成分，含几层相对独立的意思，若将其主次成分拆开，分译为一个个独立的句子，原语单句就可变为两个或两个以上的译语句子，形成句群。如：

[19] They react to form a salt, a substance with quite different properties from those of acids or bases.

它们发生反应，生成盐。盐的性质迥异于酸或碱。

原文形式上是单句，却带有复杂的附加成分，表达了两层相对独立的意思，如果照译则容易导致层次混乱，表达不清，译文将原文介词短语分离为独立的小句，表意鲜明，层次清楚。

（四）复句分译

复句分译，是指将原文复句的分句从句中分出、重组为译语的单句或复句之后，该复句就分译为更复杂的译语复句或句群。

英语作为形合语言，常用"聚拢型"的表达方式，喜欢将多层信息、多种语义关系融汇于一句，用长句表达复杂的思想内容；汉语则相反，其作为意合语言，习惯使用流水句，用若干短句分层叙述。英译汉时，在词、短语、小句分译的基础上，枝繁叶茂的英语复句可分译为由若干汉语短句组成的汉语复句或句群。

1. 单重复句分译为多重复句

汉译英语的单重复句时，有时会将分句的词或短语分化为汉语的简短小句，将分句分化为汉语复句，原文单重复句就分译为汉语多重复句。如：

[20] The isolation of the rural world because of distance and the lack of transport facilities is compounded by the paucity of the information media.

原译：因为距离远，交通工具缺乏，农村社会与外界隔绝，这种隔绝，又由于信息媒介不足，而变得更加严重。

试译：因为地处偏远，交通工具缺乏，农村与外界隔绝，加之信息媒介不足，这种隔绝就更加严重了。

原文是长句，含两个原因状语和介词短语，共有两层意思：其一，由于地处偏远，缺乏交通工具，农村与外界隔绝；其二，由于信息媒介不足，这种隔绝更加严重。原文为简单句，试译成了多重复句。

2. 多重复句分译为句群

英语擅用长句，经常出现从句套从句的叠床架屋现象，语义层次比较复杂，英译汉时，需据汉语流水句特点，将从句的短语或词分化为小句或单句，按原文复句的从句层次逐一拆分，译成汉语的分句或单句，从而将原义的多重复句分化为译文的句群。

[21] And all this was done in the heart of a crowded city with very little storage space, so that the arrival of each part had to be scheduled to the minute, and the construction work so organized that there was no delay and no one got in another's way.

一切都在某个拥挤的城市中心展开。贮料空间非常小，所以每次进料的时间分秒不差；工地进度也是如此，不容拖延，互不相碍。

例[21]是主从复合句，原文状语复杂。状语in the heart of a crowded city与主干部分关系紧密，构成了完整的语义；而短语with very little storage space与后续部分逻辑关系很强。译文用了断句法，依据各层次内容之间的紧密程度，把原句处理成两个单独的小句，而且译文第二句还使用了分号，以区分细小层次。

[22] Another example of salt is potassium nitrate, KNO$_3$, a colorless solid which, mixed with charcoal and a little sulfur, makes gunpowder.

硝酸钾（KNO$_3$）也是盐。它是一种无色的固体，可与木炭和少许的硫混制火药。

例[22]是主从复合句，含有which引导的定语从句，译文将定语从句分译，译文前一小句描述硝酸钾的类属，后两个小句讲述其形色及性能，分译后译文层次更加鲜明。

（五）分译调序

分译调序，是指译者在对原文纷繁复杂的长句进行拆分重组时，根据原文的语义逻辑关系调整译文的顺序。一般来讲，英语句子长，动词少，词序灵活，讲究平衡；而汉语句子短，动词多，语序比较固定，连词用得较少，主要靠词序和逻辑关系组织成句。翻译长句时必须弄清原文结构关系，分清主次，基于逻辑层次按汉语表达习惯重新组合语言单位。

1. 顺序译

人类的思维有很多共性，语言表达有相通之处。如果英语长句内容按逻辑关系安排，或基本上按动作发生的时间先后安排，与汉语表达习惯一致，则汉译时按意群顺序将原文拆成几部分，依次译出。如：

[23] Even when we turn off the bedside lamp and are fast asleep,

electricity is working for us, driving our refrigerators, heating our water, or keeping our rooms air-conditioned.

原文为复合句，主句是electricity is working for us，句首是when引导的让步状语从句，主句之后由三个现在分词短语作伴随状语，共有五层意思，逻辑关系和表达顺序与汉语完全一致。可译为：

即使我们关掉床头灯，沉入梦乡，电仍在为我们工作：帮我们运行电冰箱，把水加热，或调节室内温度。

2．逆序译

英语长句结构层次有时与汉语相反，如英语表达习惯先果后因、先结果后条件、主题前置等，汉译时需要按照汉语的表达习惯将语序调整为先因后果、先条件后结果、主题后置，即从后面译起，由后至前，这叫逆序译。在英译汉中逆序译多于顺序译。如：

[24] Miniature inspection robots are ideally suited to these tasks because they can provide valuable, high-resolution, real-time video and other data regarding the condition or status of a remote location within the plant, system, or component in addition to performing light work capacity such as loose-parts retrievals.

本例为主从复合句，主句在前，原因状语从句在后，由because引导。其宾语为video and other data，宾语有三个一致定语，即valuable、high-resolution和real-time，而介词短语regarding...or component做data的后置定语，其中within引导了介词短语，限定了remote location所处的位置，而介词短语in addition to...retrievals作状语，表示附加内容，说明机器人的功能。全句结构与汉语先因后果的表达习惯正好相反。试译为：

小型检测机器人能完成诸如复原松动部件之类的轻微工作，此外，还能为工厂、系统或者元件的远程条件或状态提供重要的高分辨率实时视频和其他数据，所以非常适于执行上述任务。

3. 综合译

翻译时，并不会单纯地只使用顺序译或逆序译中的一种方法，有时会综合使用两种方法，或按照时间先后，或按照逻辑关系，顺逆结合、主次分明地对全句作综合处理。

[25] Computer languages may range from detailed low level close to that immediately understood by the particular computer, to the sophisticated high level which can be rendered automatically acceptable to a wide range of computers.

计算机语言有高低级之分。低级语言比较繁琐，近乎特定计算机能直接理解的语言，高级语言比较复杂，适用范围广，广为计算机所自动接受。

range from…to…这种结构，照译则是生搬硬套，显得生涩难懂。译文将原句结构顺序打乱，重新组合，在保持整体顺序译的同时，将其中两部分内容提出单独表述。

第七节　合译

一、合译及其特点

合译，即融合式全译，是应原文语值再现、语义传达和译文表达规范之需，将原文的几个语言单位化零为整，合译为一个语言单位的全译方法。合译只是语表形式的融合，是将短小、零散的原文结构整合为繁长、紧凑的译文句子，使译文表意更集中，形式更简洁精练，表达更地道规范。

二、合译的原则

合译旨在化零为整，将原文中众多零散的较小语言单位逐渐融合为译文中比较紧凑的较大语言单位，主要目的是为了完整再现原文的语值、准确传达原文语义，同时避免译句重复拖沓松散，确保译文重点突出、表意连贯、语句简练、行文清畅。是否合译，要酌情考虑。求简但不能陋简，若压缩得读不明白，则适得其反了。

合译的原则：合形不损意。

三、合译的方法

（一）短语合译

短语合译，是指将原文短语合译为译语词，或者将原文几个同义/近义短语压缩为译语短语。

原语用短语表达的某些复杂概念，可在语内替换为用词表达的简单概念，虽然语表形式的长短、繁简不同，但表达的基本语义内涵一样，完全可以等质替换。

1. 短语合译为词

在进行英汉全译的语际转换时，原语短语的语义内容有时可以借用译语中的词加以准确传达，如汉语四字成语的内涵实质可用英语中的一个单词加以表达，英语中的某些短语表达的意义，在汉语中也可用一个词表达出来。如：

[1] You will supply financial power, and we'll supply man power. Isn't that fair and square?

你们出钱，我们出人，这难道还不公平吗？

[2] The percentage of wells going on gas lift has increased considerably in recent years — particularly since the end of World War II.

近几年来，特别是二战之后，气举井的比例有了较大的增长。

例[1]，原文短语fair and square译为汉语合成词"公平"，译文更加简明。例[2]，"气举井"是短语wells going on gas lift的缩合，原文短语变成了汉语的名词（术语）。

2. 多个短语合译为短语或词

原文有时为加强语气、突出表达效果，会将几个同义或近义的短语组成短语群，其意义相当于其中某一短语，或者可用更抽象的短语来表达。为简洁起见，汉译时需将其合译为译语短语甚至词。如：

[3] Intermittent lift is used on wells with fluid volumes that are relatively low, or wells that have the following characteristics: (1) high PI with low bottom hole pressure or (2) low PI with low bottom hole pressure.

原译：间歇气举既可适用于低产井，也可适用于采油指数高、井底压力低，或者采油指数与井底压力都低的井。

试译：间歇气举既适于低产井，也适于采油指数高、井底压力低或二者均低的井。

[4] The mantle of your high office has been placed on your shoulder at a time when the world at large and this Organization are going through an exceptionally critical phase.

原译：正当全世界和本组织处于一个异常危急的时期时，这个崇高职务的重担落到了你的肩上。

试译：你受命于全世界和本组织危难之际，位高责重啊。

例[3]，"低产井"是wells with fluid volumes that are relatively low的高度浓缩，原文包括小句that are relatively low，这是原文描述性文字术语化的结果。例[4]，短语when the world at large and this Organization are going through an exceptionally critical phase浓缩成了译句的状语。

（二）复句合译

复句合译，是指将原文表达复杂逻辑关系的复句合译为译文紧凑简练的单句，如将英语的名词性从句、定语从句、状语从句分别压缩为汉语的主谓短语、形容词短语和状语短语等，复句融合为单句主要以意义传达为中心，充分运用汉语优势及其所独有的特殊句式，如兼语句、连动句、主谓短语等，不仅简化了句子结构，而且使语义更加显豁。如：

[5] In other words mineral substances which are found on the earth must be extracted by digging, boring holes, artificial explosions, or similar operations which make them available to us.

换言之，地球上已探明的矿物必须经过挖掘、钻孔、人工爆破等方式才能开采。

[6] Natural chemical reactions also take place when iron rusts, or when peat is formed.

铁生锈和泥煤的形成也是天然的化学反应。

[7] Yet they all have in common something which distinguishes them from all other compounds that are not acids, bases and salts: when dissolved in water, they can conduct an electric current.

酸、碱、盐有别于非酸、碱、盐的共性是溶于水后能导电。

[8] On many steep mountain slopes the erosional agents are so active that they even scour and remove fresh rock before it has been appreciably softened by weathering.

原译：在许多陡峭的山坡上，侵蚀营力十分活跃，甚至于在风化作用使新鲜岩石明显地变松软以前就把它冲刷和搬运走了。

试译：许多陡坡上的侵蚀营力十分活跃，以至于在风化松软之前新岩石就被冲刷搬运走了。

例[5]，原文定语从句which make them available to us在译文中省略未译，其义融入"开采出来"之中，原文主从复合句合译为汉语单句。例[6]，译文将原文两个状语从句换译为两个短语，复句合译为单句，表达更简练。例[7]，原文由被冒号分开的两个并列分句组成：前分句带两个定语从句，后分句是带时间状语从句的主从复合句。理解原文后可摆脱原文的结构，把含有五个分句的多重复句译为单句。层次减少了，译文含义更明确。例[8]，原文为三层复句关系，译文将原文before引导的状语从句换译为状语，这样译文就只有两层复句关系了，复句融合为新的复句。

1. 句群合译

句群合译，是指在原文小句合译为译文短语或词、原文复句合译为译文单句或短语的基础上，将原文句群压缩、整合为译文单句或复句。

原文几个句子形式上虽然相互分开，但语义上却结合紧密，译者可根据原文语义再现之需，结合译语的表达习惯和规范，将原文句子两两融合成短语或小句，最终将原文句群整合为译文单句或复句，使译文结构更紧凑，意义更连贯。

2. 句群合译为单句

原文为句群，但句子之间在语义上存在着紧密的逻辑关系，译者可以根据原文句群的逻辑语义关系，将其中的单句（或复句）整合为译文中表达概念的短语或词，从而将原文句群合译为译文单句。如：

[9] It is passed through a stationary medium. This medium may be either a solid or else a liquid that is held by a solid.

它穿过固定介质——一种固体或被固体挡住的液体。

原文为由单句和复句构成的并列句群，第一句末尾充当介词宾语的名词在第二句开头充当主语，后一复句是对前文medium的补充说明，因此翻译时可借助同位语将其合二为一，用破折号连接，对前面的"介质"一词作解释说明。同时定语从句that is held by a solid很自然地被压缩、融合为汉语的前置短语"被固体挡住的"，因此原文句群也可合译为译文单句，更简洁、地道、自然。再如：

[10] The various processes which may be used in fabricating a monolithic circuit are briefly reviewed. The advantages and disadvantages of each process are enumerated.

原译：本文扼要地叙述了用来制造单块电路的各种工艺及其优缺点。

试译：本文简述了单块电路的各种制造工艺及其优缺点。

[11] The boiling points of hydrocarbons are different. They can be removed from petroleum by controlling their temperature.

原译：各种碳氢化合物的沸点不同，通过温度控制可将其从石油里分馏出来。

试译：通过温度控制可将沸点不同的各种碳氢化合物从石油里分馏出来。

例[10]，原文前一句为较长的复句，后一句为单句，后一句的each process同前句的processes意义关联，译文将其合二为一，不仅避免了重复，表达也更为紧凑、严密。例[11]，原译两分句之间有因果关系，是将英语的因果句群合译为汉语的因果复句；试译则将原文合译为单句。

3. 句群合译为复句

有时原文句群中句间关系较复杂，译者可根据原文句间的逻辑语义关系，将其中一个单句译为独立分句（即主句），将其他单句压缩、简化为非独立小句（即分句），从而将原文从由两个或多个单句组成的句群合译为译文复句。如：

[12] The boiling points of hydrocarbons are different. They can be removed from petroleum by controlling their temperature.

各种碳氢化合物的沸点不同，因此可以通过控制温度把它们从石油里分馏出来。

例[12]，原文前后两个单句是因果关系，译文运用汉语的连接词，再现了原文句群的因果顺序。

[13] They can kill living cells, causing bad burns. They can destroy the proper functioning of cells and turn them into cancer cells. They can change the genes, which control heredity.

它们能杀死活细胞，引起严重烧伤；能妨碍细胞发挥正常的功能，将其转变为癌细胞；还能改变控制遗传的基因。

原文由三个小句构成，其中有单句有复句，讲述的是同一个对象they的不同功能，各功能之间呈并列关系，译文换用分号将其连起，表达不至于太松散，语义联系更加紧密。

4. 译语重铸

译语重铸，指在保留原文内容及其逻辑重点的基础上，抛开原文的叙述排列顺序，解构原文，按译语思维和表达习惯，重新组织内容。有时甚至需要像炼钢一样，将原文内容剥离出来，彻底摆脱原文形式的束缚，进行杂糅和重铸，换用译语读者接受的方式来表达。可以说，重铸是对以上几种合译方法的综合运用。

[14] But without Adolph Hitler, who was possessed of a demoniac personality, a granite will, uncanny instincts, a cold ruthlessness, a remarkable intellect, a soaring imagination and—until toward the end, when

drunk with power and success, he overreached himself—an amazing capacity to size up people and situations, there almost certainly would never have been a Third Reich.

句中there almost certainly would never have been a Third Reich是主干部分，Adolph Hitler带有非限定性定语从句，中间插入了由破折号分开、until引导的时间状语，时间状语又带有同位语从句。原文表达顺序与汉语宏观一致，微观有别，可以综合处理。试比较：

原译：然而，如果没有阿道夫·希特勒，那就几乎可以肯定不会有第三帝国。阿道夫·希特勒有着恶魔般的性格、花岗石般的意志、不可思议的本能、无情的冷酷、杰出的智力、深远的想象力，以及对人和局势惊人的判断力，这种判断力和胜利使他冲昏了头脑而自不量力，终于弄巧成拙。

试译：然而，若没有阿道夫·希特勒，就几乎不可能有第三帝国。阿道夫·希特勒品性如恶魔，意志如花岗岩，本能非凡，冷酷无情，智力超群，想象力深远，对人对事判断准确。他被权力和胜利冲昏了头脑，自不量力，终于弄巧成拙。

变 译 篇

第四章　变译方法概论

第一节　变译的轴心：摄取

由变译本质可知，变译的行为是摄取，这是变译活动的轴心。

摄取是有效吸收，吸收之中有选择，有取舍，有咀嚼，有消化，不是一般的完完整整的输入。摄取属于翻译活动的语用策略，大而言之，是文化交流层面的策略，体现了文化价值，是翻译主体的最大限度的体现，是宏观的翻译策略。摄取原作内外有益的东西，其结果是译作在宏观上不同于原作。

摄取包括内容的吸取和形式的改造。

一、吸取内容

（一）吸取原作之内的内容

据黄忠廉（2002：156）研究，变译方法有十二种，包括摘译、编译、译述、缩译、综述、述评、译评、译写、改译、阐译、参译和仿作。以原作内容保留的多寡和新内容的添加为准，可将摘译、编译、译述、缩译、综述等归为一类，其全部信息来自原作，变译者在原作范围内发挥主观能动性，变译的信息量不超过原作范围，见图4-1。

观察图4-1，由下往上看，线AB逐渐缩短至线A_1B_1，至线A_nB_n，直至点O，由摘→编→述→缩→综，全译的份额逐渐紧缩，进而发展到综述，交叉点O是综述转向述评的临界点，跨过交点O，译文就开始吸收原作之外的信息了。△OAB图示的是全部信息来自原作之内的变译世界。

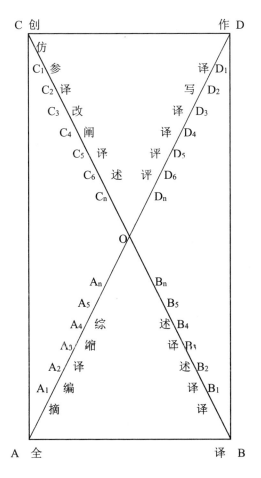

图4-1 变译体系结构

△OAB指信息来自原作之内的变译，△OCD指信息来自原作之外的变译

观察图4-1，继续往上看，由点O逐渐扩展到线C_nD_n，至线C_1D_1，直至线CD，创作的内容逐渐增加，经评→阐→改→写→参→仿等，创作的份额达到极至，直至译者的独创。△OCD图示的是全部信息来自原作之外的变译世界。请看符合△OAB的变译实例：

Putin on the Style: Russian Leader's Soldiers of Tomorrow

Take to the Floor with Their Partners at the International Kremlin Ball

[1] Russia's soldiers of tomorrow swapped the parade ground for the ballroom as they attended the annual International Kremlin Cadet Ball in Moscow.

141

[2] Around 1,000 troops donned their finest dress uniforms as they accompanied partners in glamorous gowns at the Gostiny Dvor, the city's old merchant court.

[3] Male and female cadets can be enrolled as young as eight, with many of the children looking far older than they are due to their sophisticated uniforms.

[4] The ball began in 2012 and many of the cadets who attend are orphans who are encouraged to join up and pledge their allegiance to the "Motherland".

[5] Cadets are mainly from Russia but are also from other parts of Europe as far as Spain and Greece, as well as Eastern Europeans closer to home.

[6] There are cadet schemes in major cities throughout Russia and those who enroll can choose to pursue a career in the military or the Ministry of Internal Affairs.

[7] Young men and women danced the night away as they performed a series of classic routines while promoting patriotism and the continued development of Russia.

[8] The event is a nod back to the lavish dances of Tsarist Russia where the elite of society would wear bejewelled costumes and perform dances alongside ballets and operas.

[9] Although there was much censorship of some forms of music during the Soviet Union, including jazz, pop and rock, classical music was often encouraged, although evening dances such as these were few and far between for typical citizens.

[10] Balls during the Soviet Union years were permitted, but much more tightly organised and supervised so there were no signs of "hedonism".

[11] But these photographs show those restrictions appear to have disappeared alongside Communism, with young men and women seen laughing and engaging in public displays of affection.

[12] This year's ball featured more modern entertainment in the form of Russian crooner Iosif Kobzon, 79, who was a favourite of Leonid Brezhnev's during his time as leader of the Soviet Union and has been performing concerts around Russia since 1959.

亮眼！俄千名军官学员集体参加盛大舞会

[1] 环球网综合报道 据英国《每日邮报》12月8日报道，俄罗斯一年一度的国际克里姆林宫军官舞会在莫斯科国际展览中心盛大开幕。它专门为军官学员筹备，约有1000名学员参加了此次舞会。

[2] 该舞会始于2012年，旨在鼓励军官学员入伍参军，并效忠"祖国"。这些学员大多是孤儿，大部分来自俄罗斯，也有些来自西班牙和希腊，还有一些来自东欧。

[3] 男士整齐划一地穿戴军装，女士则头戴皇冠，身着优雅的礼服，这使他们看起来要比实际年龄大很多。他们在舞池中央尽情舞蹈，欢度良辰。舞曲多为古典音乐，有时也会播放爵士乐、流行乐、摇滚乐等。

[4] 舞会还邀请了俄罗斯政要和老兵参加，他们穿戴军装，佩戴勋章，同年轻美丽的舞伴缓步入场，和年轻人一同享受其中。

[5] 今年的舞会更加时尚多彩，有俄罗斯男低音歌唱家约瑟夫·卡布松（Iosif Kobzon）为舞会献歌。他现年79岁，自1959开始在音乐会中表演。

《每日邮报》新闻属于博览类新闻，内容多以奇闻异事为主，受众为英语国家读者，发行目的在于吸引读者的阅读兴趣，增加新闻阅读量，所以其行文布局均考虑英语读者的阅读偏好。而译语是中文，受众是中国读者，因此在变译过程中需要根据中国读者的思维方式、阅读习惯来编排内容，同时也需要考虑政治因素。

原文共12段，主要介绍俄罗斯近千名军官学员集体参加国际克里姆林宫军官舞会的情况，又具体介绍了与会者身份、舞会场景，侧面介绍了苏联时期的娱乐方式与现在的娱乐方式的对比，最后介绍了79岁的歌唱家。这篇新闻虽是新闻博览，却带政治色彩，描述了不同社会制度下不同的娱乐方式。

译文选取读者感兴趣的内容，将关联性较大的信息放一起，即合并同类项，使内容集中，浏览便利。先将标题编译成突出新闻价值点的标题——《亮眼！俄千名军官学员集体参加盛大舞会》，简短简洁，直抓读者眼球，吸引读者阅读兴趣，后分门别类介绍舞会由来、场景、与会人员等。删掉苏俄社会主义和资本主义的比较，尽量避免敏感的政治问题以及对读者思想产生负面影响的内容。

（二）吸取原作之外的内容

除了吸取原作之内信息的变译，还存在其他变译方式，即述评、译评、译写、改译、阐译、参译、仿作等，其部分信息来自原作之外，译者在原作范围之外发挥主观能动性，变译的信息超出原作范围。

二、改造形式

（一）译作形式随内容而变

当内容与形式产生矛盾，摄取就是解决矛盾的战略，变通就是解决问题的战术。变译满足特殊条件下特定读者的特殊需求，这一特殊需求多半是特殊条件下特定读者对内容的要求。面对文本，不同的读者会有不同的需求，有的需要片断，有的需要核心内容，有的需要浓缩性内容。译者明白读者所需，将需求化为变译的指南，对原作内容施以变通，内容因此而变化。

内容决定形式，在内容与形式的关系中内容起决定性作用。在变译中，有什么样的内容需求，就有什么样的形式与之相配。读者若需原作的部分信息，就给他们摘译式文本；若需浓缩性信息，就给他们缩译式文本；若需综合性信息，就给他们综述；若需阐释性文本，就给他们阐译式文本；等等。

原作的内容会随语境的变化而显示出不同的价值，包括整体内容的价值和其中部分内容的价值。形式随内容而改变的变译方法在变译中占多数，包括：摘译、某些编译、某些译述、缩译、综述、述评、某些译评、某些译写、某些改译、某些阐译、少量参译和仿作。比如，上例便是在摘的基础上进行编、述，甚至是缩，原作12段译出后只剩5段，形式大变。

再看第一章第三节的例[6]，从语篇语义结构上看，原文语义发展脉络遵循典型的汉民族逻辑思维方式，语篇语义推进按照客观事理发生的自然顺序和规律进行：自然信息、专业学习、答辩结果、授予学位。外化为语篇能指层，详见原文，也可图示为图4-2的上一行。

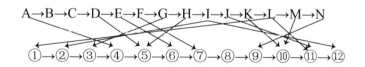

图4-2 语篇意义结构调整

而英译语篇语义推进需要遵循"邻近原则"，语义在主位信息基础上向外扩展，语义关联成分在线性排列上尽量避免隔断，语篇语义构成挣脱了事理自然顺序而靠说话人认知发展推进统筹，语篇上可呈现为该例的译文，也可图示为图4-2的下一行。

（二）原作内容不变译作形式变

内容决定形式，不等于说原作内容只有一种形式。语用条件不同，同一内容可有多种形式。如原作的内容不错，但段序不当，可以调整再译，这属于编译。又如，原作的诗歌形式译成了散文，这是改译，如瞿秋白用散文体译高尔基的《海燕》，戈宝权恢复了原作诗的形式。再如对外国某首小诗的赏析，先将原诗译出，再加以评析，这是译评。

内容不变形式变的变译方法在变译中占少数，包括：某些编译、某些译述、某些译评、某些译写、某些改译、某些阐译。

第二节　摄取的精髓：变

摄取的结果是译作不同于原作，不同的原因在于其精髓——变。

一、变之内涵

变是变化之一种，即变通，但倾向于大的变化、宏观的变化、质的变化。

"变化"一词分为"变"与"化"，是一对范畴，在哲学范畴史上，二者的区别是顿变渐化。对于变与化，周敦颐承《中庸》"动则变，变则化"的思想，提到了运动的相对稳定的化与显著变动的变两种形式。张载在解释《周易》变化思想时，认为"变，言其著；化，言其渐"。变是一种迅速的、显著的变化形式；化是一种缓慢的、感觉不到的变化形式。变指顿变，骤变；化指渐化，不显著的变化。（张立文，2001：303）

变译理论之核心为"变"，指"和原来不同；变化；改变"（《现代汉语词典》2016版）；相应的英语意义为 "change; become different"（《新时代汉英大词典》，2000版）；"变无不通，变则可久"。

二、变之形式

内容的变与化，都可以体现在结构和数量上，区别在于前者程度大，后者程度小。内容、结构与数量的变化是相通的，变译中三合一多，单打一少，分开阐释旨在说明问题。变通的结果有三种形态——变大、变小、变优；可归为三种形式：

（一）内容上大变

与原作相比，变译作品的内容发生了较大的变化，引起了译作的质变。例如，原作用例不适于译语读者，换上新例，改译出来的文字内容上明显不同于原作，这表明变译使原作的信息变优，引起了质变。又如，读者需要关于原作的最精短的信息，缩译出来的文字数量上明显少于原作，这表明变译使原作的信息变少，也会引起质变。

从第一章第三节的例[6]看，译文对原文的语义结构大作调整，似乎在"倒行逆施"，除了删减和增加内容外，语篇结构也发生了很大变化。原文以"我校"为语义信息的隐含发出者，向隐含读者（你，即学位证书的可能阅读者）证明学生韩梅梅（A）获得学位的具体情况。因而整个信息结构的焦点和话题所指向的"韩梅梅"，需处于汉语句子的逻辑起点位置，作为话题的核心。译文则全部采用第三人称（XX大学授予XX人），创造出一种客观中立的人际距离，凸显出学位证明作为法律证明文书的重要社会功能。而对于英文学位证书而言，授予机构的重要性应该予以凸显，成为信息的焦点。当信息从汉语译入英语时，语域发生了变化，因而信息焦点也需要按照目标语文化的信息逻辑焦点作调整。故而，"韩梅梅"进入译文后则被弱化，虽依然是比较重要的信息之一，但已后置，产生了较大的位移（④）；学生获取学位证书的前提即修满学分和通过论文答辩（E），进入译文则转为隐含的预设信息（被授予学位即表明其已满足相应的学分和论文要求）（⑥），因而无须译出。可见图4-3。

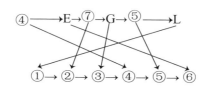

图4-3 语篇意义重点调整

（二）结构上大变

与原作相比，变译作品的结构发生了较大的变化，引起了译作的质变。在原作变译基础上添写和评论，是译写和译评，传达的信息可能与原作差不多，但结构不同于原作，这表明变译使原作信息变优、增值，引起了质变。又如，原作数十篇，综述为一篇，原作的结构在译作中荡然无存，或是发生了巨变，这表明变译使原作信息集约，也引起了质变。

（三）数量上大变

与原作相比，变译作品的数量发生了较大的变化，引起了译作的质变。例如，对原作信息的摘取，摘译出来的文字数量上明显少于原作，这表明变译删减了原作信息，引起了质变；又如，基于原作全译的添写和评论，译写和译评出来的文字明显多于原作，表明变译增加了原作没有的信息，也会引起质变。

第三节 变译的策略：变通＋（全译）

一、变通

变通，指"处理事情时，对规定等酌情作非原则性的变动"（《现代汉语规范词典》，2014版）；相对应的英语意义为"be flexible; make changes according to specific conditions"（《新时代汉英大词典》，2000版）；《辞海》解释为"灵活运用，不拘常规"；《易·系辞下》解释更深刻："变通者，趣时者也"，趣时，即趋时。此变通并非要彻底地改变原有事物，而是在不改变某物根本属性的基础上进行变更，并且还要考虑到具体的情况。"通权达变"，则为"变通"。

借助哲学上对"变"的界定，考虑到变译的本质，变通的内涵可认定为：变通是为了满足特定条件下特定读者的特殊需求而对原作作较大的灵活变动的行为，主要策略包括增、减、编、述、缩、并、改、仿八种。在此只作梗概式阐述，第五章介绍的十二种变译方法会帮助你深化对八种变通策略的认识。

（一）增

增，指在原作基础上增加信息，可分为释、评、写。其显著特征是译文信息量大于原作信息量。

1. 释

释，即阐释，是译文对原作某部分内容的解释，包括释典（解释典故）、释古（用现代的语言解释古代语言）、释义（解释词义或文义）、释疑（解释疑难点）等。释的总原因是译语读者对原作某些内容不甚了解，这些内容或历史久远，或文化内涵丰富艰深，或过于专业化，或使人生疑，不解释不足以让读者明白，不足以使信息传播畅通无阻。释随文而作，代替通常的脚注和尾注，它融入译文之中，使译文的信息量大于原作。

一种文化一旦产生，其与其他文化之间的交流就是必然的。没有文化交流，就没有文化发展。交流是不可避免的，无论谁都挡不住。一种文化既有民族性，又有时代性。一个民族自己创造文化，并不断发展，使之成为传统文化，这是文化的民族性。一个民族创造了文化，在发展过程中它又必然接受别的民族的文化，进行文化交流，这就是文化的时代性。民族性与时代性有矛盾，但又统一，缺一不可。继承传统文化，就是保持文化的民族性，吸收外国文化，进行文化交流，就是保持文化的时代性，所以文化的民族性与时代性这个问题是会贯彻始终的。旅游经济的蓬勃发展为世界各国文化的交流提供了一个良好的契机，在文化交流过程中，如何把中国传统的文化译介到国外进而使其为外国人所理解，是目前旅游界也是翻译界所共同面临的一个问题。好比典故，不管是中国的"三顾茅庐"，还是国外的jump the couch（跳沙发——意指某个人情绪非常激动，已经陷入到不能自拔的地步），不了解这些典故的时代背景，译语读者又如何能理解其真正的含义呢？此时，解释是免不了的，译作的内容理所当然就更丰富了，尽管这对原文语义上的忠实度会打一定的折扣。例如：

> （桃花源）始建于晋，初兴于唐，鼎盛于宋，大毁于元，时兴时衰于明清，萧条于民国，渐复于解放后，大规模修复开发于1990年。
>
> Taohuayuan (the peach flower source) was first built in the Jin Dynasty (266—420), began to take shape in the Tang Dynasty (618—907), flourished in the Song Dynasty (960—1279), and went to ruin in the Yuan Dynasty (1271—1368). With ups and downs through the Ming and Qing dynasties (1368—1912), it was almost abandoned in the times of the Republic of China (1912—1949). Its restoration was made from the year 1949 and a large-scale expansion and development began in 1990. (贾文波，2003)

汉语原文突出历朝历代是为了表示桃花源历史悠久、文化内涵丰富，因为中国人一看就明白，而国外读者可能就不太清楚了。汉语原文用词精当，连贯流畅，且朗朗上口，一目了然。但在译文中有几处必须阐释清楚，否则会导致译文读者产生困惑："晋、唐、宋、元、明、清、民国、解放后"具体指哪些年代？国外游客不见得清楚，而这又是理解原文内容的关键信息，必须在译文中增添注释（译文画线部分）。

2. 评

评，即评论，是对所译内容进行的批评或发表的议论，包括评估（评价和估计所译的内容）、评价（评定所译内容的价值高低）、评介（评价所译内容并介绍相关情况）、评判（判定所译内容的是非优劣）、评析（评价所译内容并加以分析）等。评的目的就是为了让读者更深入地理解所译内容，知其价值所在。

"评"包括"鉴赏"和"批评"。鉴赏是对原作的品鉴和赏析。鉴赏之中有一定的评价，但不是主体，鉴赏允许偏好，说某原作如何如何，是鉴赏。批评以鉴赏为先导，道出鉴赏的内在依据，批评不仅仅只针对"缺点"，还应该包括对"优点"的评价。以"优"补"缺"，这样的批评才能提高读者对译本的鉴赏能力与审美意识。

3. 写

写，指在译文中添写与所译部分相关的内容，按时间顺序可分为：译前写、译后写和译中写。译前写一般是交代背景，为后面所译内容做铺垫；译后写一般是追加添上，是对前面所译内容的补充；译中写一般是承上启下，巧妙嵌入，为译文补充内容，增大信息量。

翻译中的"写"是根据特定读者的要求，增加与原作相关的内容，除了阐发和评论外，它还包括添加、补充和拓展性创作。写加大了译作的信息量，加大了创作的成分。如：

> 苔干有清热降压、通经脉、壮筋骨、去口臭、解热毒酒毒及治疗心脏病、神经官能症、消化不良、贫血诸功效。
>
> <u>Taigan has been believed to be able to produce certain medical effects</u>, namely, to allay a fever, to reduce hypertension, to strengthen physical and mental functions, to relieve halitosis and to dispel the effects of alcohol. <u>Taigan can also be served as a medical diet</u> for those who are suffering from heart failure, neurosis, indigestion and anemia. (刘俊烈 译)

以上广告的译文中画线部分Taigan has been believed to be able to produce certain medical effects和Taigan can also be served as a medical diet是译者添写上去的，它增加了译文的可读性和可信度，从而发挥了广告语应有的功能。

（二）减

减是总体上去掉原作中在译者看来读者所不需要的信息内容。

有时去掉的是原作的残枝败叶，挤掉的是水分，表现为对原作的取舍。译者会竭力提高变译的供求吻合程度。从翻译现实来看，需要是翻译活动的最初动力，凡是直接地或间接地与读者需求吻合程度较高的信息即可提留，凡是与之相偏离或关系微小的信息即可舍去。减的显著特征是译文信息量明显小于原文信息量。

减表现为以少显多，以个别反映一般，以一斑窥全豹等。减的目的在于以小见大，以少胜多，以需要为标准，让有用信息的价值充分展示出来。吕叔湘1979年翻译了赵元任的*A Grammar of Spoken Chinese*（《中国话的文法》）。原书供英语读者使用，共847页，但吕先生译的《汉语口语语法》却只有378页，容量减少了一半还多。究其因，原文针对的是外国读者，论述的繁简不一定符合中国读者的需要，因此翻译的时候，吕先生斟酌情况，重要的地方全译，多数地方删繁就简，少数地方从略，但是就内容来说，没有实质性的削减。

著名的*CNN World Report* 栏目组承担着与全世界120个国家和地区的电视广播公司开展节目交流的工作，其观众既有美、英等英语国家的人士，也包括世界上100多个以英语为外语的国家的人士。这些电视观众的文化背景迥异，英语水平也有很大的差异，加之电视语言的瞬时性，使得译者的表达要简洁，要用经济的语言表达丰富的思想，尽量删去可有可无的词句，但又不能影响表达内容的完整性和准确性。对于电视新闻这种特殊的文体，在译文中采取"删减"的手段，尽管显得背"信"弃"意"，但这种符合英语新闻报道的"不信"是完全必要的。

（三）编

编即编辑，指将原作内容条理化、有序化，使之更完美更精致的行为，包括编选（从原作中选取一部分加以整理）、编排（按一定的顺序将原作内容重新排列）、编写（将原作提供的材料加以整理，写成译语文字）等。原文在此可是句群、段落、文/书，亦可是多文多书。编辑旨在使主旨更加鲜明，依主旨的需要去组织原作材料，使内容非常明确集中，能给人留下清晰深刻的印象，使内容单一，为中心服务。

编译必须充分理解原作，仔细斟酌保持原作内容的相对完整性。王佐良说："一个出色的译者总是能全局在胸而又紧扣局部，既忠实于原作的灵魂，又便利于读者的理解与接受。"（王佐良，1989：12）这也正是译者要编译好一篇译文应该遵循的。与一般的翻译一样，理解也是进行编译工作的关键，编译者只有准确地理解原文，才能综观"全局"，抓住原文的核心或有参考价值的部分，避免断章取义或以点带面，把曲解原作的可能性减少到尽量小的程度。一个高明的编译家应该具有较高的鉴别能力和分析能力，以保证用优化的结构传达出原作的内容或部分内容。相反，一个蹩脚的编译者往往"丢了西瓜，捡了芝麻"，或者虽然费尽心机却仍不能向读者提供最佳信息。

由此可见，编译要付出更多的劳动，甚至要复杂得多。译者要在动笔之前反复阅读原文，虚心向各类工具书求教，直到完全理解原作内容，然后考虑哪些段落需要字斟句酌地译出，哪些可以适当地删减一带而过。译好之后还要反复修改直至自己满意为止。初试编译者最好首先译出全文，然后再决定词句的取舍。对于较为粗糙的原作，聪明的编译者应既是译者又是编辑，在不影响原作内容的情况下将译文段落重组，或顺叙或倒叙或插叙，总之做到条理清楚，以更符合译语读者的阅读习惯。对于有些较长的原文，还可给每个大段另立小标题，使读者看到编译文便对文章脉络一目了然。

（四）述

述，即将内容写下或说出，包括转述（把基本或主要内容简练地表达出来）和复述（将内容重说一遍）。述不斤斤于字比句次，只求把意义传达出来，是地道的舍形取意。述基于原作的内容，改变原作表达形式，一律用叙述语言传达内容，所以有摘有编，更有概括。舍细节，求粗略是其特征。如：

> 饭店采用低楼层设计,亭园水榭,绿树成荫,阔落庭院,配合瑰丽豪华的大堂,自然成为北京最热门的聚会地点。
>
> Luxuriant water gardens and a courtyard highlight the Hotel's slow-rise setting.

"亭园水榭"、"阔落庭院"等，分别用英文转述为Luxuriant water gardens和a courtyard，加上动词highlight来陈述其与the Hotel's slow-rise setting的关系，这是译述。

从以上例子我们可以看出，译述显示出了极大的灵活性，可以说，它解放了译者。但译述时不能带个人情感和主观态度，而应该客观地反映原文全部或部分内容，即"述而不作"。最典型的例子莫过于林琴南的翻译，不懂外文却翻译外国文学作品达180多种，林所采用的就是他人口授，自己追记的方法，即转述的方法。所以，林译小说显得自然流畅而绝无翻译腔，在中国产生了深远的影响。

（五）缩

缩，即压缩或浓缩，是减少事物内部不需要的部分，从而增加所需部分的相对含量的方法。变译中的"缩"是对原作内容的浓缩，即用非常凝练的译语将原作压缩，信息量由大变小，远小于原作，篇幅由长变短。

我们常说"缩减开支"等，这里的"缩""减"二字意义相近。但变通手段中的"缩""减"既有相同之处，也有不同之处。所谓相同，两者都去掉了部分原文信息，不同则在于"减"是纯粹去掉原文中的冗余信息，而"缩"除了去掉一些不需要的信息外，还要用非常凝练的译语把原文的核心内容表达出来，这里涉及译者的"创造"。

中文广告撰稿人在广告写作中的浮夸文风是显而易见的，如果忠实地将此类文字翻译成英文，其英文版本必然不堪卒读。只有对这类修饰词丰富、信息过剩的广告进行"浓缩"，才能达到广告的效应。

> 钻石恒久远，一颗永流传。（戴比尔斯）
>
> A Diamond Lasts Forever.

这则广告原文中的"恒久远""永流传"所表达的意义相同，且十分押韵。如照实译出，不仅译文重复，且失去广告语的简洁。因此译文"缩"减了这部分信息，仅用4个单词便达到了广而告之的效果。

（六）并

并，即合并，是根据需要将原作中同类或有先后逻辑关系的两个及相关的部分合并。相关联的部分可能是句、句群、段、篇、章，甚至是书。译文信息量可能会大于原文，也可能小于原文。

并的原因有两种：一是原作结构不妥当，缺乏条理，本该在一起的，结果分隔两地，主要表现在句、句群和段的层面上；二是据读者要求，把原作相关部分或多篇原作合并为一，多表现在篇、章和书的层面上。合并之前，应视需要对原作进行全译或变译，全译的条件是原作信息重要且篇幅短小，变译的前提是篇幅大或多，且信息冗余。

综述是并的具体体现。其一方面要求综述者充分掌握有关资料，并对有关讨论有一定的了解和研究；另一方面要求综述者对这些资料作出鉴别、筛选、整理和评论。比如把关于某一专题的许多观点相同或相似的文章收集起来，然后从每篇文章中选取一部分，中间加上一些串联的文字，个别的也可多多少少再加一点自己的看法，就成了自己的"新作"。

（七）改

改即改变，就是使译作相较于原作发生明显的变化，通常改变内容或形式，包括改换（改掉原作中的内容或形式，换成适合译语读者的内容或形式）、改编（据原作内容采用另一种体裁重写）和改造（修改整个原作，以便译作能适合新的要求）等。

改，给人的直观感觉就是改变了原作的模样。体裁变了，原说明文变记叙文，莎翁的十四行诗变成中国儿歌，情诗变成打油诗；结构变了，原长篇小说变摘要；风格变了，将 *Rip Van Winkle* 中可怕的老太婆的话译成贤良淑女的话，把《西游记》中的孙悟空的口吻译成西方上帝的口吻。诺基亚著名的中文广告词"科技以人为本"，即使让1000位翻译家分头重新把它译成英文，译文也绝不会都是connecting people。该广告词的中文文本从修辞学上讲已经达到了很高的水平，句子精辟程度和可读性都不比原文差，译文的意境比原文更深远。

因此，改，有为了适应译语本土的，也有为了避免"食洋不化"或原作"水土不服"的，有为了译者更好地沟通原作与读者的需求的，还有为了克服原作之不足的。在这种情况下，改肯定是少不了的，或改变情节，或改变例证，或改变形式。有所改，有所不改，在于特定条件，在于特定读者，更在于对译作的特定要求。

（八）仿

仿，即模仿，就是照某种现有的方法或式样学着做。

从发展的角度看，万事起于模仿。为学术界所公认的中国第一部全面系统研究汉语语法的专著《马氏文通》，尽管不是译著，却是和译著具有同样的渊源背景的著作，它系统地模仿了西方的传统语法，对中国语法的研究作出了开创性的贡献，的确做到了马建忠所说的"探夫自有文字以来至今未宣之秘奥，启其缄縢，导后人以先路"。应该肯定，马建忠的工作，既是模仿，又是创造，既带来了前所未有的异国治学之道，又使汉语语法研究在一个全新的基础上获得了发展。

翻译中的模仿，首先要求译者充分领悟原作，在此基础之上，再进行临摹。模仿的内容既要能被译语读者所接受，形式也要与原作相仿。比如翻译汉语广告时既可模仿英语中成功的广告先例，也可套用英美等国脍炙人口的名诗佳句。例如，"红玫相机新奉献"（"红玫"相机广告)被译作"My love is like a red, red rose"，仿彭斯名句"My love is like a red, red rose"（杨全红用例）。"今日的风采，昨夜的绿世界"（"绿世界"化妆品广告）被译为"Give me Green World, or give me yesterday"，仿美国独立战争时期著名诗人亨利的鼓舞人民战斗精神的名句"Give me liberty, or give me death"（刘泽权用例）。这两则广告译得巧妙优雅，颇有诗化功能，抓住了英语读者的审美情趣，可谓匠心独运，引人入胜。

但是模仿久了，译者会对原作有更深层次的认识，也许看不惯原作中的某些东西，对其加以改动，当然是为比较顺眼的缘故。这就是仿作——仿照原作内容或译语作品的内容和形式进行译语创作的活动。在某种程度上，仿作更接近译语创作，好比描红，但决不是依葫芦画瓢，描红也是一种创作。

二、全译

全译，也称完整性翻译，是译者将原语文化信息转换成译语以求得风格极似的思维活动和语际活动。全译力求保留原文的内容、形式和风格。详尽论述见第二章。

变译有时包含全译，或在全译基础上变通，如全译之后加以评论，或在变译之后变通，如在摘删之后再译。

变
译
篇

155

第五章　十二种变译方法

自古以来，翻译就是跨语言文化传播知识和信息的重要手段。翻译方式多种多样，除全译外还有许多变通翻译。按其特点，变通翻译可大致分为摘译、编译、译述、缩译、综述、述评、译评、译写、改译、阐译、参译和仿作。这些变译方法之间、变译方法与全译方法之间既相互联系又有区别。只有全面透彻地了解其内涵、特点、技法和原则，才能抓住各种变译方法的精髓，并娴熟地加以运用。

第一节　摘译

德国功能主义翻译学派代表人物汉斯·威密尔（Hans Vermeer）认为，翻译是一种有目的的选择性行为。他主张译者要根据客户或委托人的要求，结合翻译的目的和译文读者的特殊情况，从原作所提供的多源信息中进行选择性翻译（Nord，2001：出版前言）。古尔代克（Gouadec，2007：290）提出了"选择性翻译"（selective translation）的概念，指根据客户的要求选择原文信息进行翻译。信息时代知识摄取的一个变化趋势是，定向性取代了全盘性，同时对知识传播的形式和速度有了更高的要求。摘译具有全译无法替代的优势——节省时间与摄取精华，因此成为获取国外信息的最便捷手段。

一、摘译及其特点

摘译，顾名思义，指先摘后译的变译方法。

"摘"的古义之一是"选取"，如李贺《南园》诗"寻章摘句老雕虫，晓月当帘挂玉弓"里的"寻章摘句"，概括了摘译活动中"摘"的基本内涵。

"摘"的对象可以是报刊中的一文，书中的一章，文中的一段，段中的一句，句中的一词，然后将其完整地翻译出来。

摘译的关键是"摘"，因为它决定了摘译活动的意义和摘译文的价值。一般说来，"摘"即采撷原作精华，但"精华"的厘定因人而异。有时，在原作者看来或者从原作的信息结构看是精华的部分，译者不一定认为是精华。同样，译者认为是精髓的东西，读者不一定认为是精髓。"精华"的确定，要考虑知识信息的价值因素、时代政治因素，特别是读者的审美取向、兴趣爱好和期待视野。一旦选取了对象，就要按照全译的方式，将其完整地译出。"摘"与"译"的顺序，是先摘后译，而不是先译后摘，否则，就违背了摘译的一个初衷：提高效率。

变译篇

从翻译实践看，摘译较适于自然科学和社会科学文献的翻译，如科技年报、政府文件、技术报告、学术论文和著作、调查报告、新闻报道、发言讲话、操作指南、书刊目录、协会组织机构介绍等。摘译的孪生兄弟节译则多用于文学类文本的翻译，如小说、诗歌、剧本、回忆录、采访录等。例如《钢铁是怎样炼成的》这部苏联的文学巨著基本上同我国主流意识形态和政治文化精神相一致，它所弘扬的为共产主义奋斗的精神与我国当时为重建国家所倡导的奉献精神相吻合；这部作品自首次被译成中文后，就成为家喻户晓、长盛不衰的畅销书，保尔精神也启迪和教育了中国几代人；出于当时历史、政治的需求和意识形态的制约，当年译者在翻译过程中对作品进行了大量的删节和取舍，其中就删掉了保尔加入"工人反对派"以及与两个女友间的爱情故事等有损保尔崇高形象的情节；在当时的政治气候下，人们只能看到删节的改译本，直到20世纪90年代该书的全译本才增补上了此前删除的4万字左右的内容（郝吉环，2004：55）。

二、摘译的方法

摘译活动有自己特殊的程序，要运用一定的方法。在方法的运用上，还要注意一些技术问题。下面先说摘译程序。

（一）摘译程序

同全译相比，摘译多了一道"摘"的程序。摘译的过程为：理解——摘选——（理解）——全译。摘译首先要求译者在宏观层面上透彻把握原作内容，然后在此基础之上区分内容的主次，确定值得翻译的最有价值的内容。第二步是将原作最有价值的部分抽取出来。一次摘选有时不够，还要进行第二次摘选，因为从原作中抽取的部分，可能还有"水分"可挤，即在语言表述上显得啰唆繁复，可以删除某些词句，以使关键信息更加突出，但要注意删减之后句段的逻辑衔接与连贯问题。确定了摘译对象，有时还需要进行第二次理解活动，如确定特殊的或最新的技术词语的含义，以及原文有无科学性错误等。第一次理解为宏观、整体、粗略的理解，第二次理解则是微观、局部、精细的理解。最后，在准确领悟原意的基础上进行全译。

（二）微观摘译方法

段及以下的语篇层面的摘译方法统称为微观摘译方法，包括摘词语译、摘句译和摘段译。

1. 摘词语译

摘取词语翻译是摘译的一种特殊形式，通过此方法所产生的摘译文不能形成独立的语篇，仅可作为学术写作讨论或论证的一种手段，为写作服务。后面将要讨论的变译方法之一——参译中就有摘词语译。这里摘译的词语一般都是一书一文中的核心概念。有时一个核心概念或观点会在一位学者的多部著作或文章中出现，使得摘译源无法确定。例如，笔者在研究对话式英语幽默的建构手段的一篇文章中提到过这么一句，"为了保证会话的顺利进行，双方必须遵守一些基本原则，特别是'合作原则'（the Principle of Cooperation）"[1]。其中的"合作原则"就是摘词语译，摘自美国著名语言哲学家格莱斯（H. Paul Grice）的名篇《逻辑与会话》(*Logic and Conversion*，1975)。又如：

The shift of emphasis from understanding the other to understanding the world of his work implies a corresponding shift in the conception of the *hermeneutical circle*. By hermeneutical circle Romanticist thinkers meant that

---

1　参见田传茂、陈继英：《对话式英语幽默的建构手段浅析》，载《喀什师范学院学报》2003年第5期，第55页。

the understanding of a text cannot be an objective procedure in the sense of scientific objectivity, but necessarily involves a pre-comprehension which expresses the way in which the reader has already understood himself and his world. Therefore, a kind of circularity occurs between understanding a text and understanding oneself. Such is in condensed terms the principle of the "hermeneutical circle". （刘宓庆用例）

摘译文：阐释学循环圈（hermeneutical circle）；前理解（pre-comprehension）

上文是法国当代阐释学家利科关于文本阐释的一段论述。其中有两个关键概念：hermeneutical circle和pre-comprehension。前者是指：主体对文本的理解不可能是一个纯客观的过程，它不可避免地牵涉到主体本身的前理解（此概念中的hermeneutical一词源于Hermes（赫尔墨斯）。赫尔墨斯是希腊神话中众神的信使，由于传达神的旨意不可避免地会添加自己的阐释，"阐释学/解释学（hermeneutics）"因之得名）。后者指主体的前在经验和能力。这两个概念可用于有关文本诠释的研究文章中，作为佐证或对其进行讨论。

2. 摘句译

摘句译指段中摘句译，其单位可以是一个句子，也可以是一个句群。该方法适用于段中存在中心句（群）的情形。就科技文章而言，段落的中心句（群）是那些表述事实和结论的句子，其他叙述条件、原因、推理的说明句、展开句、衬托句可以略去。例如：

Blame Beer Gut on Genes

A beer-gut gene that gives fellas flabby tummies has been discovered by scientists. The medical breakthrough proves that guzzling ale is not the only reason why men develop saggy stomachs. They can also inherit from their parents a body make-up much more likely to run to fat. The beer-gut gene was tracked down by Italian experts. They found that men with a particular variant of it called DD were twice as likely to get fat. And they are also significantly more likely to put on the pounds around their midriff. Dr Carol Cooper said: "This sounds like a New Year's gift for all those guys who are tubby round the middle but aren't ready to give up the trips to the boozer. You're stuck with the genes you're born with, which could be just the excuse lardy lads who like a drink are looking for." Dr Pasquale Strazzullo warned the findings might not apply to British men —because the research was based entirely on Italians. (中国日报网站，2003/01/13)

摘译文：意大利科学家发现，体内携带一种被称作DD的啤酒肚基因变体的男子发胖的几率是常人的两倍。

上文是一则科技新闻报道。科学家最新发现，男子啤酒肚的产生源于体内一种叫作DD的特殊基因变体。段中第5句正是这一科学新发现的核心内容，因此将其作为摘译对象。这是单句摘译。要注意的是，原句中的代词They和it若直译会使读者难以理解，故摘译时要还原为其所指代的具体对象。又如：

Oceans becoming more acidic

The world's oceans are slowly getting more acidic, say scientists. The researchers from California say the change is taking place in response to higher levels of carbon dioxide in the atmosphere. The lowering of the waters' pH value is not great at the moment but could pose a serious threat to current marine life if it continues, they warn. Ken Caldeira and Michael Wickett, from the Lawrence Livermore National Laboratory, report their concerns in the journal Nature. Increasing use of fossil fuels means more carbon dioxide is going into the air, and most of it will eventually be absorbed by seawater. Once in the water, it reacts to form carbonic acid. Scientists believe that the oceans have already become slightly more acidic over the last century. But these researchers have tried to predict what will happen in the future by combining what we know about the history of the oceans with computer models of climate change... （下略）（中国日报网站，2003/09/26）

摘译文：越来越多的化石燃料消耗意味着更多的二氧化碳被排放到空气中，而且大部分最终将被海水吸收。二氧化碳一旦进入水中，就会与水发生反应生成碳酸。

原文的中心题旨是海水的酸化程度正在提高。海水之所以酸化，是由于空气中过量的二氧化碳进入海水，并被海水吸收，而空气中有相当一部分二氧化碳来自石油、煤炭等化石燃料的燃烧。例中第5句和第6句，即画线部分指明了题旨——海水酸化的原因，因此选其作为摘译对象。这是句群摘译。

上面两例都是篇中摘句（群）译，还有书中摘句（群）译。如"所谓翻译，是在译语中用最切近而又最自然的对等语再现原语的信息，首先是意义，其次是文体"，是国内翻译研究者在其书、文中频繁引用的摘译文，摘自奈达与泰伯合著的《翻译的理论与实践》（*The Theory and Practice of Translation*，1969），这里为节省篇幅，不附原文。

还有一种比较特殊的摘译，即标题摘译。摘译标题也能传达原作的关键信息。这种摘译方法比较适合于新闻标题的翻译，因为新闻标题一般都包含了文章最重要的信息，新闻传播学里有所谓"题好一半文"的说法。新闻标题的摘译一般围绕某个重要事件的外刊报道，如党的"十六大"外刊新闻报道标题摘译，中国载人宇宙飞船首次成功环地飞行的外刊新闻标题摘译等。

标题摘译介于摘词语译与摘句译之间，因为标题的语言单位可以是一个词（组），也可以是一个句子，如*Global Warming a Bigger Threat to the Poor*（全球变暖加剧贫穷），*Ice Collapse Speeds up Glaciers*（南极冰架坍塌加速冰河流动）。

3. 摘段译

摘段译中的"段"，可以是一篇文章中的"段"，也可以是一本书中的"段"；段的数目没有限制，可以是一段，也可以是数段，一切视段落内容的重要性、整体性和译者/读者的需要而定。摘段译一般应完整地保存所选取的段落的结构形式。当然，在原文语言多繁复、欠精练的情况下，容许删去枝叶，即那些无关要旨的词句。若是段群摘译，还应注意段群之间的衔接与连贯。另外，学术论文的摘要在结构形式上表现为一个独立的段落，其翻译是一种特殊的摘段译。下面分别就篇中摘段译、书中摘段译、段群摘译以及摘要摘译举例说明。

Aboriginals Got to America First

[1] A "LOST TRIBE" that reached America from Australia may have been the first native Americans, according to a new theory...（下略）（中国日报网站，2004/09/09）

摘译文：一种新理论认为，一个来自澳大利亚的"迷失部落"可能是美洲最早的土著居民。

文章第一段就回答了标题设置的悬念："谁是第一批踏足美洲的人？"因此，摘译选取首段作为翻译对象。不过，要注意的是，一个段落有时只有一个句子，此时的摘段译就是摘句译。也就是说，摘句译和摘段译在一定条件下可以相互转化。

Between the symbol and the referent there is no relation other than the indirect one, which consists in its being used by someone to stand for a referent. Symbol and Referent, that is to say, are not connected directly (and when, for grammatical reasons, we imply such a relation, it will merely be an imputed, as opposed to a real, relation) but only indirectly round the two sides of the triangle.

摘译文：符号与所指对象之间除了间接关系之外没有相连的关系，这种间接关系就是符号被用来代表所指。这就是说，符号与所指不是直接相关的——即使出于语法上的考虑暗示二者有这样的关系，那也只不过是推导性的，不是什么实在关系——二者只是沿三角形的两条边延伸，产生间接关系。（刘宓庆用例）

《意义的意义》（*The Meaning of Meaning*）是奥格登（C. K. Ogden）与瑞恰兹（I. A. Richards）研究语言意义的名著，其中有关"指称三角图式"的论述广为人们摘译引用。刘宓庆先生（2001：245）在讨论"指号论意义观"时摘选并翻译了本书中一个相关的关键段落（即上例）。注意译文将原文的圆括号换成了破折号，使附加语与正文融为一体。

Salmonella Enteritidis emerged as a major egg-associated pathogen in the late 20th century. Epidemiologic data from England, Wales, and the United States indicate that S. Enteritidis filled the ecologic niche vacated by eradication of S. Gallinarum from poultry, leading to an epidemic increase in human infections. We tested this hypothesis by retrospective analysis of epidemiologic surveys in Germany and demonstrated that the number of human S. Enteritidis cases is inversely related to the prevalence of S. Gallinarum in poultry. Mathematical models combining epidemiology with population biology suggest that S. Gallinarum competitively excluded S. Enteritidis from poultry flocks early in the 20th century.

摘译文：20世纪晚期，肠炎沙门氏菌已成为一种与蛋相关的主要致病菌。来自英格兰、威尔士及美国的流行病学数据表明，肠炎沙门氏菌因家禽鸡沙门氏菌的消灭而充斥于生态小环境中，导致了人类感染流行病病例的增加。通过对德国流行病学监测的回顾性分析，我们验证了这种假设，证明了肠炎沙门氏菌病例数与家禽鸡沙门氏菌的流行呈负相关。基于流行病学与种群生物学建立的数学模型表明，20世纪早期家禽鸡沙门氏菌竞争性地将肠炎沙门氏菌排除在了家禽群体之外。（《中国人兽共患病杂志》，2001年第1期，第118页）

上例是一篇英语学术论文的摘要及其翻译。摘要虽然从属于文章，但却是相对独立的语篇单位，是文章思想的浓缩和精华，因此经常作为摘译对象。

Smart Glass Knows When It Needs Another Beer

[1] Drink up that beer—another will soon be whisked to the table thanks to a hi-tech pint glass that tells bar staff when it needs refilling.

[2] Developed by a Japanese electronics company, the intelligent glass is fitted with a radio-frequency coil in its base and emits a signal to a receiver set in the table when it's empty, *New Scientist* magazine reported Thursday.

[3] The glassware system works by coating each glass with a clear, conducting material, enabling it to measure exactly how much liquid has been sipped or guzzled.

[4] When empty, the glass sends an electronic cry for more beer from the table to waiters equipped with hand-held computers on frequencies similar to those used by mobile phones.

[5] A team from the Mitsubishi Electric Research Laboratories working in Cambridge, Massachusetts has made the first prototypes, but may find it hard to sell the idea to Britons.

[6] "It sounds like a fun idea, but I don't think it would work in our pubs," said a spokesman for J. D. Wetherspoon, which runs over 500 pubs in Britain.

[7] "The tradition in Britain is to get up and go to the bar for a round of drinks, not to have a waiter bring beers to the table, no matter how quickly," he said. (中国日报网站，2002/04/09)

摘译文：据周四的《新科学家》杂志报道，一家日本电子公司研制出一种智能啤酒杯。这种酒杯的底部置有一个可以发射无线电频率的线圈，当酒杯空了的时候线圈就会向吧台的接收仪器发出信号。

这种智能酒杯的工作原理是给酒杯涂上一层光洁的传导材料，这样无论顾客是小啜还是狂饮，这套系统都可以测量出酒杯中还剩下多少酒。

当酒杯空了的时候，它就会从顾客所在的桌子发出电子提示声提醒服务生需要添酒了，而服务生手中则拿着可以接收频率的掌中电脑，这与手机发出频率的道理差不多。

上例原文是一篇科技新闻报道。第一段是引子，引出发明智能酒杯的新闻，第二、三、四段介绍这种智能啤酒杯的工作原理，最后三段是关于该新型酒杯的市场前景。显然原文最重要的信息是二、三、四段。这是篇中摘段群译，书中摘段群译方法类似，从略。

（三）宏观摘译方法

微观和宏观摘译方法的划分以摘译对象语篇结构的相对完整性为依据。词、词组、句、句群、段、段群的语篇结构，从内容和形式结构看，完整性和独立性均较差，特别是词和词组摘译文，不能构成独立的文本。摘要的语篇结构虽然相对完整，但因其篇幅短小似段，故归入微观摘译方法。书中的章节，语篇的独立性较强，思想情节自成体系，而且形式结构完整，其翻译属于宏观摘译。

摘章节译，即从书中抽取一章一节或几章几节翻译，在翻译实践中较为常见，习惯上称为节译。进行节译的原因是多方面的，可能是译者在有限的人力物力条件下为了让读者先睹为快，也可能书中只有个别章节较有价值，还可能是译者出于某种特殊目的。摘章节译一般要求保持所摘取部分的原貌，但特殊情况下也允许进行第二次"摘取"，即在选定章节后，再在选定的章节中摘选重要的句段，但要严格依照原作的语篇结构顺序，注意句段的衔接与连贯。摘译文应体现原章节的基本面貌。

我国古典名著《红楼梦》早期的译本大都是摘译本。这些译本选取的章节不等，有的相当于国内120回本的前80回，有的只有40至50回，但基本反映了《红楼梦》的故事情节。科学著作方面的摘章节译，如哥白尼的《天球运行论》（*De Revolutionibus Orbium Colestium*），先有李启斌先生的节译本（主要是前言和第一卷），由科学出版社于1973年出版，然后才有叶式辉先生的全译本和张卜天先生的重译本。从某种意义上讲，著作的章节摘译是全译的先导，它在第一时间将原作中最精华的部分奉献给读者，若广受欢迎，就会出现全译本，若全译有瑕疵，就会出现重译。受篇幅限制，这里不拟就摘章节译举例说明。

（四）摘译的技术问题

在摘译的格式和摘译方法的运用上，有几个基本的技术问题需要注意。

1. 摘译文的标注问题

翻译实践中，摘译的标注方式多种多样，如"……摘译""……（摘译）""据……摘译""摘译自……""……节译""节译自……""据……选译""……删译"等等。实际上，"摘"与"选"同义，"节"与"删"同义，前者与后者只是从不同的角度看待同一翻译行为。摘译文的标注可采用"原作标题+（摘译）"。这种标注法的优点是既直截了当，又清楚明了，读者一眼便能看出译文是摘译，以及摘自哪篇文章。实践中有的摘译文未用圆括号将"摘译"二字括起，这易生误解，读者可能认为原文就是摘录，所读的是对该摘录的全译。如果摘译文弃用原作标题而另拟标题，则不宜采用这种标注法，下文再议。

2. 关于作者名、译者名以及摘译源信息的问题

从国内报刊杂志刊载的摘译文的实际情况看，不少摘译文未署原作者姓名，将译者姓名置于文尾的圆括号内，或者干脆不提供译者姓名，绝大部分摘译文都未提供摘译源信息。规范的摘译文必须提供作者名、译者名以及摘译源信息。若译文标注采用"原作标题+（摘译）"的形式，则可在标题下注明"作者姓名+著"，在文尾的圆括号内标明"译者姓名+'摘译自'+摘译源信息"。摘译源信息包括原作者姓名、书名或文章名、出版年份、起止页码，若

是发表过的文章，还要提供刊载该篇文章的期刊名。如果摘译文另拟标题，则在标题下注明："作者姓名+著"和"译者姓名+摘译/节译/选译/删译"，在文尾的圆括号内只需标明摘译源信息以及"译文标题为译者所加"等字样。

3. 关于摘译文的标题

摘译文标题一般应采用原作标题，理由上文已作交代。如果原作标题不能准确概括摘译文的内容，也容许译者变更标题。另拟标题应遵循切题、传神、精当的原则。也就是说，新标题要点明摘译文最关键的信息，起到画龙点睛的作用。标题的变更涉及摘译文的标注问题。若摘译文另拟标题，则摘译文的标注不宜采用"原作标题+（摘译）"的方法，因为原标题已不存在，新标题只代表摘译文，并不代表源文本。在这种情况下，摘译文只用新标题，"（摘译）"略去，同时在标题下标明"作者姓名+著"和"译者姓名+摘译"。

4. 关于摘删部分的标记

在某些情况下，要对所摘或所删的部分做上适当的标记，如向报刊杂志、广播电视、出版社投的摘译稿件，因为摘译文需经审校核对。比较方便的方法是对摘取的部分标上下划线，或者对删去的部分标上单删除线。也可用文字进行说明，如"摘自（某书）5—10页""摘自（某杂志）6—8页"等。

三、摘译的原则

摘译，作为最基本的一种变译活动，怎么摘，如何译，均有原则可循，并非可以随意为之，否则就变为胡译、乱译。摘译的总体原则是：大处着眼，小处着手，去粗取精，去伪存真，各取所需，有所为，有所不为。具体说来，摘译的原则包括：

（一）内容的重要性

任何文本，其内容都有主次之分、轻重之别。例如一篇文学作品，既有低潮，也有高潮；一部科技文献，既有前人的研究成果（陈旧信息）介绍，也有自己的推陈出新或者独创。这就要求译者要有较高的人文与科学素养，以及很强的辨识能力。一名合格的摘译者，要有一双慧眼，能从原作纷繁芜杂的信息中准确地抓住其核心内容，就像抓蛇要抓住七寸。最重要、最新奇、最有价值的内容，正是读者感兴趣的东西，也是摘译活动的出发点和目的地。

（二）选择的针对性

确定最重要的内容作为摘译对象之后，还需考虑"重要性"的衡量标准。就摘译活动而言，"内容的重要性"的标准是动态的，以不同的视角为出发点，选定的内容可能不一样。可以说，摘译者（也许是某个组织）采用的标准决定了翻译内容的取舍。如果译者只是考虑原作的语篇内容结构，那么，那个客观存在的内容核心就是摘译的对象。如果译者考虑的是读者的特殊兴趣和目的，则摘译的对象不一定是原作内容结构中最重要的部分，而是与读者最利害攸关、迎合读者的兴趣或者特殊目的而非知识诉求的部分。例如有人摘译2004年美国国会报告，就选取了其中与中国密切相关的部分为翻译对象。

此外，摘译文读者对象的选择也直接影响摘译对象的确定。以新技术发明文献的摘译为例：若是针对普通读者，则着重于原文中有关该技术发明的作用与功能以及对人们日常生活的影响的部分；若是针对专门技术人员，则着重于该技术发明的过程和结果。例如读者为专业人员的国家级学术期刊《国外塑料》在其征稿简则中就将摘译对象确定为原作中的"技术关键和重要数据信息"。

（三）内容的简要性

选定摘译对象之后，译者可能会发现，原文个别词句啰唆多余，因此译者在翻译前还可进行第二次摘删的工作，以使主题更鲜明、文字更精练、中心更突出，尽可能地节省读者的阅读时间，使其能一眼看到所需信息。

摘译为了求"简"，可以删减词、句、段，但是必须注意，在保存原作重要信息的前提下，这种删减不能影响译文语篇词、句、段之间的逻辑衔接。摘译与编译不同，一般不能增加衔接词句，要始终保持原文的本来面目。如果摘删影响叙述的逻辑衔接与连贯，即使此种摘删不涉及原文的重要内容，也是不容许的。

（四）结构的整体性

摘译文当然不可能保存原作的整体面貌。既然是摘译，译文就只能反映出原作的一部分。这里所强调的结构的整体性，是指一旦摘译对象确定之后，所摘部分的语篇结构特点应尽可能地加以保存，一般不对原文的语篇形式和内容作出变动，除非原文的语言累赘繁复，需要第二次摘删。因此，相对于全译而言，摘译文结构的整体性只是局部结构的整体性而已。

（五）翻译的客观性

译者在选定翻译对象之后，应采用全译的策略，不能运用其他变译方法，例如不能改变对象的宏观结构，不能改变原文的写作风格，不能添加摘译者个人的观点。增减词语，调整词序，都应用全译范畴之内的技巧，而不作变译范畴中那种导致原文形式结构和思想内容产生质变的增词添句、顺序大变动。

摘译各原则之间是相互联系、相互影响的。例如，内容的重要性决定了对摘译对象的选择具有针对性，因为原文总有主次之分、轻重之别，甚至优劣并存，择优汰劣正是摘译极其重要的前导性、基础性工作，这就要求摘选要有针对性；反之，选择有了针对性，就可以保证所选内容是原作中最有价值的内容，同时也保证了摘译工作本身的价值。

内容的简要性，结构的完整性和翻译的忠实性之间也是紧密联系的。内容的简要性不能与结构的完整性相抵触。译者不能为了传译原作的关键内容而将目光仅仅局限于重要的词句，还应注意词句之间的衔接与连贯，否则就会破坏摘译文结构的相对完整性。同时，只有保存原作局部结构的整体性才可能有翻译的忠实性，反之亦然。

第二节　编译

我们读书、看报、听广播、看电视时，常常见到或听到"编译"二字。编译已深入到国人的日常生活中，且得到政府的重视。新中国成立之初，就组建了致力于马列著作等社科文献编译工作的中央机构——中共中央编译局。但人们对编译的认识至今仍然模糊不清。有些作品明明是全译或独著，也标上"编译"的字样。

国外译界对编译也没有统一的认识，有两派对立的观点：一派认为编译不是翻译，如拉多（Rado）认为，编译不是真正的翻译，而是一种"伪翻译"（Shuttleworth & Cowie，1997：3—5）。另一派认为编译是翻译，如诺德（Nord，1991：29—30)指出，任何一个译本都含有编译的成分。巴斯奈特（Susan Bassnett）也认为，原文不可能只有一个固定译本，因为"语际翻译必然反映译者本身对原文的创造性的阐释"（1980：80）。斯特汀（Stetting，1989）和切斯特曼（Chesterman，1997）明确提出了"编译"（transediting）的概念，将其定义为在宏观层面上进行重大的调序、改写等文本操作活动。切斯特曼将编译归类为一种语用翻译策略。巴斯丁（Bastin，2009）的编译

（adaptation）概念则指译者对目标文本的各种干预手段，包括挪用、归化、模仿、改写等。鉴于编译的重要性以及人们对其认识的混乱，探讨它的性质、特点、原则、方法以及具体的技术问题就显得十分必要。

一、编译及其特点

编译，指对原作进行加工整理然后翻译的变译方法。

据《现代汉语词典》（2016年版），编译包括编辑和翻译。编辑与翻译，像一对连体的孪生兄弟，在编译活动中形影不离，缺一就不成其为编译。就编辑和翻译的关系而言，编辑服务于翻译。就"编"和"译"的顺序来说，是先编后译，不是先翻译后编写。就编译的重心而言，应是原作最有价值的内容。就编译文和原作的关系而言，原文的内容和形式发生了变化，但主题思想和宏观篇章结构得以保存。就编译的比例而言，是译大于编，即翻译的内容大于编写的内容，后者从属于前者，为前者服务。此外，编译还必须考虑读者的特殊诉求。

编译的加工是指将原作制成新作，以达到翻译的特定要求；另一层意思是使原文更完善，更能为译文读者所接受。整理则指使编译文更加条理化，或据译者（或读者）要求更具针对性，调整局部秩序，使之有序化。从内容看，编译可能有删有增。原作中重复、次要、有知识逻辑性错误的内容被删除，连缀思想、加强逻辑性的文字被增补到译文之中。要注意的是，删不能伤原作之"筋骨"，原文的骨架应予以保存，增的内容不能与原文内容相抵触，更不能取而代之唱主角，只能是原文的补缀。从形式看，编译文对原文的词、句、段的顺序有不同程度的局部调整，但整体的架构还在，能够看到原作的大致轮廓。

从理论上讲，编译几乎适用于任何文体范式。但相对而言，编译较适用于新闻报道、学术论文、新学术领域相关文章等的译介。

二、编译的方法

同全译相比，编译多一道编辑程序。同摘译相比，编译除了摘选外，还包括合并、调序、增减等手段。这些编译技巧分开来看，可视作微观的编译方法，它们可运用于从词句到篇章的各个语篇层次的编译。而它们在不同语篇层

变译篇

169

次上的综合运用，又可看作宏观的编译方法。就一篇完整的作品的编译来看，是有一定程序可循的。

（一）编译程序

就编译而言，第一步是像全译那样，通读原作，直至透彻领悟。在全盘理解原作这一环节，首先要抓住原作主题，进而按照与主题的远近关系，对作者的观点和论据进行归纳、排序，然后根据观点和论据之间的联系，把握文本的内在逻辑走向。能够反映原作特色的内容要特别注意。文本的整体语言风格以及决定予以摘选部分的语言特色和细微之处要能了然于胸。

第二步是编辑。编辑主要是对原作的内容和结构进行增减、合并与调序。删减的主要是那些与原作主题关系疏远或不相干的内容，重复啰唆的内容，模棱两可的内容，犯有事实性、知识性、逻辑性错误的内容，以及构成文化冲突或者对目标语读者有害的内容。增加的是加强原作主旨以及逻辑纽带的词句。合并的是原作中松散的词、句、段。调序，指的是对原作中颠倒、混乱的语篇结构进行调整。所有这些具体的编辑工作的目的在于创造一个内容完整、主题明确、条理清晰的编译作品。

第三步是翻译。这里的翻译是全译意义上的翻译。编译者要严格按照全译程序一丝不苟地翻译所摘选的原作内容，不再容许任意增删、避难就易、述其大意。原作局部的语篇内容、结构与语言风格要忠实地予以保存。

（二）编译基本技巧

编译基本技巧主要是指编译中"编"的技巧，包括摘取、合并、增添、调序等技巧。

1. 摘取法

摘取是编译最常用、最主要的方法，因此有人把编译称为"摘编"。摘取的对象一般是原作中与主题关系最为密切的论点和论据，以及能反映原作特色的内容。当然，如果篇幅允许，摘取对象可进一步扩大，一些解释性的重要论据也可包括进来。在编译实践中，摘取法必须同其他编译技巧一起运用，不可单独运用，否则，就成了摘译。下面的例子主要运用了摘取与合并两种技巧：

[1] Generally speaking, a wetland is a marsh, swamp, bog, or similar

area. Water is the main factor that determines whether an area will have this designation. Interacting with other environmental factors, it causes the development of specific kinds of soil, plant life, and animal life. Though a wetland may not always be flooded, it is usually wet most of the year.

[2] Marshes are usually flat areas that are most often covered with shallow water. They may be fed by springs, streams, runoff from surrounding land, rain, or ocean tides. Marsh vegetation consists mostly of soft-stemmed plants such as water lilies, cattails, reeds, and several varieties of hardy grasses. These plants may grow out of the water. Or they may float on it. They may even exist completely submerged.

[3] Although marshes are often covered by standing water, swamps contain moving water. Swamps are usually water logged in winter and early spring. However, they are often quite dry during the summer. Unlike marshes, with their soft-stemmed growths, swamps have a plentiful supply of large trees. Swamps may develop in valleys, beside lakes or ponds, or along the edges, or flood plains, of rivers.

[4] Bogs are wetlands with very poor drainage. They form most often in low, forested areas called kettleholes. Dead plants, as they decay, create a spongy bog soil called peat. Some bogs have layers of peat forty feet deep. This soil is so acid that only acid-loving plants can live there.

编译文：一般说来，湿地指沼泽，滩涂，泥沼，或类似的地貌。决定湿地类别的主要依据是水。例如，沼泽通常指常年被浅水覆盖的平坦区域，而且积水通常是一潭死水。滩涂亦为水所覆盖，却有流水。泥沼则是泄水状况很差的湿地。（田传茂，2000：175—176页）

原作分为四段，其主旨是介绍湿地的类型和特点。与主题有关的句子都标上了下划线。从编译文可以看出，原作的宏观语篇结构，即思维逻辑的发展顺序，得到了保存。此编译文的具体操作过程为：首先确定主题，即湿地介绍；然后摘取与主题关系最为密切的内容，即湿地的类型与特点；为了准确地说明沼泽的特点，译者还运用了合并法，将第三段首句的前半部分内容与第二段首句的内容合并，这是合句法，而将原作四段并作编译文的一段，这是合段法。另外，为了行文流畅，译者在编译文中增加了"例如"一词，这是增添。

2. 合并法

合并法其实也是全译的一种技巧。词、句、段的分合在全译中是一种常态，只不过在编译中运用得更加自由灵活罢了。编译中的合并，除了可以是相邻的词、句、段的融合外，还可以是不相邻的词、句、段的组合，甚至是一段的一个子句与另一段的一个子句的结合。更准确地说，这种合并已是嫁接。下面是世界著名的英国物理学家斯蒂芬·霍金的文章《生命起源及人的未来》（*The Origin of Life and Future of Humans*）的第一段：

[1] By far the most complex systems that we have are our own bodies. [2] Life seems to have originated in the primordial oceans that covered the Earth four billion years ago. [3] How this happened we don't know. [4] It may be that random collisions between atoms built up macromolecules that could reproduce themselves and assemble themselves into more complicated structures. [5] What we do know is that by three and a half billion years ago the highly complicated molecule DNA had emerged. [6] DNA is the basis for all life on Earth. [7] It has a double helix structure, like a spiral staircase, which was discovered by Francis Crick and James Watson in the Cavendish lab at Cambridge in 1953. [8] The two strands of the double helix are linked by pairs of nucleic acids like the treads in a spiral staircase. [9] There are four kinds of nucleic acids. [10] I won't try to pronounce their names because my speech synthesizer makes a mess of them. [11] Obviously it was not designed for molecular biologists. [12] But I can refer to them by their initials, C, G, A, and T. [13] The order in which the different nucleic acids occur along the spiral staircase carries the genetic information that enables the DNA molecule to assemble an organism around it and reproduce itself. [14] As the DNA made copies of itself there would have been occasional errors in the order of the nucleic acids along the spiral. [15] In most cases the mistakes in copying would have made the DNA unable to reproduce itself. [16] Such genetic

errors, or mutations as they are called, would die out. [17] <u>But in a few cases the error or mutation would increase the chances of the DNA surviving and reproducing.</u> [18] This natural selection of mutations was first proposed by another Cambridge man, Charles Darwin, in 1857, though he didn't know the mechanism for it. [19] <u>Thus the information content in the sequence of nucleic acids would gradually evolve and increase in complexity.</u> （《英语世界》，2000年第10期，91—92页）

编译文：生命可能起源于40亿年前覆盖地球的原始海洋。我们能够确定的是，35亿年前，高度复杂的分子DNA就出现了。DNA 是地球上所有生命的基础。它具有像螺旋式楼梯一样的双螺旋结构，其两股由成对的核酸联结。核酸有4种。这些不同的核酸，携带着基因信息，像螺旋式楼梯般排序，使DNA分子能围绕它聚集成一个有机体并自我复制。DNA自我复制时，偶尔会在核酸的螺旋序列上出错。大多数情况下，复制中的错误会使DNA自我复制终止。这些基因错误，即所谓变异，会自行消失。但在少数情况下，错误或变异会增加DNA存活和复制的机会。核酸序列中的信息含量就这样逐渐进化并越来越复杂。

上例原文讲述的主题是生命的起源。因此，摘取的内容应以此为依据，无关的或关系不密切的内容要删除。注意，编译中删减的对象不一定是完整的句子和段落，可以是词、词组和子句。例如，原文第7句中的定语从句which was discovered by Francis Crick and James Watson in the Cavendish lab at Cambridge in 1953与第8句中的比喻like the treads in a spiral staircase，其内容与原作主题关系不紧密，译者将其删掉了。同时，第7句的前半部分与第8句关系紧密，译者将其合成一句，并将重复的double helix省略不译。编译时，在将某些词、句、段删减之后，要注意剩下部分的衔接与连贯，以及思想的完整性。合并法可以帮助译者达到这些要求。另外，合并的语篇成分不一定是相邻的句段，合并的依据在于其内容的密切相关性。

3. 增添法

编译增添词句的频率与数量远胜于摘译。摘译中的增添仅服务于句段的衔接与连贯，其使用频率和数量应严格控制。一句话，在摘译中，尽量不用增添，以保持作品的原貌。而编译则不同，除了着眼于衔接与连贯的增添词句外，还可以为了突出原作的主题思想而增添词句。例如：

中山大学概况

中山大学，原名广东大学，由中国民族主义革命先驱孙中山先生于1924年亲手创办。1926年，为纪念孙中山先生，改名为中山大学。

中山大学是一所以文理科为基础的综合性大学。自国家设立重点大学制度以来，中山大学一直是全国重点大学之一，是华南地区培养高层次人才的重要基地。

中山医科大学的前身——博济医学堂成立于1866年，是中国最早设立的西医学府，孙中山先生曾于1886年在此学医和从事革命活动。为纪念孙中山先生，1957年学校改名为中山医学院。1985年，改名为中山医科大学。

中山医科大学是一所多学院、多形式办学的综合性医科大学。在医学遗传学、眼科学、肿瘤学、寄生虫学、内科肾脏病学、器官移植、传染性肝病、生物医学工程及分子医学等方面科学研究成绩显著，达到国家先进水平。

2001年10月26日，中山大学与中山医科大学合并，组成新的中山大学。

合并后的中山大学是一所包括人文科学、社会科学、自然科学、医学、技术科学和管理科学的多学科综合性大学。下设20个学院——岭南学院、人文科学学院、外国语学院、管理学院、法学院、政治与公共事务管理学院、地球与环境科学学院、生命科学学院、物理科学与工程学院、信息科学与技术学院、软件学院、数学与计算科学学院、网络与教育学院、教育学院、高等继续教育学院、研究生院、中山医学院、公共卫生学院、光华口腔医学院、护理学院和8所附属医院。

合并后的中山大学学科更加齐全、力量更加雄厚。共有中国语言文学、历史学、数学、物理学、化学、生物学、光学工程、基础医学、生物医学工程、工商管理等11个博士、硕士学位授予权一级学科，博士学位授予权覆盖了104个学科专业，硕士学位授予权覆盖了165个学科专业，有临床医学专业博士学位点以及工商管理硕士（MBA）、公共管理硕士（MPA）、法律硕士（JD）、计算机技术硕士、环境工程硕士、临床医学硕士、口腔医学硕士等7个专业硕士学位点。拥有中国语言文学、历史学、数学、物理学、化学、生物学、基础医学、临床医学、管理学等9个博士后科研流动站；中国古代文学、光学、高分子化学与物理、动物学（含昆虫学）、眼科学、寄生虫学和内科学（肾病）等7个国家重点学科以及31个广东省重点学科。

合并后的中山大学共有国家级、省部级重点实验室、研究中心、工程中心等18个。拥有港澳珠江三角洲研究中心、逻辑与认知研究所、马克思主义哲学与中国现代化研究所、行政管理研究中心等4个教育部人文学科重点研究基地，拥有哲学、中国语言文学、历史学、物理学、化学、生物学等6个国家文理科基础科学研究和教学人才培养基地，拥有国家大学生文化素质教育基地1个，还拥有中国第一个大学生体育训练基地。学校的整体综合实力已稳定地居于全国一流大学的行列。

合并后，中山大学师资力量更为雄厚。全校有教职工10 700余人，其中教授600多人，副教授1 300多人。有博士生导师350多人，有中国科学院院士3人，中国工程院院士3人，教育部"长江学者"特聘教授6人，国家级有突出贡献的中青年专家15人，获国家杰出青年基金资助的16人。在校各类学生33 000多人，其中博士、硕士研究生6 200多人，外国留学生370多人。

合并后的中山大学图书馆藏书近400万册，各类期刊15 000余种，并提供国际联机检索服务。中山大学地处广东，毗邻港澳，对外学术交流活跃。合并后，对外交流领域更为广阔。

合并后，广东省和国家教育部分三年投入12亿元人民币重点建设合并后的中山大学，这将有力地促进合并后的中山大学快速发展。

合并后的中山大学共设三个校区：广州南校区（原中山大学）、广州北校区（原中山医科大学）和珠海校区，分别座落在珠江两岸和南海之滨，总面积达5.04平方公里。广州南北两个校区树木葱笼，绿草如茵，红墙碧瓦，曲径通幽；珠海校区依山面海，景色怡人，均是不可多得的读书治学的胜境。

编译文：

A Snapshot of Zhongshan University

<u>Name and History</u>

On October 26, 2001, Zhongshan University and Sun Yat-sen University of Medical Sciences merged into the present Zhongshan University. The former Zhongshan University, originally known as Guangdong University, was founded in 1924 by Dr. Sun Yat-sen (also known as Sun Zhongshan), a great democratic revolutionist in Chinese history. It was renamed Zhongshan University in 1926 in commemoration of Dr. Sun after his death. Sun Yat-sen University of Medical Sciences originated from Boji Medical College founded in 1886, where Dr. Sun once studied and worked. The former Zhongshan University was one of the key universities in China while Sun Yat-sen University of Medical Sciences was in the top four universities of its kind. <u>The amalgamation of the two strong institutions into the present Zhongshan (Sun Yat-sen) University heralds the beginning of an exciting new era for the university.</u>

<u>Campuses</u>

The University has three campuses which cover a total area of 5.04 square kilometers. Guangzhou Southern Campus (formerly Zhongshan University Campus) and Guangzhou Northern Campus (campus of the former Sun Sat-sen University of Medical Sciences) are located south and north of the Pearl River, while the new campus in Zhuhai lies to the west of the South China Sea. All three are beautiful campuses with avenues of green trees and patches of lush grass, providing pleasant environments for study and research.

The University's Vision

Zhongshan (Sun Yat-sen) University, one of the key universities in China, seeks to sustain and enhance its excellence as an institution of higher learning through outstanding teaching and research so as to produce well-rounded graduates to provide leadership and service for the societies they serve.

Schools/Colleges

Zhongshan University is a multi-disciplinary university with 18 schools and colleges, namely, School of Humanities, School of Foreign Languages, School of Management, School of Law, School of Political Science and Public Administration, School of Earth and Environment Sciences, School of Life Science, School of Physics and Engineering, School of Chemistry and Chemical Engineering, School of Information Science and Technology, School of Software Engineering, School of Mathematics and Computation Science, School of Education, School of Public Health, School of Nursing Studies, Guanghua School of Stomatology, Ling Nan (University) College and Zhongshan Medical College. It also has other education institutions such as the Graduate School, School of Network Education and School of Continuing Education.

Laboratories/Research Centers/Bases

Zhongshan University ranks firmly among the top universities in China because of its comprehensive strength. Apart from 18 state-level or provincial-level laboratories, research centers, and engineering centers, the University has 4 humanities research bases appointed by the Ministry of Education, namely, Hong Kong-Macao-Pearl River Delta Research Center, Logic and Cognition Research Institute, Marxist Philosophy and China Modernization Research Institute, and Administration Research Center. In addition to 6 national research bases for liberal arts (philosophy, Chinese language and literature, history) and for sciences (physics, chemistry, biology), and one research base for Chinese students quality education, the University also boasts the first sports training base in China for college students.

变
译
篇

Post-graduate Programs

At present the University is offering 104 doctoral programs and 165 Master's programs. These research programs cover a wide range including language and literature, history, philosophy, mathematics, physics, chemistry, biology, optics engineering, pre-clinical medicine, biomedicine, and business administration.

Academic Staff

The University has a faculty and staff body of over 10,700 people. Among them more than 600 are full professors, over 1300 associate professors, 350 doctoral supervisors. There are 3 CAS academicians, 3 CAE academicians, 6 awarded by the Ministry of Education as "Yangtze River Scholars" (exceptional talents), 15 young and middle-aged awarded state-level Outstanding Experts and 16 granted as National Outstanding Youths.

Students

On campus the University has 33,000 undergraduates, 6,200 post-graduates and 370 overseas students.

Library

The University library uses an integrated online library system and has a collection of about 4,000,000 bound volumes and more than 15,000 journal subscriptions.

International Exchanges

The University, located in Guangdong Province and adjacent to Hong Kong and Macao, is actively involved in academic exchanges with the outside world. The merging of the two universities this year provides the present Zhongshan University with even wider academic exchange opportunities.

Financial Aid

Apart from previous financial supports, the Guangdong Provincial Government and the Ministry of Education are to provide the present Zhongshan University with a financial aid of RMB1.2 billion yuan in the coming three years. （张美芳 编译）

对照原文不难发现，编译者增加了十一个小标题，目的是为了使原文中的十一个信息要点一目了然。除此之外，编译文中还有两处明显增译。一处是在第一段结尾增加了一句：The amalgamation of the two strong institutions into the present Zhongshan (Sun Yat-sen) University heralds the beginning of an exciting new era for the university.（两所强校的联合，标志着新中山大学进入了振奋人心的新纪元。）正如编译者自己所说，此增译是为了呼应文章的起始句，说明合并的意义（张美芳，2004：97—98）。第二处是增加了The University's Vision（大学目标）整段：Zhongshan (Sun Yat-sen) University, one of the key universities in China, seeks to sustain and enhance its excellence as an institution of higher learning through outstanding teaching and research so as to produce well-rounded graduates to provide leadership and service for the societies they serve.（作为全国重点大学之一，中山大学的目标是：突出教研，追求卓越，造就英才，服务社群。）增译此段的理由是，原文基本上是统计数字的罗列与文字资料的拼凑，整篇文章的视角不够高。因此，译者根据整个语篇的思想与基调，增加此部分以提高整篇文章的视角，强化译文的宣传功能。

4.调序法

编译的目的之一是使编译文结构合理、条理清晰。而实现结构合理、条理清晰的主要手段就是调序法。调序的对象一般是句段，也可以是词、词组和子句，不过后一种调序已是全译意义上的调序法。调序的原因主要是原作在时空逻辑与思维逻辑上的模糊、混乱，有时是因为原作的思维走向与译语文化表达同样思想时的思维逻辑不一致或相矛盾。因此，调序法可相应地细分为：调整时间顺序，调整空间顺序，调整事物内部联系的阐述顺序，以及调整论证说理的结构。下面以思维逻辑顺序的调整为例，讨论编译中句段顺序的调整。

（1）调整句序

英语文化的思维方式与汉语文化的思维方式存在诸多差异。陈定安（1998：275）指出，中国人重个人感受和心领神会，重心理时空和时间顺序，反映在语言上，则重意合，无主句及主语省略句多，主动语态用得多，连词用得少，文章求全面，不怕重复，词句求平衡与对称；英语国家的人重形式论证，崇尚个体思维，重分析，反映在语言上，则重形合，非人称主语用得多，被动句用得多，主语一般不能省略，连词、介词用得多，等等。

从叙事方式看，英语一般按照时间顺序从现在向过去推进；汉语正好相反，由过去向现在推进。从逻辑推理方式看，英语一般是先结论/结果，后分析/论据/原因；汉语则一般要先摆出分析/论据/原因，再得出结论/结果。因此，在编译作品时，不仅要注意原作本身内在逻辑上的纰漏，还应注意原作时空和思维逻辑上与译语的差异。逻辑重组也是调序的内涵之一。例如：

> She found herself minus the leg one week after consulting a doctor about a persistent swelling she attributed to hard work and play in New York City—it was an inoperable bone tumor. While it saved her life, an ensuing year of chemotherapy reduced the once stunning model to a bald shadow of her former self.
>
> 某译：在询问医生为什么持续肿胀一个星期之后，她失去了一条腿，她曾认为这是由于工作劳累和在纽约市游玩造成的。这是一个不宜手术的骨瘤。虽然手术挽救了她的生命，但接踵而来的长达一年的化疗使这位一度艳丽销魂的时装模特儿秀发脱落，枯瘦如柴，失尽昔日风采。

译文理解准确，表达流畅，但有一个问题，就是照搬原作的内在逻辑结构，使汉语读者对所述事件的因果关系难以把握，滋生许多疑问。李运兴（2001：207）说："这位译者没有注意到汉语更重自然时序的临摹性强的特点，致使译文多处发生连贯失调。比如，'失去了一条腿'的原因是什么？既然'不宜手术'，怎么'手术挽救了她的生命'？"因此，译者必须对原文句序进行调整，以符合汉语自然时序的思维逻辑。

> 改译：她腿上出现了一个持续不消的肿块，原以为是在纽约又工作又游玩累的，看医生之后才知道是骨瘤，而且不能手术。一周之后她便截去了那条腿。截肢虽然挽救了她的生命，但接踵而来的长达一年的化疗使这位一度艳丽销魂的时装模特儿秀发脱落，枯瘦如柴，失尽昔日风采。（李运兴 译）

逻辑重组的改译文主要对原作第一句的内容的顺序进行了大幅调整，将句子前半部分内容放到句尾，后半部分内容提前，这样的表达更符合汉语的习惯。

（2）调整段序

句序调整包括子句、单句、句群顺序的调整，由于篇幅关系，上文仅讨论了子句顺序的调整。单句、句群顺序的调整与子句的一样。编译中由于各种原因，如作品本身结构上的问题，语言文化与思维差异的问题，段落之间的顺序有时也需要调整（具体操作请参阅篇内和篇际编译实例）。

（三）语篇编译

从语篇层级看，编译的对象可以是句子、句群、段落、篇章、著作，也可以是几篇文章几本书。但句子、句群、段落、章节属于一文或一书的一部分，都不是独立完整的语篇单位，因此不作为语篇编译单位看待。实践中语篇编译的对象一般为一文一书，或几文几书。相应地，语篇编译的类型分为篇内编译、篇际编译、书内编译和书际编译。语篇编译遵循编译的原则，综合运用各种编译技巧，创造出主题明确、材料典型集中、结构合理、条理清晰、篇幅适当的译文。

1. 篇内编译

按照编译的基本程序，首先通读整篇文章，抓住文章主题和最重要的、最有特色的内容和信息。然后确定是否需要调整所摘取的内容，是否需要增加衔接性或突出原作主题的词句。最后翻译整合成编译文。请看下例：

Algebra Points the Way to a Happy Marriage

[1] A mathematician says he can predict with almost total accuracy which newly wed couples will enjoy a happy marriage—using two lines of algebra.

[2] Professor James Murray says the two formulae he devised have a 94 percent success rate when it comes to forecasting whether a couple will stay together, the *Daily Telegraph* said Friday.

[3] The formulae were calculated during a 10-year study of 700 couples in the United States conducted by Murray, a mathematics professor at the University of Washington, Seattle.

[4] The experiment, conducted with the help of a psychologist, involved observing the couples during a 15-minute conversation when they were newly

married, Murray said. He presented his findings to a conference in Dundee, Scotland, for the first time Thursday, the *Telegraph* said.

[5] A couple's ability to communicate on subjects such as sex, child-rearing or money was measured using a scale that gave positive points for good signals, such as smiles and affectionate gestures, and negative points for bad signals, such as rolling of the eyes, mocking and coldness.

[6] "We used an accepted psychological scoring system to award them points, such as minus three for scorn and plus two for humor," Murray, the author of "Mathematics for Marriage," told the newspaper.

[7] The points were then converted into algebraic terms enabling the study's authors to make divorce projections. The results were fed into two equations—one for the husband and one for the wife.

[8] The couples were checked every two years and the model predicted which marriages failed with almost complete accuracy. （《科技英语学习》，2003年第9期，3—4页）

编译文：

婚姻是否幸福 代数指路

[1] 英国《每日电讯报》星期五报道，位于美国西雅图的华盛顿大学的数学教授詹姆斯·穆雷设计出两个数学公式，可以用来预测夫妻的离合。

[2] 在一位心理学家的帮助下，穆雷对新婚夫妇十五分钟内的交谈情况进行了观察，并用一种仪器，对夫妻双方在诸如性生活、抚养孩子或金钱话题上的交际能力进行了测量，对夫妻交谈中诸如微笑和亲昵动作之类的积极信号打正分，而对翻眼珠子、嘲笑和冷冰冰的态度之类的消极信号打负分。

[3] "我们使用一种为公众认可的心理评分系统，给夫妇打分，比如谁嘲笑对方就判谁负三分，谁能说出幽默的话就判谁正三分。"作为《婚姻数学》的作者，穆雷对《每日电讯报》如是说。

[4] 将得到的分数再转换成代数语言，输入分别为丈夫和妻子设计的两个方程式。研究者据此做出离婚预测。

[5] 上述两个公式是穆雷历经十年，对七百对美国夫妇进行研究之后得出的，其预测的准确性高达百分之九十四。

原作显然是一篇新闻报道，但文头信息（包括新闻社名、作者姓名、时间、地点）被略去。第一段为新闻导语，简要介绍新闻的主要内容，与下面正文内容间接重复，编译时可略去不译。第二段作为首段翻译，但中间部分（have a 94 percent success rate）要抽出来，与第三段前半部分合并，作为结论，置于译文的尾部。第四段的后半部分与第二段剩下的部分合并作为译文第一段，以详细说明文中主人公的身份。

此外，译文首段中出现的时间"星期五"要根据原文文头信息调整，转换为年月日，使译文读者有更明确的时间概念。《每日电讯报》所在国亦须用增词法指明。将原文第四段与第五段合并。第六段直接引语应予以保留，因为直接引语、统计数字、文头等是新闻报道的特色。第七段逻辑不顺，需要调整，即将第二句插入到第一句的中间。逻辑顺序调整在新闻编译中比较常见，因为新闻写作者为了赶时间，在写作中出现逻辑混乱是常有的事情。末段与主题联系不紧密，故删去。

另外要指出的是，编译文的标题既可直接采用原作标题，如上面的编译文，也可另拟标题，原则是标题要能突出编译文的中心内容。

2. 篇际编译

篇际编译一般是选取关于同一主题的多篇文章进行编辑和翻译，篇数一般不超过五篇。进行篇际编译的原因和目的多种多样，有时是因为某一篇文章不能反映或涵盖该主题或领域的全貌，有时是因为一篇文章的内容失之偏颇，不完全符合事实。如新闻编译，编译者有时需要综合一国或多国多家媒体的多篇报道文章，才能确定事实或公众的真实态度，这时篇际编译就变得非常必要。篇际编译，即将多篇化而为一，需要花费译者更多的精力，进行信息的筛选、整合，调整信息的结构，考虑衔接与连贯。下面是两篇关于"9·11恐怖袭击事件"的报道文章，分别摘自《华盛顿邮报》和《纽约时报》。

原文一：

Terrorists Hijack 4 Airliners, Destroy World Trade Center, Hit Pentagon; Hundreds Dead
Bush Promises Retribution; Military Put on Highest Alert

By Michael Grunwald

（Wednesday, September 12, 2001）

… （1-3段略）

[4] U.S. military forces at home and abroad were placed on their highest state of alert, and a loose network of Navy warships was deployed along both coasts for air defense.

[5] The terrorists hijacked four California-bound planes from three airports on the Eastern Seaboard; the airliners were loaded with the maximum amount of fuel, suggesting a well-financed, well-coordinated plot. First, two planes slammed into the World Trade Center. Then an American Airlines plane out of Dulles International Airport ripped through the newly renovated walls of the Pentagon, perhaps the world's most secure office building. A fourth jet crashed 80 miles southeast of Pittsburgh, shortly after it was hijacked and turned in the direction of Washington.

[6] None of the 266 people aboard the four planes survived. There were even more horrific but still untallied casualties in the World Trade Center and the Pentagon, which together provided office space for more than 70,000 people. At just one of the firms with offices in the World Trade Center, the Marsh & McLennan insurance brokerage, 1,200 of its 1,700 employees were unaccounted for last night.

[7] The spectacular collapse of the Trade Centers historic twin towers and another less recognizable skyscraper during the rescue operations caused even more bloodshed. At least 300 New York firefighters and 85 police officers are presumed dead. The preliminary list of victims included the conservative commentator Barbara K. Olson, "Frasier" executive producer

David Angell and two hockey scouts from the Los Angeles Kings.

[8] <u>No one claimed responsibility for the attacks, but federal officials said they suspect the involvement of Islamic extremists with links to fugitive terrorist Osama bin Laden</u>, who has been implicated in the 1998 bombings of two U.S. embassies in Africa and several other attacks. Law enforcement sources said there is already evidence implicating bin Laden's militant network in the attack, and politicians from both parties predicted a major and immediate escalation in America's worldwide war against terrorism.

[9] <u>In a grim address to the nation last night, President Bush denounced the attacks as a failed attempt to frighten the United States, and promised to hunt down those responsible. "We will make no distinction," he said, "between the terrorists who committed these acts and those who harbor them."</u>

[10] <u>Bush</u> vowed that <u>America would continue to function "without interruption", and federal offices and Congress are scheduled to be open today. But the New York Stock Exchange and Nasdaq Stock Market will remain closed, along with most businesses in lower Manhattan.</u> And yesterday was a day of extraordinary interruptions — for the president, for federal Washington and for the country.

[11] <u>Bush was in a classroom in Florida yesterday morning when the attacks began and spent the day on the move for security reasons, flying to military bases in Louisiana and then Nebraska before returning to Washington in the evening.</u> At one point at Barksdale Air Force Base in Louisiana, the president rode in a camouflaged, armored Humvee, guarded by machine gun-toting soldiers in fatigues.

[12] <u>Vice President Cheney and first lady Laura Bush were whisked away to undisclosed locations in the morning, and congressional leaders were temporarily moved to a secure facility 75 miles west of Washington. The White House, the Capitol, the Supreme Court, the State Department and the Treasury Department were evacuated, along with federal buildings nationwide and the United Nations in New York.</u>

[13] Private buildings also were shut down, from the Space Needle in Seattle to the Sears Tower in Chicago to Walt Disney World in Orlando. America's borders with Canada and Mexico were sealed. New York's mayoral primary was abruptly postponed. So was Major League Baseball's schedule for the night.

[14] Wireless networks buckled under the barrage of cell phone calls. The besieged Internet search engine Google told Web surfers to try radio or TV instead. Amtrak train and Greyhound bus operations were also halted in the Northeast.

[15] Last night, fires were still burning amid the rubble of the World Trade Center, and pools of highly flammable jet fuel continued to hinder rescue teams searching through waist-deep rubble.

[16] The Federal Emergency Management Agency dispatched eight search-and-rescue teams to New York and four teams to the Pentagon. The Department of Health and Human Services sent medical teams and mortuary teams, and activated a national medical emergency cadre of 7,000 volunteers for the first time.

[17] The Empire State Building went dark as a symbol of national mourning. In Washington, Republicans and Democrats presented a united front in condemning the attacks; members of Congress delivered a spontaneous rendition of "God Bless America" after a news conference on the Capitol steps.

[18] "We are outraged at this cowardly attack on the people of the United States," the leaders of Congress said in a bipartisan statement. "Our heartfelt prayers are with the victims and their families, and we stand strongly united behind the President as our commander-in-chief."

[19] The impact of the attacks reverberated not just in the United States but in every major capital. European and Asian airlines canceled all flights to the United States and recalled or diverted those already in the air. Flights over London, Paris and other capitals were re-routed over less populous

areas. London's financial district was largely evacuated; security was bolstered around U.S. schools and embassies in many countries.

[20] Panic buying caused oil and gold prices to soar while stock investors in all major foreign markets dumped shares in the most frenzied wave of selling since the 1987 crash. In the Middle East and the Yugoslav republic of Serbia, some people welcomed the attacks, but an array of international leaders pledged support for the victims.

[21] Israeli Prime Minister Ariel Sharon condemned the attack in blistering terms, and described it as a "turning point" in the global war against terrorism. Palestinian leader Yasser Arafat condemned the attack as well, although some Palestinians in Israeli-occupied territories and Lebanon celebrated with glee.

[22] But amid all the sadness and all the outrage, there were questions about lax security and inadequate intelligence, as Americans tried to fathom how such a catastrophe could happen with no apparent warning. On at least two of the airliners, according to federal officials, the hijackers were armed with nothing but knives. How did they get away with it?

[23] In fact, counterterrorism experts have talked in recent years about cyber-attacks and biological attacks. Security officials issued warnings just last month about bin Laden's threats to American installations abroad.

[24] But yesterday's attacks caught a vast security apparatus off guard. The military command center in Colorado's Cheyenne Mountain, responsible for U.S. air defenses, received word just 10 minutes before the first aircraft struck the World Trade Center that an American plane had been hijacked. The notification came too late for fighter jets to take action, a senior Air Force officer said.

[25] The disaster began to unfold at 8:48 a.m., when American Airlines Flight 11, carrying 92 people from Boston to Los Angeles, crashed into

the North Tower of the World Trade Center, the landmark glass-and-steel complex at the southern tip of Manhattan that provided office space for 50,000 workers. Islamic militants had detonated a bomb there in 1993, killing six people. Yesterday's terrorism turned out to be far worse.

[26] Eighteen minutes later, United Airlines Flight 175, carrying 65 people on the same Boston-to-Los Angeles route, tore through the South Tower with an even larger explosion. The collisions shrouded New York's helter-skelter financial district in pallid ash, and created mass pandemonium inside and outside the towers. Workers were screaming, running for stairways, gasping for air. Several of them began leaping to their death from the upper floors.

[27] But the scene soon shifted from America's financial Mecca to its military fortress. At about 9:40 a.m., American Airlines Flight 77, carrying 64 people from Dulles to Los Angeles, barreled into the west wing of the Pentagon in yet another fiery collision, destroying at least four of the five rings that encircle the world's largest office building. A Pentagon spokesman called the casualties "extensive", although they were clearly not as extensive as New York's.

[28] The Federal Aviation Administration promptly banned takeoffs nationwide, ordered domestic flights to land at the nearest airport and diverted international flights to Canada. But officials soon confirmed that a fourth plane, United Airlines Flight 93, carrying 45 people from Newark to San Francisco, had crashed in Shanksville, Pa. It had been hijacked as well – one passenger called 911 from a cell phone – and had been heading toward Washington when it went down.

[29] Then it was back to the World Trade Center. Shortly before 10 a.m., the South Tower collapsed with an earthshaking roar. Smoke replaced steel as if the building had suddenly imploded. A half-hour later, the North Tower collapsed. Mayor Rudolph Giuliani publicly urged New Yorkers to stay calm and stay put – unless they were below Canal Street in lower Manhattan.

… （30-41段略）

原文二：

Hijacked Jets Destroy Twin Towers and Hit Pentagon

By Serge Schmemann

(Wednesday, September 12, 2001)

… （1-2段略）

[3] Then an American Airlines Boeing 757 left Washington's Dulles International Airport bound for Los Angeles, but instead hit the western part of the Pentagon, the military headquarters where 24,000 people work, at 9:40 a.m. Finally, United Airlines Flight 93, a Boeing 757 flying from Newark to San Francisco, crashed near Pittsburgh, raising the possibility that its hijackers had failed in whatever their mission was.

[4] In all, 266 people perished in the four planes and several score more were known dead elsewhere. Numerous firefighters, police officers and other rescue workers who responded to the initial disaster in Lower Manhattan were killed or injured when the buildings collapsed. Hundreds were treated for cuts, broken bones, burns and smoke inhalation.

[5] By 8 p.m., police officer volunteers using dogs had found four bodies in the smoldering, stories-high pile of rubble where the towers had once stood and had taken them to a makeshift morgue in the lobby of an office building at Vesey and West Streets.

[6] But the real carnage was concealed for now by the twisted, smoking, ash-choked carcasses of the twin towers, in which tens of thousands of people used to work on a weekday. The collapse of the towers caused another World Trade Center building to fall 10 hours later, and several other buildings in the area were damaged or aflame.

[7] "I have a sense it's a horrendous number of lives lost," said Mayor Rudolph W. Giuliani. "Right now we have to focus on saving as many lives as possible."

[8] The Mayor warned that "the numbers are going to be very, very high."

[9] He added that the medical examiner's office will be ready "to deal with thousands and thousands of bodies if they have to."

[10] Within an hour, the United States was on a war footing. The military was put on the highest state of alert, National Guard units were called out in Washington and New York and two aircraft carriers were dispatched to New York harbor. President Bush remained aloft in Air Force One, following a secretive route and making only brief stopovers at Air Force bases in Louisiana and Nebraska. His wife and daughters were evacuated to a secure, unidentified location. The White House, the Pentagon and the Capitol were evacuated, except for the Situation Room in the White House where Vice President Cheney remained in charge, giving the eerie impression of a national capital virtually stripped of its key institutions.

... （11-17段略）

[18] The repercussions of the attack swiftly spread across the nation. Air traffic across the United States was halted at least until today and international flights were diverted to Canada. Borders with Canada and Mexico were closed. Most federal buildings across the country were shut down. Major skyscrapers and a variety of other sites, ranging from Disney theme parks to the Golden Gate Bridge and United Nations headquarters in New York, were evacuated. But it was in New York that the calamity achieved levels of horror and destruction known only in war.

[19] The largest city in the United States, the financial capital of the world, was virtually closed down. Transportation into Manhattan was halted, as was much of public transport within the city. Parts of Lower Manhattan were without power. Major stock exchanges closed. Primary elections for mayor and other city offices were cancelled. Thousands of workers, released from their offices in Lower Manhattan but with no way to get home except by foot, set off in vast streams, down the avenues and across the bridges under a beautiful, clear sky, accompanied by the unceasing serenade of sirens.

[20] While doctors and nurses at hospitals across the city tended to

hundreds of damaged people, a disquieting sense grew throughout the day at other triage centers and emergency rooms that there would, actually, be less work: the morgues were going to be busiest.

编译文：

美国遭受恐怖袭击 世贸中心被毁 五角大楼遭袭

[1] 据美国主流媒体综合报道，9月11日上午，恐怖分子劫持了由美国东海岸的三个机场飞往加利福尼亚州的四架客机，机上满载燃料。首先是两架飞机撞入世贸中心大厦。接着一架美国航空公司的飞机撞穿了美国国防部五角大楼重新翻修的墙壁。第四架飞机被劫持之后，飞往美国首都华盛顿，但不久就在宾夕法尼亚州西南部城市匹兹堡东南部八十英里处坠毁。

[2] 这一美国历史上史无前例的大灾难从美国东部时间9月11日上午8点48分开始。美国航空公司的一架由波士顿飞往洛杉矶的波音767客机撞上了世贸中心双子塔中的北塔。十八分钟之后，美国联合航空公司的一架由波士顿飞往洛杉矶的航班号为175的客机撞上了南塔。大约9点40分时，美国航空公司的另一架波音757客机撞上了五角大楼的西翼，撞毁了围绕五角大楼的五道护栏中的四道。最后，第四架被劫持的美国联合航空公司的波音757客机，阴谋未遂，在宾州的山兑斯维尔坠毁。四架客机上共有乘客和机组人员二百六十六名，他们无一幸免。

[3] 恐怖袭击发生后，美国联邦紧急事务管理局立即向纽约和华盛顿分别派遣了八个和四个搜救小组，并首次派出了应付紧急情况的全国七千名医疗志愿者。美国卫生部也向灾难现场派遣了医疗队和收尸队。近10点钟时，双子塔中的南塔倒塌了。半个小时之后，北塔也倒塌了。受双子塔倒塌的影响，世贸中心的另一幢摩天大楼于十个小时之后也倒塌了。此外，该地区还有几幢建筑受损或者燃起大火。据估计，世贸中心双子塔和另外一座摩天大楼的垮塌致使正在营救现场进行营救的至少三百名消防队员、八十五名警察以及其他救援人员失去了生命。世贸中心和五角大楼的伤亡人数将非常惊人，但目前

还未统计出来。纽约市市长朱利安尼警告说："伤亡人数会很高，很高。"直至11日夜晚，大火还在燃烧。齐腰高的碎石和成堆的高度易燃的飞机燃料使营救小组难于进行搜救。

[4] 灾难发生时，美国总统布什正在佛罗里达州的一所学校视察。在得知恐怖袭击的消息后，出于安全原因，布什乘坐他的空军一号从一个军事基地飞往另一个军事基地，处于不断运动之中。副总统切尼、第一夫人劳拉、国会领导人，联合国总部以及白宫、国会、最高法院、国务院、财政部还有其他联邦政府机构的工作人员都被疏散到了安全的场所。私营建筑场所，如位于奥兰多的迪士尼乐园等则被关闭。美加和美墨边界被封锁。美国当局还加强了各类学校、各国大使馆以及公共设施的安全保卫措施。

[5] 政府的全局工作暂时由仍然坐镇白宫现场指挥室的副总统切尼负责。事件发生1小时之后，美国已进入战争状态，布置在本土和国外的美军已处于最高警备状态。美国海军舰艇已在太平洋和大西洋沿岸布防，进行空中防御。

[6] 全美的空中交通至少要暂停到9月12日，国际航班改道飞往加拿大。欧洲和亚洲的航空公司取消了飞往美国的航班，正在飞行途中的客机，或者被召回，或者改飞他国。飞经伦敦、巴黎和其他国家首都上空的客机，调整了航向，飞经人口稀少的地区。

[7] 恐怖袭击事件使纽约几乎瘫痪。通向曼哈顿的交通，以及该市相当一部分的公共交通陷入停顿状态。曼哈顿的部分地区停电。该市的市长初选、市政办公以及社会公共活动都取消了。人们疯狂的抢购导致石油和黄金价格飙升，国外主要股市的股票投资者疯狂地抛售股票。

[8] 美国总统布什在恐怖袭击事件发生的当晚向全美人民发表了严肃讲话。他对连续发生的四起恐怖袭击表示谴责，并承诺一定会抓住那些恐怖分子。他说："对于那些已实施了犯罪的恐怖分子和那些窝藏庇护恐怖分子的人，我们将一视同仁。"同时他还向人们保证，美国政府将"毫不间断地"运转，各联邦办事机构和美国国会将按时于9月12日开始办公。不过，纽约证券交易所、纳斯达克股票市场以

及下曼哈顿地区的大多数商业机构将继续关闭。美国国会领导人在两党联合声明中说："我们对这一针对美国人民的胆怯的恐怖袭击表示极大的愤慨。我们衷心地祈求上帝保佑那些受害者及其家属。我们团结一致地支持布什总统。"

[9] 世界有些地方如中东和南斯拉夫的塞尔维亚共和国对袭击事件幸灾乐祸。但大多数外国政府领导人坚定地支持受害者。以色列总理沙龙对恐怖袭击发表了措辞严厉的谴责。巴勒斯坦领导人阿拉法特也谴责了此次恐怖袭击。

[10] 无人宣布对此次恐怖袭击负责，但美国联邦政府官员说，他们怀疑与在逃的恐怖分子首领奥萨马·本·拉登关系密切的伊斯兰极端主义分子卷入了此次恐怖袭击阴谋。

[11] 此次恐怖袭击事件使人们对美国机场松懈的安全防范措施以及情报收集的不充分性提出了质疑。

国外新闻，特别是有关突发事件的新闻采写与报道，除了现场收集信息外，从各大媒体获取新闻线索也是一种重要的手段。面对铺天盖地的报道，新闻采写者不可能在参阅所有的报道文章之后再编写新闻，他必须有一双慧眼，从纷繁的报道中选取几篇权威报道文章，然后综合编译，并在第一时间将新闻报道给国内读者。例如，2001年发生在美国的"9·11恐怖袭击事件"，可以从美国两大权威媒体《纽约时报》和《华盛顿邮报》选取头版头条文章，进行编译报道。新闻篇际编译的优势是可以对各种事实、数据两相求证，在内容上相互弥补。

与科技情报编译不同，新闻编译需要注意它特殊的体裁，如它的结构形式、组成要素以及语言风格。新闻一般由标题、导语、正文（即主体与背景）和结尾组成；其结构形式一般有金字塔结构、倒金字塔结构、倒正混合结构等三种，其中倒金字塔结构最常用；其组成要素包括人物、时间、地点、事件、原因、经过和结果（即人们常说的五个W和一个H）。新闻语言简明、流畅、通俗、活泼，多直接引语。新闻的编译，包括篇际编译，必须考虑这些特点。此外，编译的新闻还应交代新闻发布的单位、时间以及作者（编译者），如上面的编译文可在导语之前加上"新华社9月12日电"之类的文字。

上面的编译文，采用倒金字塔结构，即在导语中开门见山地介绍最重要的信息，然后按照时间顺序交代事件发生的经过与结果，最后按照事理逻辑顺序交代事件引发的各种反应与事件发生的可能原因。整篇编译文围绕时间和事理两条逻辑线索重组原文的事实与观点，运用了摘取、调序、合并、增添、切分、插入甚至概括等手段。下面逐一介绍。

第一，摘取。严格依照编译程序，通读两篇原文，达至透彻理解，然后根据编译原则，确定取舍。比较以上两篇原文，我们可以看到，原文一的报道要比原文二详细全面。因此，可以将原文二作为印证、补充原文一的事实和内容的工具。原文中画线部分即是构成编译文的原始材料，所选取的对象主要是事实，对事件的评论与观点则是有选择性的摘取。摘取对象由其提供的信息的重要性决定，有时是一个完整段落，有时是一个完整句子，有时则是句子的一部分。摘中有删，如摘取一个句子后再删去其中不重要的信息。

第二，调序。新闻写作赶抢时间的固有特点决定了新闻语篇的逻辑性不是很强，因此新闻编译需要调序。上面的编译文整体上按照倒金字塔结构组织译文的宏观篇章结构，即先导语，然后是主体，最后是结果。微观布局上，事实的陈述依循时间顺序组织，作者的观点则按事理逻辑顺序组织。据此，原文一的第5段成为编译文的首段即导语，交代新闻的最重要内容，然后是事件经过的详细叙述，最后是结果、影响、原因及各方反应。编译文的末段则是原文一的第22段的首句。比较原文和编译文可以发现，编译文对原文几乎所有的段落都进行了调整。

第三，合并。合并是篇际编译的重要手段。合并的对象是内容相互联系、且互为补充的句子和段落。若是内容重复，就要删去其一；若是内容不一致或者相矛盾，就要借助于其他信息源确定谁是谁非。此例中，编译文就将两篇原文总共60多段的内容合并为11段。例如，译文第2段按顺序由原文一的第25、26、27段，原文二的第3段，以及原文一的第6段中相关的句子或句子的一部分组成，内容围绕四架客机的恐怖袭击经过与结果这个主题。编译文的第2至10段都采用了合并法，这里不一一赘述。此外，编译文的标题取两篇原文的标题的相同部分合二为一。

第四，增添。为了句段的衔接与连贯，以及行文的自然，编译文增加了必要的衔接词语，如第1段开头的"据美国主流媒体综合报道，9月11日上午"，第2段开头的"这一美国历史上史无前例的大灾难从美国东部时间",第3、5、11段开头的"恐怖袭击发生后","政府的全局工作","此次恐怖袭击事件"等,以及各段中的一些连接词语。句段的调序、分切、插入、合并等使增添成为实现编译目的的一种必要手段。

第五,切分。切分是由于原文的逻辑问题或两种语言的思维逻辑差异而进行逻辑重组的必要手段。从上面的编译文来看,从原文一第6段选取的相邻的两个句子,按事件发生的时间顺序,被切分成两部分,进行重新分配。前一个句子讲的是四架客机进行恐怖袭击的直接结果,被安排在编译文第2段末尾。后一句讲的是事件的间接性结果,即双子塔及一座摩天大楼倒塌引起的新的伤亡情况,被安排到第3段的中间。原文一第20段前半部分与后半部分联系不紧密,后半部分似乎与下一段即第21段联系更紧密,讲的都是外国对恐怖袭击事件的反应。因此,编译者将第20段一分为二,分别与其他段落重组。

第六,插入。篇际编译,常常在多篇原文中选取一篇作为基础,而将其他文章中互补或更为具体的内容插入到这篇文章中。上面的编译文,以原文一为基础,将原文二中有用的信息插入到原文一中。如将原文二第10段末句中间部分的重要信息except for the Situation Room in the White House where Vice President Cheney remained in charge插入到原文一第12段中再译出,形成编译文的第4、5段;将原文二第8段The Mayor warned that "the numbers are going to be very, very high."插入到原文一第7段中再译出,形成编译文的第3段。

第七,概括。概括是缩译的主要技术手段之一,在编译中应限制性地加以使用,因为概括要求译者用自己的语言归纳有关信息,其性质是"述"。过多的概括会使编译变质为"译述"或"缩译"。对于原文中某些不很重要、但译者又不欲舍弃的信息,可适当地运用概括的方法归纳之,以节省篇幅。新闻编译必须考虑篇幅因素。原文一第22段是有关人们对恐怖袭击发生原因的反省,编译者用一句话"此次恐怖袭击事件使人们对美国机场松懈的安全防范措施以及情报收集的不充分性提出了质疑"加以概括。

编译还应考虑政治因素。原文一的作者在提及外国对"9·11恐怖袭击事件"的反应时,说有些国家幸灾乐祸,这其中就包括中国(见第20段)。对于作者的这种政治偏见,我们要理性地看待,编译时可删去不译。

3. 书内编译

书内编译包括章节编译。章节编译是指从书中选取几章进行编辑和翻译，它与节译不同。节译没有编辑程序，只是将原书某些章节摘出翻译即可。书内编译同篇内编译一样，应遵循编译的基本程序。

过小容、魏煜剑（2004）编译Autodesk公司制作的*Autodesk Inventor 5 Essentials Courseware*培训教程时，将译成教程更名为《Autodesk Inventor 8培训教程》。正如编译者在译者序中所说，原书中错误的地方被删除，遗漏的地方得到增补，因此编译教程实际上是原教程的升级版本，新书名名副其实。该书的一个特色是在每一章节增加了有利于读者学习的学习目标、内容简介、练习、本章小结、技能应用与检测。如第一章"熟悉Autodesk Inventor"的学习目标为：1）全面概述建模过程；2）讲述用户界面和一些共用的工具及命令；3）全面概括Autodesk Inventor设计支持系统。从此书的编译，我们可以总结出编译的一个根本特征：对原作内容的优化。

4. 书际编译

书际编译，与篇际编译相似，是选取内容相关的两部或多部著作（一般不超过五部），将其编辑翻译为一部著作。

（四）编译的技术问题

编译活动中有一些技术问题需要注意，如标注"编译"是否得当、原语如何保留、何时运用注释、"述"和"概括"的适度性以及如何进行译后编辑等。

1. 标注问题

在写作与翻译实践中，由于人们对翻译变体的各种形式的认识模糊不清，在标注上常常出现张冠李戴，或者格式不正确的情况。例如，有些书籍/教材明明是编译自国外著作，却标注为"某某某编"，"某某某编著"或"某某某改编"，有的文章明明是摘译、缩译、综述、述评，甚至是全译等，却冠以"编译"之名。如靳光瑾（2003）博士翻译的新著《计算语言学视窗》，由一字不漏地译出的十篇论文组成，应是全译（译文集），但却标注为"靳光瑾编译"，也许是译者考虑到该书的产生"经过筛选、编排"（见译者前言）。然而"筛选""编排"不是编译的本质标准，全译也有"筛选"的步骤，即我们常说的文本的选择。这里，该译者把编译的"编"理解为简单的排序组合，这是不准确的。

必须强调，变译诸形式，包括编译，其本质是对目标对象即原文的形式或内容或形式与内容的改变。如果翻译对象不发生任何变化，则只能视作全译。编译规范的标注应是在标题正下方注明："某某某著"及"某某某编译"。编译者无须像见不得公婆的丑媳妇那样妄自菲薄，将名字附于文末。

2. 原语保留的问题

无论是全译，还是变译，都涉及原语保留的问题。译文中保留的原语分两种情况：一是原作使用的例证，二是原作中的专有名词和技术概念。前者的处理方式有两种：一是将原文作为正文置于译文中，相应翻译紧随其后，置于圆括号内；二是译文在前，原文紧随其后，置于圆括号内。专名和技术概念的原文一律放在其译文后的圆括号里，如陶东风编译的《消费文化中的躯体》（见"文化研究"网站，9/4/2003），就保留了重要概念的原文，例如"身体保养"（body maintenance）、"精心计划的享乐主义"（calculating hcdonism）、"印象的设计安排"（management of impressions）等。

3. 注释问题

编译允许编译者对原作中知识性、逻辑性、事实性的错误进行纠正，或者对一般读者感到困难的概念/原理等进行解释。其方法可采用注释形式，注释可以是夹注、脚注或尾注。无论何种形式的注释，都要标明"编译者注"字样。若是夹注，应用圆括号或方括号将注释与正文隔开，如韩春晓编译的《JPO发布"雇员发明制度改进报告"》中有一段文字就插入了解释性注释："该条款意思是说，在雇主雇用雇员时，不得以合同或者公司规则的形式，预先规定雇员的非职务发明归雇主，或者雇主有独占实施权（并不限制雇员在完成非职务发明后，将发明转让给雇主——编译者注）。"

4. 关于"述"与"概括"

编译的主体是译。也就是说，一旦选定了原材料，就要按照全译的方式翻译。但编译的编辑性又需要"述"和"概括"。它们的使用应当加以限制，不然编译的性质就会发生变化。

5. 关于译后的编辑问题

编译不仅要强调译前编辑，也要重视译后编辑。编译中"译"的工作完成之后的编辑与全译之后的编辑不完全相同。全译之后的编辑主要是检查译文有无误译、漏译，措辞是否贴切，行文是否流畅自然，以及意思是否清楚明了。编译之后的编辑主要是检查译文的衔接与连贯，有无逻辑问题，语言是否梗滞不畅。

实际上，译前编辑中为语篇的衔接与连贯而进行的增添有些是在翻译过程之中或之后完成的。如上面篇际编译例文中的词句增添，编译者为了使译文流畅，将原文一第6段第2句There were even more horrific but still untallied casualties in the World Trade Center and the Pentagon中的even more改译为"非常"，将原文二第19段首句The largest city in the United States, the financial capital of the world, was virtually closed down概略为"恐怖袭击事件使纽约几乎瘫痪"。

三、编译的原则

编译工作有法可依、有规可循，应遵守以下原则：译前的编辑性、主要内容的保值性、宏观结构的一致性、局部语言风格的等似性以及篇幅的合理性。

（一）译前的编辑性

编译是编辑和翻译，二者缺一不可，而且是先编后译或者编译并行的活动。如果是先译后编，就只能称为"译编"。"译编"虽然在实践中存在，但比较罕见，因为译编比全译要付出更多的劳动，与编译节省时间、节省精力、提高效率的初衷背道而驰。一篇作品之所以进行编译而不是全译，即对原作进行编辑的理据，在于原作结构上的松散、混乱，语言上的模糊、啰唆，内容上的面面俱到、艰深、错误或偏离事实以及在政治文化方面有不适合译语读者的内容等。

编译中"编"的基本含义是加工、整理。加工指对原文进行摘删、并合。摘什么，删什么，由原作内容和编译者/读者的需要决定。这里，兼顾原作主旨和编译者/读者的需要很重要，要善于找平衡点。如果不顾原作主旨，一切摘删都以编译者的意志为转移，编译就会变质为摘译。另外，对原文的删减要采取辩证、审慎的态度。例如胡乔木同志就曾指出，大仲马的小说如果译给小学生看，不适合用全译，编译似乎更好，因为他的小说中有些情节对小学生"似乎很不相宜"，需要作些删节，但他同时又说，"大仲马小说的结构是很严密的"，删节要"十分仔细"（丁景唐，2004）。

整理是对摘选材料的重新组合与排序，总体上应遵循原作语篇内容的内在逻辑。对原作进行删减之后，剩下的材料虽然是原作的精华，但原作的固有结构已被破坏，如原作的纽带被切断，一些有机组成部分被删去。因此，要使剩下的材料成为一篇结构合理、条理清晰的作品，句段间的并合与调序是十分必要的。并合的依据有两点：第一，各材料之间有无某种内在联系；第二，有无并合之需要，即原材料之间有无衔接与连贯上的问题，有无行文松散、啰唆的毛病。

句段重组完毕之后，还要考虑整个材料宏观逻辑上的合理性，要考虑是否需要在局部，有时甚至是整体上进行顺序调整，以使编译文在时间、空间、思维逻辑上合情合理。为了编译文的衔接、连贯、加强主旨而进行的编译中的增词、句、段，虽然是在翻译过程中或译毕之后发生的，但本质上也属于编辑行为。编译中的增译，不能与原作的主题相悖，其主要功能是加强编译文各部分的衔接及原作主旨。

（二）主要内容保值

一文一书，其价值就在于它的主要内容或信息。编译的目的亦在此。有时，一篇文章逻辑不够严密、条理不够清楚，但编译者还是决定译之，原因就在于它的主要内容具有可译的价值。编译的增减、合并、调序，实际上是对原作的优化，目的是使主题更加明确、材料更加典型与集中、语言更加简练、篇幅更加合理。要实现主要内容的保值性，编译者首先必须抓住原作的主题思想，然后从原作中选择那些与主题思想最为密切的论据和观点，删去那些铺垫性或解释性的内容。

当然，那些能够反映原作特色的内容，即使不是主要内容，亦可保留，因为这部分内容也许正是编译的目标之一。主要内容的保值实际上是一种动态的保值，要兼顾原作的主旨和编译者的需要。另外，需要指出的是，实践中有一种编译倾向或者说态度，对实现主要内容的保值性具有很大的危害。有些编译者把编译作为自由翻译的借口，对原作任意篡改、删减，对于不懂或不完全懂的字词句段，要么删去了事，要么只译其大意，要么胡猜乱估，以己意代替原意，编译实际上已变成胡译。同全译一样，编译是一件极为严肃的工作，而且只有练好了全译基本功，才能做好编译和其他变译。

（三）宏观结构的一致性

由于编译的增减、合并、调整等行为，编译文不可能在字、词、句、段等微观层面上做到同原文在篇章结构上对等，但编译的增减、合并和调整一般是在原作的局部进行的，并不影响原作的整体架构，因此，编译作品可以做到同原作在总体上，即在篇章层次上持宏观结构一致。

篇章结构保持一致在编译工作中具体体现为编译者基本按照原作的时间先后和逻辑顺序组织行文。这里面有两个原因：首先，编译与摘译的最根本区别，在于编译以原作的篇章结构为依托，编译文的篇章结构特点应能折射出原作篇章结构的轮廓。其次，编译文中所保留的是原作的主要内容，其中的内在联系，包括时间先后和逻辑顺序，应该忠实地保留下来。（王涛，2000：16）

（四）局部语言风格的等似性

编译中除去为了逻辑的衔接与连贯、加强主题而增加的词句外，剩下的都是原作的血肉，这部分基本上应采用全译的方法呈现。因此，编译文虽然不能完全保持原作的语言风格，但原作局部的语言风格特征是可以再现的。也就是说，从原作中摘选出来的部分的编译文应当与原作相应部分在语言风格上保持合理的对应，即编译要在符合编译目的的前提下保持原语风格。

（五）篇幅的合理性

编译文的篇幅由很多因素决定。原作篇幅的长度、有价值内容的多寡、编译者感兴趣内容的多寡、编译者根据翻译计划或读者的期望所预定的篇幅长度、编译稿采用机构如出版社或报刊杂志对稿件篇幅长度的要求等，都会影响编译文的篇幅。篇幅的合理性是一个相对的概念，要根据具体情况而定。如供报刊杂志发表的文章，篇幅不宜太长，受读者欢迎的是内容充实、文字清楚、没有漏洞的短篇文章。

第三节　译述

《论语·述而》篇有云："述而不作，信而好古，窃比于我老彭。"孔子的意思是：我只是阐述前人成说，而不创作，深信且喜爱古代文化，我私下自比为老彭。孔子的话也适用于翻译。一位译者，如果好"外"或者好"洋"，忠于原作而又不欲为其形式所牵制，怎么办？他可以丢开全译而采用译述。译述是一种中外译者乐于采用的翻译方法，其优点是译者不必顾及原作的语言形式，可采用译语中最易于为人们所接受的语言形式再现原作内容的精华。

一、译述及其特点

译述，指译者用自己的语言转述原作主要内容或部分内容的变译方法（黄忠廉，2006：141）。

译述作为翻译的一种形态很早就引起了人们的注意，如20世纪初的大学者梁启超就曾指出早期佛经翻译中使用了译述法。但时至今日，国内研究译述的专论仍然不多，对译述这种翻译变体进行系统论述的更是屈指可数。在这些有限的论述中，对译述本质的认识存在着分歧甚至出现了对立的观点。如袁狄涌（1994：91）将译述的特点归纳为：归化与删改。后一特点明显否定了译述文对原作的忠实反映。而冯奇等人（2001：19）则认为，译述"必须遵循常规翻译中普遍接受的基本标准：忠实与通顺。即既要忠实地反映原作的精神，不能违背原作的思想，又要译文文字流畅地道"。

译述是否需要忠实于原作？答案是肯定的，但译述忠实的是原作的内容，而非形式。译述的目的是用译语读者喜闻乐见的语言形式再现原作内容的精华。因此，语言形式上的归化不可避免，但任意删改原作的内容已超出译述范围，变质为译写。

译述是译与述的结合。译是目的，是中心；述是手段，为译服务。这里的"译"，指翻译其事，即指用另一种语言传达原作的思想，而不是指直译、意译等翻译手段。因此，译述可以没有"译"（全译手段），但不能没有"述"。"述"是对原作全部或部分思想的转述。译述的形式可以是完全的"述"，也可以是"译"、"述"并行，其核心在"述"。

在此，有必要指出译述与综述的区别。二者所运用的变译技巧基本相同，都有译有述，都以摘译和编译为基础，但译述限于一文一书，综述的对象则为五篇或以上的文章或著作。二者的目的也不一样，译述是为了创造译语读者乐于接受的文本样式；综述则是概括介绍某一领域的最新发展成果。

变译篇

二、译述的方法

译述需要遵循一定的程序，运用一定的方法如结构调整、体裁转换、转述等。

（一）译述程序

通读原文，透彻地理解原文，然后根据需要、目的与读者对象，确定是翻译全文还是部分内容。选定翻译对象之后，考察原文文本形式是否能为译语读者所接受，如果不能，就要整体地或局部地调整文本形式，以适应译语当下的叙述文本语境。然后，决定原作内容的取舍。保留什么，舍弃什么，应根据信息内容本身的重要性和读者的需要来确定。最后确定内容的翻译方式：什么地方用全译，什么地方用转述，或者全部采用转述。

（二）结构调整

为了实现创造理想的文本形式这一译述目的，需要对原作进行局部或整体调整。

1. 局部结构调整

与编译一样，译述中局部结构调整的目的是为了使译述文符合译语的叙事逻辑习惯。原文本身可能局部存在叙事逻辑问题，或者其表达方式与汉语不一样，这就需要调整。局部结构调整可以是句内各成分、段内各句群间或相邻段落间的调整。其中句内成分的调整与全译的语序调整相似。请看下例：

> The unit of PD, like that of EMF, is the volt, which is that PD existing between two points in a circuit where one unit of electrical energy has been changed to some other form of energy as a consequence of one coulomb passing between the points.

原译：电位差的单位同电动势的单位一样，是伏特。伏特就是存在于电路两点之间的电位差。在这两点之间一个单位的电能转换成了另一种形式的能量，这是由于一库伦的电荷通过这两点所致。

改译：电位差的单位同电动势的单位一样，是伏特。电路中若某两点之间由于一库伦电量通过引起单位电能向其他能量形式转换，则此两点之间的电位差为1伏特。(司充 译)

原译按照原文顺序译出，其表述"伏特就是存在于电路两点之间的电位差"与物理学中的有关概念不符。伏特是电位差的单位，但并不等于电位差。另外，顺序译法直接将英语的逻辑表达方式移入汉语，难以把原文的物理概念和逻辑联系表达清楚，因此需要对原文的后半部分内容进行调整，理顺逻辑关系。

2. 整体结构调整

由于原文宏观结构上逻辑的混乱，或者其与汉语叙事方式存在差异，译者有时需要对原作整体结构进行调整，以提高译述文的可接受性。例如：

[1] The heart, which is a muscular pump, beats about 72 times a minute through a continuous and automatic process of muscular contraction and relaxation. It is about the size of a fist, weighs about 9–11 ounces and is placed snugly between the lungs, a little more to the left than to the right. A partition runs down the center of the heart, dividing it into left and right sections which work at the same time but deal with two different types of blood. Each section is again divided into upper and lower parts, the auricles and ventricles. The blood is pumped through all four chambers in turn in the course of being circulated through all parts of the body.

[2] The heart's first purpose is to supply a steady flow of oxygen to all the body cells and return carbon dioxide to the lungs. On its journey the blood distributes dissolved foods and carries away wastes.

[3] Two large veins pour the dark, used blood into the first chamber, the right auricle, which passes it into the chamber below, the right ventricle. The muscle surrounding this part contracts in a beat that pushes the blood into the lungs where the carbon dioxide is removed and replaced with vital oxygen. Meanwhile, fresh scarlet blood from the lungs enters the left auricle to be transferred to the left ventricle. From there it is forced by the contracting muscle through a valve into the aorta, the body's largest artery which distributes it all over the body.

[4] The heart beats about 100,000 times every 24 hours and pushes

several quarts of blood through miles of arteries, veins and capillaries. A healthy heart keeps this up for a lifetime without faltering. （冯庆华，2002：483–484）

译述文：

[1] 心脏就像一台抽水泵，心肌永不停息地伸缩着。心脏每分钟约搏动72次，其大小似一只拳头，重约0.5公斤，位于两肺之间，略偏左。一道隔膜穿过心脏中间，将其分为左右两部分。心脏的两个部分同时工作，处理两种不同类型的血液。每部分又分为上下两部分，即心房与心室。周身的血液在循环过程中依次经过心脏的四个腔室。

[2] 心脏的两根大静脉把暗红的、用过的血液输进第一腔室，即右心房内。然后，右心房将血液送入下面的右心室。右心室四周的肌肉搏动收缩，把血液送入肺里。肺将血液里的二氧化碳排除，输入维持生命的氧气。这样，暗红的、用过的血液变成了鲜红的、新鲜的血液，由肺将其送入左心房，再进入左心室。左心室的肌肉不断收缩，使血液通过一个瓣膜流入主动脉。这是人体最大的动脉，它把血液输送到全身。

[3] 心脏24小时大约搏动10万次，促使几十公斤的血液流过几公里长的动脉、静脉和毛细血管。一颗健康的心脏能终生不停地如此工作。

[4] 心脏的主要功能是源源不断地为身体所有的细胞提供氧气，并将二氧化碳回收到肺里。血液在循环过程中将溶解了的食物分配到身体各个部位，同时带走废物。

原文的主要内容是介绍心脏的工作原理。而第2段讲的是心脏的功能，插在中间很突兀，阻断了原文内容的连贯性，因此，需要对原文作整体上的调整，将第2段移到译文末尾，由于其内容不甚重要，也可以删去不译。

像编译一样，译述不仅进行结构调整，还使用增删、分合、概括等手段，这些在前面编译部分已经介绍过，这里不再赘述。

（三）体裁转换

与改译一样，译述还涉及体裁的转换。不过，与改译不同的是，译述的体裁转换是单向式的，即其他体裁向叙述体裁转换，而改译的体裁转换是双向式的，如小说文本与戏剧文本的相互转换。下面一例是对话体裁向叙述体裁的转换。

Q: Dr. Klein, some people claim that skin cancer is nothing to worry about. Are they right?

A: Lord, No! It is far and away the most common form of cancer, and over 5, 300 people a year die of it. The tragic irony is that the majority of these deaths could be prevented.

Q: What are the most common kinds of skin cancer?

A: Basal-cell cancer, which originates in the lowest layer of the epidermis, accounts for about 60 percent of all skin cancers… Squamous-cell cancer, which arises in the intermediate layer of the epidermis, accounts for about 35 percent. （段平，1998：22）

译述文：有些人认为皮肤癌根本不是什么大病。这种观点是极端错误的。皮肤癌是最为常见的一种癌症。一年之中死于皮肤癌的人数超过五千三百人。而具有讽刺意味的是，大多数死于皮肤癌的病人本来都是可以挽救的。

最常见的皮肤癌包括两种：一种是基细胞癌，产生于表皮的最底层，大约占所有皮肤癌病例的百分之六十。另一种是鳞状细胞癌，出现在表皮的中间层，大约占所有皮肤癌病例的百分之三十五。

原文是美国著名杂志《读者文摘》上的一段话，以对话的形式呈现，显得比较活泼。但翻译若是着眼于信息开发，就没有必要照搬原文形式，用叙述体裁体显得更简练直接。了解科技信息，与了解故事情节相似，读者对原文形式不感兴趣。而就内容的吸取而言，叙述体裁能使读者感到更轻松。比如，同戏剧文本相比，小说/叙事文本能使读者更快捷地把握主要故事情节。这是译述法在翻译非叙述文本时的优势和功用。

（四）转述

翻译中必须有转述才能称之为译述。转述的主要方法是定向复述。定向复述是在翻译之前确定转述的方向和线索，可以沿袭原作的线索，也可以在抓住原作中心和重点内容后另定复述方向，后一种情况通常需要对原作进行整体结构上的调整。从转述形式看，可以是先译后述或者先述后译，可以是译述交替进行，也可以是完全的转述。何时用"述"，一切以原文的语言表达方式和文本结构形式为依据（见上例）。

（五）译述的技术问题

在进行译述操作时，有一些技术问题需要注意，如怎样选择译文标题、如何进行"译述"标注、如何把握译述文篇幅的合理性等。

1. 关于原文的标题

根据需要可以保留或更改原作标题。例如，译述者转换视点，改变了原作的宏观篇章结构，或者从原作中选取最有价值的内容或读者最感兴趣的内容译述，原文标题就可能需要调整。

2. 标注问题

在译述文标题的正下方先标明"某某某著"，然后标明"某某某译述"。在这里，特别要把译述与摘译、编译和综述区别开来。只有当摘选或者编辑材料时运用了转述手段，才能用"译述"，若采用全译或基本采用全译手段，要用"摘译"或"编译"。译述一般限于一文一书或其中一部分，若是涉及五篇及以上的文章或著作，要用"综述"。此外，在译述文末尾，还应交代出处，如"根据某某某译述"。

3. 关于译述文的篇幅

译述文的篇幅可以与原文相当，也可以长于或短于原文。译述关注的不是译述文篇幅的长短，而是译述文语言是否地道、文本结构形式是否符合译语文化当下的流行写作范式，以及内容在忠实于原作的前提下是否具有很高的透明度。但是，若是向杂志、出版社投稿，就不能不考虑译述文的篇幅。译述文要力求语言精练，原文的枝叶，包括重复的内容应删除。

三、译述的原则

作为一种重要的变译方法，译述需要遵循一定的原则，包括内容的忠实性、原作的转述性、语言的流畅性以及形式结构的最优化。

（一）内容的忠实性

译述的本质是"述而不作"，即用新瓶盛陈酒，不变的是原作的主要内容

（陈酒），变的是原作的语言形式（新瓶）。不论是转述原作整体还是部分，译述都应忠实于翻译对象的内容，不容许增加，否则译述就会变质为其他变译形式。同时，由于转述容易掺入译述者自己的东西，译述者在译述时要有克己意识，压制创作欲望。

（二）原作的转述性

译述中"述"的含义是转述。据《现代汉语词典》（2016年版），转述指"把别人的话说给另外的人"。转述的基本特征有二：一是不改变原说话人的意思，二是原话的形式发生了变化，是转述者用自己的话传达别人的意思。就译述而言，原作者的作品是被转述的对象，译语读者是信息接受者，译述者则是转述者。除了忠实于原作的内容外，译述者的翻译语言一般说来必须是自己的话，当然也不完全拒斥直译作者的原话。译述可以是"夹译夹述"，或者是完全转述，没有"述"的翻译不能称之为译述。

（三）语言的流畅性

采用译述法的一个主要目的是为了摆脱原文语言形式的羁绊，灵活自由地行文，以创造流畅自然的译文。翻译实践中，有时采用全译策略，无论直译还是意译，都无法跳出原文语言形式的牢笼，产生译语读者难以接受、令人费解、生涩拗口、啰唆的翻译体语言。此时，可以发挥译述的优势，根据读者的需求，对原文语言形式进行改造，用地道的归化语言传达原文信息。

（四）形式结构的最优化

形式结构包括语言形式结构和文本形式结构。译述的语言应当亲切、自然、流畅，上面已经谈到。就文本形式而言，叙述形式是译述文本的终极归宿。因此，译述者要根据读者的期望、文化和时代语境选择最佳叙述方式。为达此目的，译述者可以对原作进行整体或局部调整。毕竟，给人以美的享受的酒瓶能大大提升客人品尝美酒的欲望。

第四节　缩译

当今的社会是一个知识爆炸的信息社会，人们不可能有时间从头至尾地阅读所有感兴趣的东西。对于有些文章和著作，读者只想了解其大概内容，因此常常先看其内容提要，确定有无阅读全文的必要。就外语文章或著作而言，译者提供的内容提要就是一种缩译形式。法国翻译学者古尔代克（2007：192）提出的译介原文大意的"达旨翻译"（gist translation）与缩译有许多相似之处。

一、缩译及其特点

缩译，即压缩性翻译，指以较小的篇幅再现原作的主干内容的变译方法。

"较小的篇幅"指缩译的长度一般应限制在千字之内，因为缩译的主要目的是帮助读者在有限的时间内（如三五分钟）了解原作的大意，至于原作的语言风格、情节的起承转合等不属于缩译传达的对象。缩译是原作的缩微。打个不恰当但形象的比喻：如果把原作比作地球，则其缩译就是地球仪。通过缩译，读者可以看到原作的内容框架和概貌。汉语里的"缩"有去粗取精的意思。《礼记·郊特牲》有云："缩酌用茅，明酌也。"其意是说，用茅过滤酒去掉酒渣，是要使酒清净可饮。这里的"缩"指"滤酒去渣"。"缩"还有"缩短、减缩"之意。明胡应麟《诗薮·五言》曰："近体有定规，难于伸缩。"此外，"缩"还有"抽取"的意思。《战国策》有："武安君北面再拜赐死，缩剑将自诛。"缩译正好包含了这几层意思：滤掉翻译对象的"酒渣"，即枝叶和细节部分；将原作大幅度缩短；抽取主干，保留最精华、最核心的内容。

缩译的篇幅不受原作长度的限制，一篇万字的文章与一部几十万字的著作，其缩译文长度没有明显的区别，一般都在千字以内，只是压缩的比例不同而已，由几分之一到几十分之一，甚至千分之一不等。从结构特点看，在缩译文中，原作的主干内容与宏观篇章结构线索尚在，但原作语篇结构、语言风格和内容的具体特点已不复存在。从适用范围看，缩译比较适合用来翻译篇幅较长的文章和著作，如文学作品与科技文献。就科技文献而言，缩译特别适合用来翻译那些内容庞杂、精华不多的论文与书籍。

二、缩译的方法

缩译需要遵循一定的程序，涉及一些基本技巧，如抓关键词句法、中心思想归纳法、抓框架法等。

（一）缩译程序

首先通读并透彻地理解原作，然后确定原作的信息线索与内容框架，并决定保留什么，去掉什么。对原作内容的删减必须考虑缩译文的篇幅。如果原作篇幅不是太长，其主干内容可以全部保留；如果原作是长篇大著，那就要对原作的主干内容作进一步删减，保留精华中的精华，主干中的主干。在选定了需要保留的内容之后，还要考虑各部分之间的逻辑衔接与连贯，使缩译文成为一个内容精干、语言流畅、结构完整的有机整体。

（二）缩译技巧

前文所讨论的摘译、编译、译述的技巧，如摘选、增减、分合、编辑、概括、转述等，同样适用于缩译，这里不再赘述。从缩译实践看，"述"较常用，而"译"仅限于词句的翻译，段、节、章的大面积全译行不通，这是由缩译的篇幅所决定的。

"述"的方法主要包括变换措词即改变表达方式、紧缩式概括和扩展式详述，它们在译述中得到充分的运用。其中，紧缩式概括是缩译的常用方法，具体表现为抓关键词句法、中心思想归纳法以及抓框架法。下面分别介绍。

1. 抓关键词句法

一文一书，一般围绕某个主题展开论述，其核心概念、命题和论点可以在关键词句中找到。因此，抓住了关键词句就意味着抓住了原作最核心的思想，好比打蛇抓住了七寸。下面举例说明。

Writing Quality Requirements

By Karl E. Wiegers

… （1—30段略）

Guidelines for Writing Quality Requirements

[31] There is no formulaic way to write excellent requirements. It is largely a matter of experience and learning from the requirements problems you have encountered in the past. Here are a few guidelines to keep in mind as you document software requirements.

[32] Keep sentences and paragraphs short. Use the active voice. Use proper grammar, spelling, and punctuation. Use terms consistently and define them in a glossary or data dictionary.

[33] <u>To see if a requirement statement is sufficiently well defined, read it from the developer's perspective</u>. Mentally add the phrase, "call me when you're done" to the end of the requirement and see if that makes you nervous. In other words, would you need additional clarification from the SRS author to understand the requirement well enough to design and implement it? If so, that requirement should be elaborated before proceeding with construction.

[34] <u>Requirement authors often struggle to find the right level of granularity</u>. Avoid long narrative paragraphs that contain multiple requirements. A helpful granularity guideline is to write individually testable requirements. If you can think of a small number of related tests to verify correct implementation of a requirement, it is probably written at the right level of detail. If you envision many different kinds of tests, perhaps several requirements have been lumped together and should be separated.

[35] <u>Watch out for multiple requirements that have been aggregated into a single statement</u>. Conjunctions like "and" and "or" in a requirement suggest that several requirements have been combined. Never use "and/or" in a requirement statement.

[36] <u>Write requirements at a consistent level of detail throughout the document.</u> I have seen requirements specifications that varied widely in their scope. For example, "A valid color code shall be R for red" and "A valid color code shall be G for green" might be split out as separate requirements, while "The product shall respond to editing directives entered by voice" describes an entire subsystem, not a single functional requirement.

[37] <u>Avoid stating requirements redundantly in the SRS</u>. While including the same requirement in multiple places may make the document easier to read, it also makes maintenance of the document more difficult. The multiple instances of the requirement all have to be updated at the same time, lest an inconsistency creeps in.

[38] If you observe these guidelines and if you review the requirements formally and informally, early and often, your requirements will provide a better foundation for product construction, system testing, and ultimate

customer satisfaction. And remember that without high quality requirements, software is like a box of chocolates: you never know what you're going to get.

缩译文：

撰写质量需求

By Karl E. Wiegers　　Bear缩译

软件需求常常写得很糟，不易操作。清晰地阐明需求将使每位项目参与者获益。需求的总特点是正确、可行、必要、有序、清楚、可证。每条要求的特点为完整、一致、可修改、可跟踪。

撰写优质需求没有固定的程序，主要取决于从昔日需求中获得的经验教训。下面是几条撰写软件需求时应遵循的原则：句段简短、陈述明确、层次适当、一个陈述表达一个需求、细节一致、力避冗余。

（原文摘自www.processimpact.com, *Software Requirements*, May 1999，缩译文节引自http://delphideveloper.myrice.com/docs/requirements/writing_good_requirements.htm，有较大改动。）

原文四千个左右的单词在缩译文中被压缩为三百二十个左右的汉字，也就是说，缩译文篇幅不到原文的十分之一。原文的关键词句一目了然，大都用下划线标识。退一步说，即使原文不用下划线，译者也很容易识别，因为这些关键词句，要么是小标题，要么在一段的开头独立存在。此外，译者并未保留原文中所有的粗体部分即主干部分。从上面的缩译文可以看出，译文大部分是原文关键词句的直译，因此，我们可以得出结论，抓关键词句法一般以"译"为主，"述"为辅。上例中的缩译文所选取的原文的关键词句，本书编者已用下划线标明，供读者比较分析。

2. 中心思想归纳法

无论是文章还是著作，大都围绕一个中心思想进行论述或描写。在某些书文中，不易找到关键词句，因此抓关键词句法不适用于缩译此类书文。遇此情况，可采用中心思想归纳法概括原作的主旨。此缩译方法一般以"述"为主。下面的例子因为原文篇幅过长从略，仅提供缩译文，原文见*American Economic Review*, 1997, vol. 87, issue 2, pp. 321–327。

缩译文：

中国经济体制对经济理论的挑战

格里高利•C.周 著 董志强 缩译

中国市场经济对经济理论的挑战涉及到四个方面：资产的私有与公有，西方法律体制与东方法律体制，个人主义与集体利益以及多党制与一党执政的政治体制。

私有制与公有制

中国对公有企业和私有企业都进行着有趣的试验，国有企业、集体企业和私有企业并存。一些国有企业尤其是与外企合资的企业，显示出了效率，它们财务独立并正赚取大量利润。许多乡镇企业也成功地增产和赢利。中国乡镇企业成功的经验足以向那些认为只有资本主义经济中的私有企业才可能有效率的教条发起挑战。

中国绝大部分资产由中央政府、省及当地政府以及乡村集体公有。为了使这些资产的管理具有效率，激励机制得到了运用，最为普遍盛行的就是承包制，即已为人们所周知的责任制。典型的例子是乡村把土地承包给农户和各级政府各种形式的企业租赁。承包的条款包括确定租金和利润分配形式。总之，企业的利润和管理者与工人的利益之间有一个明确的关系。激励公有资产的管理者，是中国成功之关键。

现代法律体制

西方经济发展中实行的现代法律体制有时被认为是市场经济运行所必需的。中国非西方化的法律体制被西方投资者和经济学家认为是残缺的。尽管它可以被称作半法律体制（semi-legal system），而法律也在中国有了实践，但它仍是一个不健全的法律体制。与西方不同，在中国的法律体制下，合同的履行部分地依赖于一种非正式社会联系，即所谓的"关系"。"关系"在确保合同的履行中扮演了一个重要的角色。

个人主义与集体福利

据哈耶克的解释，个人主义是西方市场经济的一种思想。这种思想并不被亚洲国家认同。在亚洲社会，集体利益被看得比个人权利更重要。许多发展中国家的人们正为民族主义而奋斗，且把公共利益和民族团结看得比个人权利更重要。

各国人权实践是不一样的。中国、新加坡、韩国，在有限的政治自由下，市场经济依然正常运行。

多党制与一党制

多党制与市场经济有何关系？答案不简单。中国、新加坡、韩国，都实行一党执政，显然，一党制与市场经济也是一致的。尽管日本是多党制，但它在1958—1994年一直处于自民党领导之下。多党民主体制也并非是实现人权的要求。

（Challenges of China's Economic System for Economic Theory，by Gregory C. Chow, *American Economic Review*, 1997, vol. 87, issue 2, pp.321–327。译文转引自http://nobel.126.com，有删节）

以上译文标明为缩译，但原缩译文有两千八百个汉字，虽然不到原文的四分之一（原文七个版面，一万多字），却大大超过了缩译规定的篇幅。因此，严格说来，原缩译文已不是缩译，变质为译述。本书编者通过删节，使缩译文篇幅缩短到一千个汉字左右。就内容而言，缩译文抓住了原文主干，即四个要点，这样的翻译是成功的。

3. 抓框架法

中心思想归纳法是从原作的中心点向四方辐射，由点及面；抓框架法正好相反，由面出发，汇聚到一点。抓框架法与抓关键词句法有联系，前者是紧缩主干，如利用书文的小标题构成缩译文；后者除了小标题外，还利用正文中的词句。因此，抓框架法更精练、压缩性更大。例如《生命科学》（田传茂等，2003：62—67）中有一篇文章，名叫Ten Ways to Get More Energy（因篇幅限制，这里不给出原文），由十个小标题引导的十个部分组成。如果对其进行缩译，利用这十个小标题即可抓住原文的核心信息，构成如下一篇缩译文：

精力充沛十法

如果你要保持精力充沛，可依循以下十法：一、做事有条不紊；二、照看好你的双脚；三、呼吸户外空气；四、注意身体姿势，如坐姿、站姿、睡姿等；五、进行各种形式的身体锻炼；六、不要空腹跑步；七、运动后随时补充营养；八、提高睡眠质量；九、保持鼻子健康；十、精心挑选生活与工作环境的颜色。

（三）缩译的技术问题

缩译有一些技术问题需要注意，如何时标注"缩译"、缩译文采用何种语言风格等。

1. 标注问题

有不少人对缩译的概念不清楚，认为只要是对原作篇幅有压缩的翻译，就是缩译。这种观点是错误的。编译、译述也有压缩。翻译实践中，许多注明为"缩译"的译文实际上是编译或译述，如马维、潘文霞、吴承康的文章《热障碍涂层材料性能和失效机理研究进展》（《力学进展》，2003年第4期）有一万多字，实际上是对一篇英语学术论文的编译，却标注为"缩译"。

另外，既然是翻译，原作者姓名应译成中文，像第一例缩译文中的by Karl E. Wiegers不妥，最好译成"卡尔·E.威格尔斯著"。同时该例也未标明原文出处，在译文末尾应注明"缩译自Writing Quality Requirements, by Karl E. Wiegers, *Software Requirements*, May 1999"。第二例缩译文原来也是搬用作者原名，未译成中文，译文标题下的"格里高利·C.周著"，为本书编者所加，但原始缩译文的可取之处是标明了原文出处"Challenges of China's Economic System for Economic Theory, by Gregong C.Chow, *American Economic Review*, 1997, vol. 87, issue 2, pp.321–327"。

2. 关于缩译文的语言风格

缩译不可避免地会改变原作的语言风格，只有在摘取原文词句直译时可以隐约再现原作风格的一鳞半爪。从缩译介绍情节、传达信息的目的看，缩译文没有必要，也不可能保持原作的语言风格。缩译用新闻报道体裁的语言风格比较合适。也就是说，把原作主要内容当作新闻事实一样客观地汇报给读者。读者阅读缩译文的兴趣点也在原作的内容，而非其文本结构和语言风格。

三、缩译的原则

缩译需要遵循一定的原则，包括原作的压缩性、内容的忠实性、语言的简练性、内容的指示性、宏观语篇结构的一致性、译文的整体连贯性等。

（一）原作的压缩性

压缩性是缩译的首要原则。但并非所有压缩性的变译都是缩译，编译、译述等也有压缩。编译的最大特点是编辑性，译述的最大特点是转述性。缩译的压缩性，如前所述，是一种极大的压缩，是长篇书文的最小化。

（二）内容的忠实性

这里的"内容"，不是原作的所有内容，而是原作最主干、最核心的内容。缩译者在浓缩原文时，要尽力做到客观，不掺入自己的思想情感，做一个称职的代言人。缩译者比较像对演讲者的长篇演讲进行归纳总结的大会主席或主持人，要能够三言两语、要言不烦地总括演讲内容。

（三）语言的简练性

缩译的主要目的是既要保存原作的核心信息，又要为读者节省时间，因此语言必须简练。这就要求缩译者有很强的表达能力，在有限的篇幅内尽可能多地再现原作的中心要旨，做到言简义丰。

（四）内容的指示性

如前所述，缩译的功能与内容提要有些相似。内容提要一方面可以帮助读者了解作品的中心内容，另一方面也间接地展示了作品的价值，便于读者根据自己的需要、兴趣等决定是否要通读原作。鉴于缩译的此种功能，缩译者应在翻译中保留原作具有指示性的、提纲挈领式的关键词句，以便于读者就是否要通读原作作出正确的判断。绝不能误导读者，浪费读者宝贵的时间和精力。

（五）宏观语篇结构的一致性

像编译一样，缩译也应当遵循宏观篇章结构一致的原则。编译可以对原作进行局部调整，缩译则不能。在思想、信息线索的发展方向上，缩译应当严格遵循原作的框架，真正成为原作的"缩影"（miniature），使读者在了解原作内容的同时，也能正确地把握原作的思想线索与框架。

（六）译文的整体连贯性

由于缩译需要对原文进行大量删节，缩译文可能会出现衔接与连贯上的问题，甚至逻辑上的矛盾。缩译者在抓住原作主干的同时，要考虑各部分的衔接与连贯，避免出现脱节、混乱、前后不一致的情况。如果把原作比作一根竹子，则缩译活动首先要把原作分解为枝叶和一节一节的竹子，然后去掉枝叶，再把经过筛选的一节一节的竹子天衣无缝地连成竹竿，这才是合格的缩译。缩译者切不可忽视将一节一节的竹子连成竹竿这一环节。

第五节　综述

一、综述及其特点

综述，即综合叙述，指在综合有关外文资料的基础上进行叙述整理的变译方法。

综合的文献（书籍和文章）数量至少为五篇（本），而叙述就是对外文书籍和文章的主要内容进行概述或转述、归纳、整理和分析，从中提取最有价值的信息，并通过这种方法回顾、总结过去的研究成果及经验教训，指出研究方向，供读者迅速了解研究的发展动态，一目了然地了解文献的主要内容。综述的最大特点是诸多信息的综合性和概括性。综述涉及的信息量必须具有全面性，涵盖本领域最新的和主要的方面及动态，必须具有高度的概括性，语言要精练，不可拖沓。

综述和述评的差异在于，综述一般不作评论，不直接添加译者自己的看法，但综述的结构安排可以隐含译者的思想或思路，述评则需要添写译者的观点，译者要发表自己对所述内容的看法和评论，因此述评是综述与评论的混合物。综述也涉及摘译、编译、译述、缩译等方法，因为译者必须对书和文章的关键内容进行摘、编、缩、述，其核心在于"缩"和"述"，即压缩原作，提取梗概，述其精华，综合要点，这些具体的变通手段都是为综述服务的，以便于读者在最短的时间内获取某领域的发展动态，为进一步研究打好基础。无论是研究自然科学还是研究社会科学，综述往往是深入研究的第一步。

二、综述的方法

（一）综述的准备

1. 文献的收集

综述之前，首先要确定相关语篇的主题，如医学克隆技术等，译者须分门别类地把文献资料编排好，外文资料要突出重点，内容要新颖，相互之间要有较强的关联性和连贯性。资料既可是书籍，也可是论文，一般以论文为主，因论文发表的周期较著作短，信息相对新颖。

文献收集可通过图书馆（室），也可利用网上资源查阅。收集方法有两种：阅读收集和查询收集。查询收集有三种方法：逆向查法，即根据现有的文献后的参考文献目录进行跟踪查阅；主题查法，即根据互联网或其他检索工具中的主题提示查阅相关文献，它既可按文献发表或出版的先后顺序，由旧到新或由新到旧查阅，也可按主题词的密切度查阅；综合查法，即综合利用上述方法，交替查阅有关文献，不断扩大查阅范围，更加全面地收集资料。文献收集是综述必不可少的一环。

2. 文献的理解

文献资料收集整理完毕后，要阅读文献，理解其意义，厘清线索，准确全面地把握其精髓要义。阅读方法因人而异，但基本方法不外乎整体把握，宏观框架与微观细节相结合，主干与重要枝节相映衬，吃透文献信息的核心内容。要善于归类，善于联系和甄别。阅读方法可采取多种策略，综合交替使用。先易后难，简单容易的资料先读，较难的后读。

先粗后精，粗读文献可以开启思路，圈定重点，对有关内容形成一个整体印象，便于为细读作铺垫准备，精读可以对相关信息定位，抓住关联细节，便于综合分析，分清主次详略，对信息进行有效地串联。

先简后繁，先阅读内容摘要，有利于对繁杂的全文进行价值判断。

先新后旧，阅读最新的文献可以紧跟研究的新动态，不至于离题，阅读旧文献可看清研究轨迹和方向。

先介绍性文献后专题性文献，阅读介绍性文献可少走弯路，节省时间，便于集中精力攻专题，抓住问题的主要矛盾。

总之，综合运用各种阅读策略便于正确理解文献信息和综合各项要点，提高理解效率。变译和全译一样，都涉及理解和转换，理解是综述的钥匙，如果理解抓不住关键信息，综述势必会大打折扣，影响全面性和权威性。

（二）综述的方法

1. 综述的操作单位

翻译单位是翻译研究的重要因素，也是研究的热点问题，究竟以小句、句子、句群、段落为单位，还是以语篇为单位，人言人殊，至今没有定论。罗选民（1994，493-494）将翻译单位分为话语层次上的分析单位和转换单位，两者都是对语言进行动态的、功能的阐释所必需的语言单位，前者主要研究话语意义的建构过程，后者主要研究话语意义得以表现的建构形式。这种观点对综述有一定的借鉴意义，综述要在话语（语篇，包括书籍）之间展开分析和转换，分析单位和转换单位有时是一致的，有时不一致。不过，转换单位并不是一成不变的，而是根据需要，时大时小。

翻译单位还可分为宏观层次和微观层次，综述中的转换单位可以在微观层次实施，如词语或句子的摘译等，但更多的是在宏观层次进行，如语篇要点的译述、缩译等。因此，"确定翻译单位不能脱离具体的源语、目的语，具体的文本文体以及翻译目的"（袁晓宁，2005：77）。由于综述强调语篇的综合性，翻译操作在不同的语篇单位之间转换，或摘、或述、或缩，根据一定的线索，译其所需，加工成句段，再综合成篇，因此，翻译操作单位在综述中占有举足轻重的地位，具有复合性和复杂性的特点。

奈达认为，翻译即译意。综述作为一种变译方法，凸显的是各操作单位的主题意义，而不是全部意义，其操作单位是外文文章和书籍，且以文章（论文）为主，专著为辅，这是综述的宏观层次，因此，论文是主要单位，书籍是次要单位，因为论文发表的周期一般较书籍短，流通快，为追求时效，汲取新的知识，追踪研究的新观点或热点，译者必须以文章为基本单位进行变译操作，以书籍为补充。但在实际操作过程中，译者也需顾及微观层次，即语篇内的小句、句子、段落等。综述的成果一般是论文或论文的一部分，也可以是简介性的书籍。综述的参考文献列举较多，少则十数篇（本），多则数十甚至上百篇（本），但往往以几篇（本）为核心。如赵世开编著的《美国语言学简史》，主要是对93篇（本）英文或中译文章或书的综述。齐小新著的《美国文化研究导论》，基本上也是综述，其参考文献包括41本（篇）英文书（文章）和18本中文书籍（主要是英文书籍的中文全译本及包含外文资料综述的著作）。

由此可见，综述所参考的书籍无论有多少，都主要以几本/篇为核心，以其他资料为必要的补充，这样才能突出重点和要点，勾画出研究动态的轮廓。如果主次不分，胡子眉毛一把抓，就是材料的堆砌，而不是综述了。这是根据描写研究而得出的综述操作方案，若译者在实际的操作中游刃有余地自觉利用各个不同的翻译单位，就能够减少盲目性，节约时间。好的综述文章能为研究者提供重要线索，具有较高的参考价值。

2. 综述中"述"的操作技巧

综述对有关核心材料的归纳和提取，需要通过叙述来把资料按主题意义串起来，以建立句子之间的语义关联，使综述的语篇形成有机的整体，"述"成了衔接和连贯的手段。张德禄和刘汝山（2003：10）指出："语篇的部分之间的关系起码要具有三种关联性才能基本保证语篇的连贯，即语义关联性、主题关联性、语境关联性。"综述中语篇的三种关联性显然不能自行连接起来，而"述"是实现关联的关键链条；叙述的最大功能即是促成语义关联性、主题关联性和语境的关联一体化。没有关联性就没有资料的顺序性，综述就缺乏了权威性和参考性；没有叙述性语言就没有综述的衔接性和连贯性。叙述性语言的标记多种多样，视具体的内容和语境而定，如列举性的"第一、第二、第三"等，"正如……所言"，"上面介绍的主要是……"，"除去上述……之外"等。"述"方便了变译的操作方式，使得相关材料的排列安排自然、流畅，增强了逻辑性，避免了生硬和不畅。总之，"述"成了材料综合的"润滑剂"，它使译者能将综述运用得自然得体，游刃有余。

综述中的叙述时序既可以按文献发表/出版的时间先后展开，也可以按逆时序即先今后昔的顺序铺陈，还可以在顺时序和逆时序之间交替进行，何种方法最佳，关键取决于文献的重要度和文献之间的关联度。叙述语言须有高度的概括性和客观性，叙述风格一般应该保持前后一致。

3. 综述材料的安排

英国语言学家Sperber和Wilson（1986）提出了语用关联理论，指出话语的关联程度取决于话语所具有的语境效果和处理话语时所付出的努力两个因素；关联是一个由最大关联到最小关联或无关联的连续体，它可分为最大关联、强关联、弱关联和完全不关联（何兆熊，2000：190–195）。关联和最佳关联理论对综述研究很有启发意义。

在综述过程中，所选材料并非同等重要，我们要善于辨别主要矛盾和次要矛盾，找出材料之间的关联性，分清主次，区别重要性，筛选出最具关联性的关键文献，它是综述的骨架，然后辅之以其他文献材料，要注意各种资料的主次结合，剔除弱关联和完全不关联的材料，以最大关联和强关联的核心材料为统领，高屋建瓴，形成辐射状的材料网络，步步为营，层层推进，最终形成完整的综述文章。所以，关联理论对综述的材料组合有很强的指导作用。但译者对材料的安排有时会受到权力话语、意识形态和诗学对译者的操纵作用的影响，译者在选材和综述过程中对材料的关联判断也会受到这种作用的影响。

文献材料按需取舍，一般选用部分要点，部分内容或主题思想，很少全部采用，相应的变译方法有缩译法、摘译法和编译法，极少使用全译法。综述是宏观与微观方法的有机结合，是主与次的巧妙搭配，即是说，要根据材料的关联度，使用不同的变译手段进行综述。文献材料的铺陈方法灵活多样，主要有横向法、纵向法、立体法和混合法。

横向法。根据材料的内容进行分门别类的变译列举说明，逐条铺陈展开。此法简便易行，操作不难，使用广泛，特别适合于综述新闻或科技报道。

纵向法。根据文献发表/出版时间的先后对材料进行分析归纳，总结出研究对象各个时期或阶段的特点和发展趋势，并对其进行介绍或概述。此方法适合于对某学科或某课题研究的历史进行回顾的综述。

立体法。列出数个小标题，从深度上和广度上对研究课题进行多方面、多角度、多层次的立体式剖析。此法适合于综述内容复杂或理论性强的研究课题。

混合法。运用上述方法中的至少两种，一般适合于综述涉及面广的课题。

（三）综述的基本模式

1. 国际会议、新闻的综述模式

引言（会议目的和基本议程）→会议发言者讲话的主要内容→结语（对会议发言者讲话内容特点的总结）。

2. 学术课题研究的综述模式

1）引言 概述综述的目的、意义、背景和方法。

2）正文 研究的历史回顾；各阶段的进展和发展脉络及特点；理论基础；研究的现状、成果和问题；各种不同的观点和研究方法；研究发展趋势展望。

3）结语 简述研究结论及解决问题的思路等。

以下举例说明综述的具体操作方法。兹抄录盖淑华的论文《英语专业学生词汇附带习得实证研究》的第二部分"文献综述"（各段首的标号为编者所加，注释标记已经删除）：

[1] 什么是"词汇附带习得"？目前尚无统一定义，人们较多地认同Laufer（1998）的定义，她认为，"词汇附带习得"是相对于刻意学习而言的，"刻意学习"（intentional language learning）指学生刻意地背记单词，如通过背词汇表，或者做词汇练习来记忆单词；而附带习得则是学生在进行其他学习任务时，如阅读文章、听英文歌曲等，附带习得了单词。这可能不是该词的全部知识，譬如，只记住了拼写形式，或只知道了词性等，但多次遇见后，将星星点点的知识积累起来就很可观了。

[2] Gibson（1975）做的"零散故事排序"（strip story）实验，可能是早期的词汇附带习得实验。但在当时，他并未提出词汇附带习得概念。后来，Nagy、Herman和Anderson（1985）在研究儿童学习母语词汇的基础上，提出了词汇附带习得概念。他们认为，母语词汇的学习，不可能完全通过刻意学习习得，相反，很可能母语词汇的大多数都是附带习得的。广泛阅读对于词汇增长很有帮助，教师应该鼓励学生大量阅读，这是词汇量快速增长的最佳途径。母语词汇学习情况如此，那么第二语言学习情况怎样呢，很多研究者将此应用于第二语言习得研究。

[3] 第二语言词汇附带习得研究范围比较广，在培训各种语言技能如听、说、读、写的同时，都会发生一定程度的词汇附带习得。据笔者调查，有关阅读促成词汇附带习得的研究最多（Mason & Krashen 1997; Dupuy & Krashen 1993; Nagy, Anderson & Herman 1987; Nagy, Herman & Anderson 1985）。该领域的研究涉及因素很多，如文章的语境线索、学生的猜词能力、教师布置的阅读任务等，下面分别介绍有关这些因素的调查研究。

[4] 文章语境线索。学生在广泛阅读时，如果有上下文语境的提示，他/她就能猜出词义。很多学者发现语境线索对词汇习得有影响，并对语境线索进行了分类。李小龙（1988）将语境线索分为两

类："提示型句子"（cues-adequate sentences）和"非提示型句子"（cues-inadequate sentences）。例如，1) John took out a *collapsible* bicycle and rode to school; 2) John took out a *collapsible* bicycle, unfolded it, and rode to school. 他认为句1）属于"非提示型句子"，而句2）是"提示型句子"，因为unfolded为目标词的理解提供了线索。无独有偶，Mondria和Boer（1991）将语境线索分为"蕴意型语境"（pregnant contexts）和"非蕴意型语境"（non-pregnant contexts）。前者指语境中提供了充分的线索，足以使人猜出生词的意思，后者与此相反。他们的实验都证明：在有充分语境线索的句子里，学习者可以更轻松地猜出词义，也更容易记住单词。

[5] 学生猜词能力。学生遇到有充分语境提示的文章，还要有猜词能力才有可能促成词汇附带习得。Rubin（1987）发现成绩优秀的学生通常都是聪明的猜词者。有一小部分生词，学习者在阅读中遇到一次之后，就可以记住。而这一小部分生词，逐渐地就成为他们已有词汇的主体。Knight（1994）研究了只遇到一次的生词被成功习得的几率。她还对比研究了阅读过程中优差学生的猜词能力和对生词的保持力，发现好学生在测试中表现出更好的猜词能力，并且词汇的保持量也优于差学生。

[6] 教师布置的阅读任务。Laufer和Hulstijn（2001）做了很多词汇附带习得调查。他们认为，阅读中促成的词汇附带习得与阅读任务有很大关系。对于不同的阅读任务，学习者的努力程度不一样，这种努力程度用"投入量"（work load）来表示。他们分别在新西兰和以色列进行了平行实验，要求三组学生完成三项"投入量"不同的阅读任务。实验结果印证了"投入量假设，即投入得越多，习得的越多，保持得越久。（《外语教学与研究》（外国语文双月刊），2003年第4期）

本例的内容主要按主题类别的关联度综述，在有些段落中又按时间的"先—后"顺序（第二、四段）和"后—先"顺序（第三段）综述，还有的段落（第四段）结合中外学者的观点按时间先后顺序综述，并综合应用了各种技巧，如缩译法、译述法、编译法等。

例文中缩译法和译述法用得最多，这样可以节省篇幅，扩大相对信息量。段[1]介绍Laufer对"词汇附带习得"的定义是典型的缩译，并辅之以译述性话语"人们较多地认同Laufer（1998）的定义，她认为"。此段的缩译高度凝练，观点高度浓缩，无废话。段[2]译述用得较多，同时加上缩译，对词汇附带习得实验进行综述；段[3]先译述后缩译，对十位研究者的观点作了高度概括；段[4]—[6]对研究涉及的因素作了分门别类地缩译/译述。整个材料的安排也是编译的有机构成。综述是否得当，是否综合了文献的精华部分，首先取决于材料的选择和编排能力，即编译能力，然后是缩译和译述能力。综述者很好地解决了这个问题，显示出了较高的综述能力。

所以，编译要求译者有良好的鉴赏力，缩译要求译者具备精练的概括和整合能力，要善于根据相关主题提炼符合思维逻辑的最有价值的材料，使读者通过综述的线索把握研究的脉络。综述实际上是几种变译方法的综合，是对多种混合材料的"提纯"过程。综述最好直接变译原文材料，因为直接翻译有助于理解原文，避免因袭译文带来的以讹传讹现象。不过，当第一手材料缺乏时，也可适当利用现有译文作为综述的补充资料。因此，能否准确地把握综述材料的最佳关联度，反映了综述者的概述能力和变译水平。

又如，新闻综述《综合消息：特朗普入境限制令引发国际社会和美国内持续批评》（各段首的标号为编者所加）：

[1] 新华社北京2月1日电 综合新华社驻外记者报道：近日，美国总统特朗普颁布的入境限制令在美国国内引发持续批评和抗议，世界上多个国家也表示反对，有当事国家直接出台针锋相对的反制措施。针对限制令涉及的难民和移民权益以及美国价值观的争议正在不断发酵。

[2] 联合国秘书长发言人迪雅里克1月31日表示，联合国希望美国尽快解除入境限制令。联合国秘书长古特雷斯在声明中说，各国有权利也有义务管理边界、避免恐怖组织成员的渗透，但这不应基于与宗教、民族或者国籍有关的任何形式的歧视。

[3] 同一天，瑞典首相勒文会晤到访的德国总理默克尔后在联合新闻发布会上说："美国禁止7国公民入境是令人非常遗憾的举措，这

绝不是件好事！"默克尔说："打击恐怖主义，不能作为反对特定宗教信仰所有人的借口。"

[4] 在美国国内，华盛顿州总检察长弗格森1月30日宣布，他正在准备就入境限制令起诉特朗普。他说："我们国家是基于宪法和法律存在的，在法庭上并不是谁最大声就能胜诉，而是由宪法决定。我们认为，总统的这一行政令并不合法。"

[5] 美国微软公司随即表示，将配合总检察长的要求提供相关信息。美国高盛集团以及福特汽车公司等一些大型企业的高管也对特朗普的新政表示担忧和反对。

[6] 美国科技企业拥有大量外国移民员工，其中不乏限制令所涉及国家。据悉，20多家美国科技企业将于近期开展一项"共同的法律战略"，以保障所属员工的权益。

[7] 美国前任代理司法部长耶茨1月30日早些时候公开表明，司法部不会为入境限制令提供辩护，她不相信限制令是合法的。白宫方面称她的做法是对司法部的"背叛"。特朗普随后宣布解除耶茨的职务，并任命弗吉尼亚州东区检察官本特担任代理司法部长。

[8] 另据媒体报道，有数百名美国外交官通过内部"谏言"形式表达不满。据悉，"谏言"文中质疑特朗普的这一行政命令，认为它不会令美国安全，也与美国价值观背道而驰，更会加深全球反美情绪。

[9] 除政坛外，美国文化界也在响应外交官们的呼声。美国导演协会和美国配音演员组织2月1日同时发表声明，批评特朗普颁布的入境限制令，并强调艺术的核心在于开放的交流。

[10] 此前，多名演艺界人士1月29日晚在第23届美国演员公会奖颁奖典礼上直抒胸臆，反对入境限制令，洛杉矶圣殿礼堂俨然已成为抨击特朗普的一场政治集会。

[11] 1月31日，入境限制令涉事国家之一伊朗率先"回击"。伊朗外交部长扎里夫当天宣布停止向美国公民发放签证，以应对特朗普签署限制伊朗公民进入美国的行政命令。扎里夫还表示，伊朗外交部将成立一个专门的委员会来研究解决伊美签证问题。美国方面特殊情况的签证申请将提交该委员会处理。

[12] 较早前，伊拉克议会1月30日通过决议，建议政府对美方入境限制令采取"对等"的反制措施。

[13] 刚刚卸任的美国前总统奥巴马1月30日通过发言人表态，批评这一不得人心的政令，并将此举与美国的价值观相挂钩。奥巴马的发言人凯文·刘易斯当天发表声明说："至于（特朗普）拿奥巴马总统的外交政策作比较，如同我们以前听到的一样，奥巴马根本不认同因为宗教信仰歧视别人的观念。"

[14] 特朗普1月27日签署了一份行政令，规定美国将在120天内禁止所有难民入境，在90天内暂停伊朗、苏丹、叙利亚、利比亚、索马里、也门和伊拉克7国公民入境，无限期禁止叙利亚难民进入美国。

（参与记者：王昊、郭爽、史霄萌、顾震球、刘阳、徐剑梅、王守宝、袁卿）（2017年02月01日18：30 新华网）

这则消息综述与学术研究中的文献综述有很大的不同，段[1]综述了国际社会对美国总统特朗普颁布入境限制令一事的总体态度和基调。以下各段分别按国际组织的负责人、各有关国家领导人及美国国内各界声明的顺序进行译述和缩译。段[14]交代了事件的背景，译述了特朗普行政令的要点，只有段[3]、段[4]、段[13]采用了关键句摘译法。全文采用横向的混合综述法，具体方法是按重要性列举的行文法。其信息源的交替式排列顺序是：国际组织→国外→国内→国外→国内；声明发表者按地位排列的顺序是：联合国秘书长发言人迪雅里克和联合国秘书长古特雷斯→瑞典首相勒文和德国总理默克尔→美国华盛顿州总检察长弗格森→美国微软公司等科技企业→美国前任代理司法部长耶茨→美国外交官→美国文化界→伊朗外交部长扎里夫→伊拉克议会→美国前总统奥巴马→特朗普行政令。美国的科技企业和文化界的发言人没有列出姓名。总的说来，新闻综述要比研究综述简单直观，操作方便，结构安排一般有相对固定的方式，如国家地位的高低等，这是权力话语秩序使然，大国和重要的国际组织掌握着更大的话语权，拥有更大的发言权，在国际事务中发挥了更大的作用和影响。

三、综述的原则

（一）全面性和述写性

综述必须占有充分全面的资料，没有充足的材料，综述就会显得片面，缺乏足够的说服力，但全面性并不是材料的简单堆砌和杂乱无章的排列，而是要在全面铺开的基础上，有倾向地挑选材料，做到综合性和主次性相结合，即综述的面要宽广，不能以偏概全，同时，材料要有代表性，不能胡子眉毛一把抓，分不清主次。没有全面性就没有综合性，没有选择性就没有代表性。综述的全面性需要综合考虑译与述的关系，把编译、摘译、缩译的内容用述写的方法串起来，一则可以合理安排有关材料的语言结构，二则可以删除次要信息，节省篇幅和版面，提高信息排列的密集度。

（二）主题性和关联性

综述的选择性要求明确的主题性，尽管综述者一般不对综述的材料进行直接评论，但是，综述者必须按照内容主题的关联性组织材料和提取材料，材料要能说明主题，全文内容的主题应该保持一致，不可离题，否则，东一榔头，西一棒槌，只会导致主题之间缺乏关联性，综述的价值就会打折扣。因此，要做到去粗取精、详略得当、主题突出、结构关系紧密，使读者一看综述就能了解有关研究的发展动态。

（三）权威性和新颖性

综述采用的文献必须具有权威性和新颖性，一般应是相关学科或领域的至少近一年来发表的权威性资料和信息，但也可以是较早的材料，资料来源应该是该领域比较重要的刊物、媒体和书籍，资料应具有较高的学术价值和实用价值，能反映最新研究动态和概况，便于读者查询了解信息，为他们的进一步研究提供有价值的线索。

（四）典型性和研究性

综述的选材必须具有典型性，能反映主题的基本特征，能为研究课题提供相应的信息和资料支撑，能构成综述的主干，最能说明综述的主题思想，为前期研究提供核心资料。综述亦是研究的过程，材料的选择、甄别和安排就是研究行为，需要发挥综述者综合分析问题的能力。综述是对以往研究的总结和归纳，有利于为初涉该领域者指明方向，使其少走弯路，节约时间和精力。

第六节　述评

一、述评及其特点

述评，即综述+评论，指在综述外文文献的基础上加以分析、总结和评论的变译方法。

述评的主体是综述，但逻辑重心在评论。述评可广泛用于科研动态追踪和新闻报道。述评与综述最大的区别在于前者"述而有评"，后者"述而不评"（一般是隐含评析，或综述材料的安排顺序本身就有评的倾向）。综述是述评的基础和铺垫，没有综述就无所谓述评，述的目的是为了评，述的内容为评论提供素材和出发点，使评的内容不至于成为无水之源，无本之木。述是评的基石，述得全面，突出重点，评就会有的放矢，有针对性；评是对述的材料加以阐发和分析，提出自己的看法，进行批评和预测。述评是综述的延伸与扩展，综述是评论的起点，评论是综述的发展，评论时不可离开综述妄加评析。

二、述评的方法

（一）述评的格式

引言。提出研究课题及述评的方向和对象，说明述评的价值和意义，指出课题背景范围和选材的代表性。

纵向分析。对本课题的历史发展或各阶段的研究状况、特点、各种观点、看法、水平、成果及存在的问题进行回顾和比较分析。

横向分析。对现阶段的各种观点、成就、假设、见解和不同学派的立场与争论及悬而未决的问题进行客观的、综合的概述。

前瞻分析。对已取得成果进行评析，介绍或说明本领域或本课题研究的趋势或新动向，对该学科的发展前景进行展望。

结语。概述对这些外文文献进行研究后所得的概括性结论。

参考文献。主要是外文文献，以便读者追溯、继续深入地研究。

（二）述评的具体方法

述评是综述的增值，就像银行储蓄一样，综述部分大致相当于存款本金，评论部分就像利息，不过，述评不仅是数量的增加，而且是意义的增值和拓展。显然，评论是综述的衍生物，没有综述就没有衍生部分。"评"与利息又有所不同，利息是自动计算的，而评论则是译者在综述的基础上添加意义，是有意为之。评论也可以理解为对综述意义的联想，是一种有目的的联想，是译者权力话语的展示，通过增加译者的评论，综述的意义更加丰满，功能更加齐备，目的性更加明显。

语言哲学家洛克认为，词语的意义无非是代表其使用者头脑中的观念。这就是意义的观念论，其变体是联想论，即词的意义就是说这词和听这个词时所想到的东西。（陈嘉映，2003）如果我们把综述看作是"词"的话，评论就是这个"词"的联想意义，尽管意义的联想因人而异，但毕竟还是有理据的，离不开"词"的形象，也就是说，"评"的联想性依赖于"述"的"形象"（内容），译者从"述"着手通过联想衍射出相关的意义，实现意义功能的增值。述评的具体方法如下：

边述边评。一边综述相关材料，一边评论。其优点是材料与观点结合紧密、直观性强，有利于译者的联想，便于读者了解材料的内容和价值、分析原文材料的意义和功能，实现述与评的直通，照顾读者思维的连贯性，容易为读者所理解和接受。述评时，既可以一个观点接一个观点地叙述和评价，也可以在一段一节地叙述后加以评价。这种变译方法需要较高的写作技巧，述与评要格外注意交代清楚，不可把原作的内容同述评作者的评论相混淆，否则层次不清，会有零乱、缺乏逻辑之嫌。

先述后评。先对有关文献材料进行系统综述介绍，按条理整理后，再加以评论。这种变译方法使得对原文观点的介绍更易一气呵成，避免综述思维的中断和隔离，而将述与评的结构安排分开，层次感强，便于读者分清哪些是述的观点，哪些是评的观点。这种方法广泛运用于述评文章中。

先述中带评，后总评。这种变译方法是上述两种模式的混合体，书的述评多用此法。这种方式便于译者把一个一个的问题逐步展开，层层推进，把复杂的线索安排得错落有致，最后作出比较和总评，也有利于包容较多的内容。近年来出版的语言学和西方翻译理论书籍使用的几乎都是这种方法。例如，《系统功能语言学多维思考》（朱永生、严世清著）一书共十章，其中前七章主要是对弗思（Firth）、韩礼德和哈桑（Halliday & Hasan）的功能语言学理论

（尤其是Halliday的理论）进行综述，并夹杂着一些评论，后三章把系统功能语言学理论分别同转换生成语言学、语用学和心理语言学进行了比较与对比分析，基本上属于评价部分。这种写作模式为我们研究和著书立说提供了有益的启示。

（三）评论方法

1. 价值判断

对综述内容作出评判，是述评者主体性的自我展示，且兼顾了变译者和原作者之间、变译者和述评读者之间的主体间性。述评者在综述原作的基础上，既忠实原作的主题和基本内容，又摆脱原文的束缚，勇于提出自己的观点，敢于对读者负责，通过评论建构自己的权力话语，福柯的权力话语理论认为，一切话语都是权力，变译者的"述"和"评"都是典型的话语权力，述评者掌握了这个话语权力，就意味着在一定程度上可张扬自己的主体性。因此，我们不仅要研究述和评的结构组成，而且要了解评论的写作方法。对原文材料的综述并不是最终目的，作出明确的价值判断才是。评价的目的一是对综述内容作一下梳理，二是为读者开启一扇窗，帮助他们了解和评判有关的内容和信息。因此，对综述内容价值的高低，观点的对错，全面或偏颇，方法是否得当，论据是否充分，内容有何优势，论证是否服人，对原文的观点是赞成还是反对，赞成多少，反对多少，述评者要有明确的态度，不可模棱两可，暧昧不清，要作出具体的分析和探究。

要注意区分原文作者的观点和述评者的观点，不可混淆不清。此外，也可以分析综述课题的研究意义和启示。总之，对综述内容的价值判断是述评的第一要义，是述评进一步阐发观点的基点，是述评建构自己权力话语的起点，只有搞好了基础建设，述评者才能建构和完善自己的话语秩序。

价值判断的过程是寻求真理和发展真理的过程，是变译者对真理的定位和选择的过程，也是帮助读者分清事实和思路，启发深化研究的阶段性认识。以蔡寒松、周榕的《语言耗损研究述评》一文的第4部分——"语言耗损研究的主要意义和启示"为例：

语言耗损研究的主要意义以及给我们的启示体现在以下几个方面：

[1] 语言耗损与语言习得或语言学习的关系密不可分。虽然Jakobson把语言耗损看成是语言习得的"镜像"这种观点仍有争议，有待进一步证实，但习得与丧失或耗损堪称"孪生兄弟"，研究语言

习得若不研究语言耗损必然失之偏颇。而且从更积极的意义上看，研究语言耗损为研究语言习得开辟了一条重要的新途径。此外，从生命全程心理语言学的观点看，语言习得不仅包括获得的一面，也包括丧失、损耗（attrition）的一面；不仅包括上升、发展、进步（progression)的一面，也包括迟滞、退化（regression）的一面。丧失、耗损、迟滞、退化是整个语言发展的组成部分。从这个意义上讲，研究语言能力的发展离不开研究语言耗损。当然,研究语言耗损也同样离不开研究语言习得。正如Weltens（1987）所说，要对语言退化作出可靠的评价，就不仅需要研究耗损的材料，还需要研究来自习得的材料。

[2] 语言耗损与遗忘和保持密切相关。因此，对语言耗损的研究可以加深对语言与记忆的关系的认识。

[3] 语言耗损与语言的输入、加工密切联系。因此，对语言耗损的研究有助于加深对语言和加工过程的关系的认识。

[4] 一般认为，词汇比形态句法或音位更易出现耗损。因此，以词汇层面作为研究语言耗损的突破口意义更加突出。

[5] 由于环境因素与语言耗损的关系密切，研究汉语环境（或者相对较差的外语环境）里中国外语学习者语言的耗损有助于考察跨文化环境中非同源语言的耗损情况，并且可以检验国外现有的语言耗损理论是否具有普遍意义。（《心理科学》，2004年第4期，段前序号为笔者所加，注释标记已删除，有删改。）

段[1]论述了语言耗损与语言习得的关系，指出这项研究为研究语言习得开辟了一条重要的新途径，明确了语言耗损对语言学习的价值和意义。段[2]和段[3]分别说明了研究语言耗损对研究语言与记忆、语言与认知加工的关系的意义。段[4]说明了词汇的意义。段[5]说明了语言环境的意义。这些都属于价值判断，述评者从不同的侧面和角度提出了语言耗损的研究意义，使此前的综述材料有了价值归宿，并提升了读者的认识层次，使读者认清了研究意义的实质，加深了印象，获得了有益的启迪。

2.提出建议

综述的目的是评论，建议是述评的核心和落脚点，是必不可少的评析，离开了建议，述评就成了综述，缺少了亮点，失去了应有的价值。

建议可以是理论性建议，如对某种理论的缺憾提出全局性和补充性建议，并展开讨论或论述，提出修改建议，甚至在此基础上归纳出一种新的观点或理论；也可以是实践性建议，如针对综述中的工艺、技术、方法、方案、成果的推广应用等提出改进、拓展、加强和应用等方面的建议，以完善或推广新技术、工艺、方法和新产品等。一般用表示建议或意见的小标题列出，有时需要写出建议的理由。

3. 指出研究方向

在综述原文的研究成果和研究进展的基础上，总结其存在的不足之处，提出应予思考或研究的方向或思路，表明不应满足于已有的研究成果，而应继续深入地加以研究和探讨，指出亟待解决的事宜和问题。这部分对读者具有较强的借鉴意义，可以为有兴趣的读者（研究者）提供研究视角。以《语言耗损研究述评》一文的第5部分——"问题与思考"为例：

[1] 虽然语言耗损研究的势头强劲，并且越来越引起广大外语教学工作者的重视，但不可否认的是，它在理论及实践上仍存在许多颇有争议甚至令人困惑的问题亟待澄清和解决。归纳起来主要有以下若干问题：

[2] 耗损一词的准确含义有待界定。在多数文献中attrition（耗损）经常与forgetting（遗忘）、loss（丧失）、regression（退化）等词混用，在讨论第二语言耗损时，attrition还常涉及backsliding（退步）、fossilization（僵化）、foreignertalk（指向外国人的言语）、babytalk（儿向言语）等概念，然而这些概念与attrition究竟区别何在，有何联系，多数文献讨论得很不深入，甚至含混不清。例如，Weltens（1993）根据心理学的"提取失败论"（retrieval-failure theory）指出，耗损与遗忘的不同点在于：对遗忘而言，如果提供线索，信息可以作为整体被提取出来，而对耗损而言，只有可能提取部分信息。显然这种解释仍不甚明了，至少给人的感觉是，耗损有点像经典遗忘理论的翻版。

[3] 非智力因素尤其是情感方面的因素对语言学习/习得的影响

非常明显，这一点已为大量研究所证实。例如，Stevick（1999）和 Oxford（1999）分别指出了情感对学习和记忆的五大影响以及焦虑对学习和记忆的负面影响。同样，认知风格、学习策略、学习动机等也跟学习和记忆相关。这有力地说明，语言耗损研究理所当然地应该把非智力因素纳入其中。这方面的工作开展不久，有待深入。

[4] 从发展心理学的眼光看，耗损是逐渐形成的，因此，理想的耗损研究应当是纵向的，然而目前的研究大多是横向的，当然,造成这种现象的因素比较多，其中之一是，在前后测验之间的长时间里，很难排除被所偶尔接触在测语言的可能性，也就是说很难避免被试重新学习（relearning）和偶然学习（incidental learning）。这样，耗损研究的内部效度就大打折扣。看来，如何解决纵向和横向研究的矛盾，是一个值得探讨的课题。

[5] 长期以来，遗忘被视为一种消极现象。而近年来记忆心理学的研究表明，遗忘实际上是系统的适应性特征，带有积极的因素。这是否意味着耗损有时也是个体适应环境的结果，是一种记忆范畴里新陈代谢的表现？这个问题似乎可以从神经生物学和神经心理学的角度作深入探讨。（《心理科学》，2004年第4期，段前序号为笔者所加，注释标记已删除，有删改。）

段[1]概述了本研究所存在的争议，段[2]—段[5]作了具体分析，分别从"耗损"一词的准确含义、非智力因素的影响、研究的角度、遗忘是否是消极现象等方面，为其他研究者指明了进一步研究的方向，读者以之为切入点，可作深入探讨和研究。因为这些问题尚未弄清，故将其选作新课题，可以少走弯路。

4. 前景展望

对某一学科或某一专题的研究成果和经验加以汇集概述之后，往往需要对其发展前景进行展望，对其发展方向提出合理的、科学的预测，这种前瞻性分析和建议建立在对过去和现状进行总结的基础上，具有很强的启发性和指导性。前瞻性或预测性可分为：

理论前瞻。根据综述部分的规律、思路和动态，结合对这些内容的比较分析，对原来理论的性质、结构、功能和理解提出全新的看法，提供全新的视角和解决问题的方法，预计在今后一段时间内，借助其他有关理论，发展出一种新理论，取代现有理论。

应用前瞻。根据综述中的实践经验，预测相关理论、技术、技艺、方案和设计等应用范围的变化，或扩大或缩小，或根本改变，不仅要指出可能在多大程度上改变，而且要预测在实际应用中的影响和效益、优势和实现某种理想的效果，从而对有关课题或部门产生积极的作用。

无论是理论前瞻还是应用前瞻，都必须立足于现有的实际条件，根据事物发展的规律和态势作出科学、合理的估计，而不是信口开河，胡乱预测一通。

述评在综述原外文材料的基础上，对有关内容作出评论。无论是科技、文艺、哲学、社会科学发展的新动态，还是国际时事新闻都可广泛使用述评。如：

[1] 中新社北京1月18日电（**记者 李洋**）叙利亚境内的极端组织近日持续展开猛烈攻势，叙利亚安全局势告急，未来发展走向备受外界关注。

[2] 极端组织"伊斯兰国"连日来猛攻叙利亚东部城市代尔祖尔，并在战场上取得了重要进展，给叙利亚军方造成很大压力。"伊斯兰国"方面17日称，已经切断了叙空军基地的补给通道，有报道称叙政府控制区已被切割成两部分。

[3] 代尔祖尔地理位置非常重要，临近伊拉克。"伊斯兰国"与叙军方围绕该城的争夺已经持续两年之久。"伊斯兰国"的猛烈攻势无疑显示该组织仍有不容忽视的军事实力。

[4] 极端组织的猛烈攻势据报已经造成严重人员伤亡，叙军方除了紧急增援代尔祖尔外，还派遣战机对"伊斯兰国"据点展开轰炸。叙官方媒体17日称数十名极端组织武装分子被击毙，但没有透露关键战况。

[5] 下周，哈萨克斯坦首都阿斯塔纳将迎来叙利亚和谈。叙利亚政府、大部分反对派武装、联合国以及俄罗斯、美国、伊朗等国家都会派代表出席这次和谈。

[6] 正如联合国秘书长叙利亚问题特使德米斯图拉所说，由俄罗斯和土耳其促成的叙利亚停火协议其实仍"十分脆弱"，时下需要机

会来"消除敌意"。

[7] 按照俄外长拉夫罗夫17日的表态，和谈的主要内容是要巩固停火协议，推进政治解决叙利亚冲突的进程。然而，就目前叙局势来看，如何应对极端组织咄咄逼人的攻势也很有可能成为谈判的重要议题。

[8] 叙政府军与反对派的交火依然时有发生。事实上，前一阶段双方围绕阿勒颇展开的争夺表明，不论是叙政府军还是反对派武装，在军事上都显现疲态，难以在战场上发动更多的大规模攻势。在此背景下，极端组织武装乘虚而入，就显得不那么出人意料了。

[9] 叙利亚安全局势是否有转圜的希望，在某种程度上要看叙利亚和谈的结果如何。目前特别需要有关各方能够形成打击极端组织的共同意愿。

[10] 叙利亚和谈能否形成这样一个共同意愿，很大程度上要看参与谈判者如何判断当前叙利亚局势，什么议题是需要首先解决的。叙利亚有关各方能否通过和谈摒弃前嫌，共同应对极端组织？人们拭目以待。（《国际述评：极端组织持续猛攻 叙安全局势如何解危？2017-01-19 15：06：24 中国新闻网）

这是一则以评为主以述为辅的时事述评。段[1]主要提出评论的观点：叙利亚安全局势的未来发展走向备受外界关注。段[2]边评边述，段[3]是评论，段[4]是边评边述，这3段都旨在指出"伊斯兰国"军事实力带来的危害。段[5]叙述新闻事件的背景，段[6]以述为主，兼及摘译，段[7]是边述边评，段[8]、段[9]和段[10]都是评论，讨论了叙利亚有关各方通过和谈以达成打击极端组织的共同意愿的重要性。这则述评反映了述评的基本特点，不过它比学术性述评简单，原因是记者为了抢时效，必须使内容通俗易懂，便于读者理解时事发展的来龙去脉。

三、述评的原则

（一）原文资料的全面性和新颖性

述评首先是对原文有关材料的选择和概述，材料全面，涵盖度高，信息量大，内容涉及面广泛，资料详细，代表性强，综述才能具有高度的概括性和典型性。同时，材料必须具备新颖性，综述才能提供最新的研究或发展动态，为读者提供有价值的信息，并指明研究方向，如果资料都是过时的，综述就没有意义。述评的综述着重对研究或发展现状的叙述，便于开展研究式的评论。

（二）译作评论的多视角性

述评的落脚点在"评"上，"评"意味着对原作的观点、内容和技术的可行性、优劣性等特性作出适当的评价。评价一般包括对国外新理念、观点、方法、技术、工艺等的推崇和借鉴；对国外现有理论、设备、技术、方法进行评估，指出问题和缺点，加以改进和应用；对国外的成果加以鉴定和认证，对将来的发展趋势和目标进行估计和评判。评价的视角一般也是多样化的，可以从宏观、微观等方面入手，也可以从不同的学科出发进行评析，这样的述评才具有深度和广度。

（三）述评的方向性和建设性

述评通过对原文材料的比较和对比，总结出某种规律，根据有关信息的所指性和趋向性，指出目前国外研究或操作存在的问题和不足，归纳预测出未来的研究或发展方向，为读者指点迷津、指明研究方向。述评具有明显的前瞻性和指导性。评论中提出的建议具有明显的建设性，为研究人员提出有价值的建议，便于他们借此进一步思考和探索，发掘新的课题。

第七节　译评

一、译评及其特点

译评，指将原作翻译之后再结合其内容展开评论的一种变译方法。

译评的最大特征是译与评的有机结合。译评与述评既相互联系，又相互区别。译评中的"译"既可是全译，又可是变译，一般是变译（摘译、缩译、译述等），译加评构成译评。述评中的"述"是综述，当然也隐含评，不过只是变译，不可能是全译，综述加评论是述评。译评中的"译"不是综述，内容具有相对单一性，无须堆砌多种材料，述评的综述内容必须具有综合性和全面性。

此外，两者中的"评"也不相同。译评是针对单一内容的评论，而述评是针对综合内容的评论。摘译、缩译、译述同译评的区别很明显，都没有评论的部分。译评和译写也有异同之处，二者都在翻译原文的基础上增加新内容，但译评中的"评"并不等同于译写中的"写"，后者的自由度大多了。例如，译者翻译一则寓言，可以增加一些情节，而译评中的"评"仅限于对翻译内容的评论，译者的主体性受到的限制较多。译评同阐译亦有区别，后者是对原文词句的解释，属于操作层面。总之，译评可以视为简化的述评。

二、译评的方法

（一）译的方法

一般采取变译方法居多，摘译、编译、缩译、译述是常用的方法。这种"译"主要是为了介绍原文的基本内容，便于读者了解有关的信息、动态或事实，广泛用于文学作品的赏析或简介评析、新闻报道以及外语书刊的介评等。变译的结构比较简单，只涉及一篇文章、一份报告或一本书，为评论部分提供必要的素材和准备，因此缩译和译述使用最频繁，其次是编译和摘译。不过，在实践中，全译完一书一文后再加评论，也是译评。

无论是全译还是变译，不同的文本类型有不同的功能和翻译方法。德国功能派翻译理论家Reiss区分了四种不同功能的文本，指出不同的文本应采取不同的翻译方法，即：（1）信息性文本的译文须译出原文的全部指称内容或概念内容，即要全译；（2）表达性文本的译文要传达原文的美学和艺术形式，也是要全译；（3）呼唤性文本的译文要采取归化的形式，一般要变译；（4）视听文本要求使用视觉形象和音乐"补充"文本，是一种特殊的阐译法（李长栓，2004：66）。不过，我们认为，信息性文本也可使用变译。

这种功能翻译法为译评中的不同"译"法提供了有益的借鉴，可以构成其理论基础。Reiss的看法同季羡林先生的观点不谋而合。季先生认为，不同门类的翻译有不同的要求，有的需要严格对应，有的无需或很难对应，能达意也行，所以翻译很难有同一的标准。这说的也是全译和变译要针对不同对象，各司其职，各领风骚。这两种观点都隐含了某些文本最好使用变译方法的意思。文本功能和翻译方法确定下来后，评的方法便迎刃而解。

试看以下一则新闻报道：

国际组织呼吁减排二氧化碳阻止北极冰雪融化

[1] 中新社北京十一月九日电（记者阮煜琳）九日来自世界自然基金会的消息，北极地区正在受到气候变化影响并且已产生严重后果。世界自然基金会敦促有关各国政府尽快采取减排二氧化碳的措施，以遏制气候变化造成更大的影响。

[2] 一份介绍温室气体排放对北极影响的报告《北极气候变化影响评估》于十一月八日面世。该报告是由北极协会的八国政府聘请二百五十多位科学家经过一系列的考察和分析作出的，也是迄今为止最为全面的介绍温室气体对北极造成的毁灭性影响的文献。

[3] 专家指出，北极地区正在受到气候变化影响并产生严重后果。北极生物将受到生存环境改变的巨大威胁，北极熊、海豹等物种首当其冲，北极脆弱的生态系统岌岌可危。北极地区气候变化所产生的后果还将反作用于气候系统，引起更大的全球变化。北极冰川所储存的大量淡水注入海洋将使海平面上升。海冰的大量融化会使北极地区反射太阳光能力减弱，这也将进一步引起气温变暖。

[4] 与此同时，温室气体排放的主要贡献者——很多发达的工业化国家，还在质疑气候变化现象是否存在，并以此为托词逃避减排温室气体的责任。

[5] "北极的融化正在发生，"世界自然基金会全球气候变化行动主任詹尼弗·摩根（Jennifer Morgan）说，"发达的工业化国家正在用一种完全失控的实验方式来验证气候变化的存在，而北极就是这种实验的第一个牺牲品。这种实验是不道德的，也是错误的。"詹尼弗·摩根敦促这些发达国家采取实际行动，而不是持继续观望的态度。（《国际组织呼吁减排二氧化碳阻止北极冰雪融化》2004-11-10 08：55中国新闻网）。

这则报道其实就是对世界自然基金会的一份报告的概述，除了计划部分的两句话外，全文几乎全是报告的变译。段[1]是对世界自然基金会提出的气候变化对北极产生了严重影响的看法的译写。段[2]和段[3]是对报告的缩译，段

[4]主要是评论，段[5]主要摘译了基金会负责人对发达国家排放温室气体的批评。这则报道以译为主，以评为辅。

又如，《<美国毒品和毒品政策文献史>述评》[1]一文是一篇书评，名为"述评"实则是译评。这篇文章"译"的部分照录如下：

> [1] 早在19世纪七八十年代，美国的卫生官员们就开始使用简单的统计方法对辖区内的毒品使用状况进行研究。但是，真正地从历史的视角来研究美国毒品问题和毒品政策的首部历史著作要数查尔斯·特利与米尔德里达·佩兰斯在1928年合著的《鸦片问题》一书。其后，随着美国吸毒问题的日趋恶化，这一问题也备受关注，并逐渐成为学术研究的显学，新的论著不断涌现。哥伦比亚大学"国家成瘾和物质滥用中心"的高级研究助理史蒂文·贝伦科在前人研究的基础上，于2000年编著并出版了《美国毒品和毒品政策文献史》一书，这是以文献史的方式来研究美国毒品问题和毒品政策的首部通史性著作。贝氏从历史学的宽宏视野着笔，试图通过对文献资料的分析，以纪实的手法来向读者展示百余年来美国的毒品问题和毒品政策的历史演进。
>
> [2] 全书除了"丛书"前言、致谢、内容介绍、大事记和推荐读物之外，共分成了13部分，271份文件。综合观之，贝氏在书中主要探讨了以下6个问题：
>
> [3] 1. 联邦政府毒品政策的演变。从1906年美国国会通过的初步管制含鸦片、可卡因和其他毒品的专利药品生产的《纯食品和药品法》，到1914年联邦第一个全面管制鸦片和可卡因使用的法令——《哈里森法》，再到尼克松政府1970年颁布的《综合法》，以及克林顿政府的《国家毒品管制战略》报告，贝氏都进行了历史学层面的详细探讨。
>
> [4] 2. 州毒品政策的演进。州的毒品政策是学界研究较为薄弱的环节，这与美国各州在禁毒史上的领头羊地位极不相称。贝氏试图通过对自19世纪60年代以来州毒品政策演进的研究，历史地审察州在美国禁毒史上的地位和作用，这也"有益于理解美国毒品政策的演进"。

1　张勇安：《'美国毒品和毒品政策文献史'述评》，载《世界历史》，2004年第3期。

[5] 3.《哈里森法》研究。《哈里森法》既是美国禁毒史上第一个全面管制鸦片和可卡因使用的联邦法令，又是联邦政府在此后半个多世纪里禁毒政策制定的法律基石。故贝氏专门用了3大部分来讨论这一法案出台的背景、过程和影响。值得注意的是，他利用了大量的法院判例来研究最高法院对《哈里森法》"合宪"地位确立过程的介入，及最高法院立场前后发生变化的社会影响。

[6] 4. 大麻政策史研究。众所周知，大麻是吸毒者首选和使用最广泛的毒品，在一定程度上，美国的毒品问题也即"大麻问题"。贝氏在书中把美国的大麻政策以20世纪60年代为界分为两个阶段来研究，探讨了大麻的使用状况及州和联邦政府的对策。

[7] 5. 毒品治疗史研究。美国的禁毒政策史始终是司法惩治模式和治疗模式二者相互争斗的过程。贝氏在探讨美国毒品政策时，专门用了大量的文献来研究毒品治疗的历史发展，这有助于更加全面地理解美国毒品政策的发展和演变。

[8] 6. 毒品合法化之争。在美国禁毒史上，旨在改革禁毒政策司法惩治模式的运动时有发生，并日益蜕化为一场毒品合法化运动。近年来，受惩治型毒品法的影响和毒品问题屡禁不止的驱动，毒品合法化的呼声日高。这样，贝氏从历史的视角出发研究了20世纪初期以来的毒品合法化之争问题，并着重探讨了争论中各派的观点和立场。

[9] 通过对诸多文献的分析和研究，贝氏指出美国毒品和毒品政策史有4大显著特点：（1）"周期性偏重某类毒品"。（2）"医学方式管制毒品和司法惩治方式之间的紧张关系循环往复"。（3）"毒品政策的变迁往往更多地受到政治事件或传媒的影响，而非基于科学进步或吸毒和毒品问题的实际趋势"。（4）"大多数立法和政策的目标未能实现"。（段前序号为笔者所加，注释标记已删除。）

原文基本上是信息性文本，译文采用了变译的方法。前两段基本上是有关此书出版背景的译述；段[3]—段[9]介绍本书的基本内容，主要采取的是缩译和译述法，把全书的内容压缩为几段文字，概括度极高，其中段[4]的"有益于理解美国毒品政策的演进"，段[5]的"合宪"，段[6]的"大麻问题"，段

[9]的"周期性偏重某类毒品"、"医学方式管制毒品和司法惩治方式之间的紧张关系循环往复"、"毒品政策的变迁往往更多地受到政治事件或传媒的影响，而非基于科学进步或吸毒和毒品问题的实际趋势"、"大多数立法和政策的目标未能实现"属于摘译部分，摘译原文说明这些内容很重要，用直接引语提请读者注意。

（二）评的方法

法国著名翻译理论家梅肖尼克指出，翻译应当是历史主题特殊形式的"重新表述"，是"两种诗学的相互作用"，是"中心偏移"（许钧、袁筱，1998：139）。就译评而言，翻译是"两种诗学"的"重新表述"自不待言，"中心偏移"才是问题的关键所在，不仅有原文向译文的转移，而且重点是译文向评论的"偏移"，换句话说，译评中的"评"是由"译"的中心转向"评论"的中心，评占据了"中心"位置，在很大程度上摆脱了译文的羁绊，张扬自己的主体性、创造性和叛逆性，实现了在另一中心的新的创造飞跃。

在文学翻译中，对翻译作品的赏析和评论就是评。在社科翻译中，翻译的评主要体现在国际新闻和外语书文的译介方面。这种评论一般应客观、冷峻、实事求是，要以译文为依据，不可过多谈论个人感受，一般以译文内容为评论的对象，尽量避免主观武断，否则译和评就没有关联了。"评"延伸了译文的思想，拓展和深化了译文的主题，刻上了译评者的烙印，打破了原文和译文截然分立的界限，使译文的价值增殖增容。评是一种创造，是一种权力的运用，展示了译评者的认识水平和联想能力。由于译评中"译"所涉及的面比述评中述所涉及的面范围小，译评中的"评"自然较之述评中的"评"范围小，可以指出译文内容中的优缺点，但一般不涉及前景展望。

《<美国毒品和毒品政策文献史>述评》的第二部分即为对《文献史》这本书的评价，兹照录如下：

[1] 这本书属于文献汇编性质，但又不单纯地是各种文献资料的简单堆积。从内容和体例来看，这本书具有以下几个特点：

[2] 1. 以原始文献为基础，研究美国的毒品和毒品政策史。据初步统计，贝氏在书中采用了33份法律公文，17份政府文件，15件最高法院判例，另外还部分采用了学者的论著20余部，报刊文章60余篇，

从而为这一问题的研究提供了坚实的文献基础，特别是对原始文献的挖掘更是非他人的研究所能及。这一方面为研究者提供了大量的文献资料，另一方面也为研究者提供了诸多新的研究课题。

[3] 2. 巧妙地使用评述性语言，使全书浑然一体。贝氏不仅在各部分之间加入了自己的评述性语言，而且在各部分内的文献之间也加入了简单的评介，这如同一根红线把相对孤立的文献整合在一起。重要的是，这些评述性语言既概括了文献所要阐述的内容，又阐明了著者的立场和观点。另外，这些评语有承上启下的连贯作用，使整本书看起来更像一部史书。

[4] 3. 编纂体例上力求创新。贝氏以美国毒品政策的演进为主线，在不破坏以时间为序的线性叙述的前提下，辟专章讨论了一些对美国毒品政策史产生过重大影响的内容。如：《哈里森法》、大麻政策史及毒品治疗史等问题，从而既保证了结构上的合理性，又不破坏内容上的完整性。

[5] 4. 注重从历史的角度宏观地研究美国毒品政策变迁的社会背景。例如：在研究《哈里森法》时，贝氏首先研究了19世纪美国的吸毒问题，在当时，吸毒问题主要还是个"个人问题"和健康问题，而到20世纪的最初10年，这一情况发生了变化。他指出：国内公众对毒品认识的改变，医学逐渐受到重视，及"毒品改革者"对国际事务的关注等因素都直接或间接地推动了《哈里森法》的出台。这种研究方法有助于阅读者更深刻地了解美国毒品政策的变迁。

[6] 5. 把毒品问题和毒品政策的变迁相结合进行研究。这种把二者结合起来进行研究的方法规避了毒品问题和毒品政策相分离的研究倾向，从而开创性地从毒品问题本身出发来研究毒品政策的演变。事实上，这种研究方法在贝氏的其他著述中也有所体现。

[7] 诚然，贝氏在《美国毒品和毒品政策文献史》一书中收集了大量的史料来阐释百余年来美国的毒品和毒品政策史的变迁，并开创性地使用了一部分前人所不重视的政府档案和法院判例，但正如其在前言中提到的那样，因为毒品问题和毒品政策相当庞杂，要在这本书中讨论这一问题的各个方面是"不可能的"。他坦诚在书中遗漏了一

些较为重要的问题。而对战争与毒品问题和毒品政策的关系也论述不足，这恰恰也是一个重要的影响因素。美国研究毒品政策的专家阿尔弗雷德·林登史密斯曾指出：美国所经历的战争都对其毒品问题产生过重要影响。同时，贝氏对一些重要的研究成果也未能加以利用，如"应用研究办公室"和"预测未来"的研究报告，此外，戴维·考特莱特的《一个世纪以来美国的麻醉品政策》等论著也未能借用。

[8] 但瑕不掩瑜，贝伦科的书无论从文献学还是从编纂学的角度看都是一部研究美国毒品问题和毒品政策的上乘佳作。（段前序号为笔者所加，注释标记已删除。）

评论首先分析了该书的特点，段[2]—段[6]分别就原始文献的价值、该书的语言风格、篇章体例、历史的角度和毒品问题与毒品政策的结合等方面作评析，肯定了该书的学术价值和原作者研究方法的开创性。段[7]则指出该书对战争与毒品问题和毒品政策的关系论证不足，以及对某些重要研究成果未能利用的缺憾。这部分评论的篇幅几乎与变译部分相等。最后一段是总评，指出尽管存在一些不足，但这本书总体上是"上乘佳作"。在评论过程中，译者也引用了原文的某些观点，这部分属摘译。这说明外语书籍书评中的评论部分一般不宜过简，必须适当展开，否则读者难以从书评中看出原文的价值有多大，译评起不到指导作用。不少读者是在看了译评之后才决定购书的。

（三）译与评的操作模式

1. 先译后评

这种方法在译评中最常见，同述评中的先述后评的操作模式极为相近，只是前者的"译"比后者的"述"要简单些而已，如上文例举的书评用的就是典型的先译后评的模式。这种模式层次分明，原文作者的观点和译者的看法在结构上安排得泾渭分明，一目了然，体现了思维的层次性和立体性，因此广泛应用于某些新理论、新技术和新思潮的译评，以及文学作品的翻译和欣赏。

2. 夹译夹评

这种方法是译中带评，译与评紧密结合，而不是两张皮，可以概述每个观点或者每个部分的内容后再作评论，也可以就其部分观点或内容作出评论，这种方法可以广泛应用于书评或新书导读。试看杨永林为拉尔夫·法索尔德的 *The Sociolinguistics of Language* 一书第一章所写的译评：

第一章 称代形式

1.1 引言（Introduction）

[1] 这一小节的侧重点是：不同语言文化背景中广泛存在的称代形式选择，充分体现了语言使用与社会关系之间的交互作用。为了表示社会群体中普遍存在的尊卑长幼、远近亲疏概念，交际双方不可避免地遵从特定的社会规约，选用合适的代词称代形式，以此来达到确定彼此社会地位和表示不同人际关系的目的。从这个意味上说，语言称代系统的研究就具有了深刻的社会语言学意义。其语义系统所形成的社会语言学意义上的语义对立，不但是一种广泛存在的语言普遍现象，而且同其所表现出的特定社会文化关系之间有着不可分割的紧密联系。本小节还区分了两种语义功能不同的称代形式，说明了表示社会关系的称代形式（address forms）和引起对方注意的称代形式（summonses）在使用功能上的异同。

1.2 Brown与Gilman的代词对称研究（Brown and Gilman）

[2] 社会语言学称代形式研究之所以取得如此辉煌的成就，在很大程度上和两位美国学者Brown与Gilman关于代词对称中的权势与同等语义关系的研究分不开。在这篇社会语言学代词研究的发轫之作中，Brown与Gilman通过考察数种欧洲主要语言的称代系统，概括出了代词对称的两种基本语义关系：权势与同等（power and solidarity），并分别采用相应的拉丁语词语vous和tu的首字母大写形式来标示，通常写作V和T。前者指代表示礼貌客气的尊称形式（respect and politeness），后者体现表示亲近随和的通称形式（familiarity and informality）。研究称代形式及其用法的重要性在于观察了解同一形式的非交互性或非对称性的使用情况（nonreciprocity or nonreciprocality）。话语双方通过这种非对称性形式的选用，表明各自在等级社会中身份地位的异同，以及在错综复杂的人际关系中角色的认定。一般情况下，我们都能正确选用合宜的对称形式，但是当代词对称的两种基本语义对立形式与社会关系的复杂性发生冲突时，如何解决这一矛盾就使得社会语言学称代研究不但具有语言学研究的意义，也有了跨文化比较的底蕴。这一问题的提出，同时也为本章第

四小节"称代用法变异表现"的讨论埋下了伏笔。

1.3 美国英语称谓研究（American English Address）

[3] 众所周知，社会语言学称代系统的研究一般包括两个方面的内容：一是阐明对称形式选用的基本规律，二是描述称名道姓的具体规约。由此推知，本章二、三两节的内容具有相辅相成的互补性。后一种研究的经典之作，首推Roger Brown 与 Marguerite Ford 在20世纪60年代年代初发表的有关美国英语称谓系统的研究。此外，还应包括Susan Ervin-Tripp采用计算机流程图模式为同一系统所绘制的选择示意图。Brown与Ford的研究表明，在美国社会中，其称谓系统存在着下列三种语义模式可供选择：

(1) 彼此直呼其名（the mutual exchange of FN）；

(2) 彼此采用头衔加姓氏的方法（the mutual exchange of TLN）；

(3) 非对称性选择方式（the nonreciprocal pattern）。

[4] Brown与Ford的研究揭示出一些有趣的现象，兹简述如下。其一，美国英语称谓系统中的语义关系选择和一般意义上的对称形式的选择之间有着十分相似之处，都受权势与同等语义关系的制约；其二，因受文化的影响，支配非对称性选择的因素可以是年龄的大小、职位的高低、性别的不同，等等；其三，称谓系统中的语义关系选择呈现出权势高的一方拥有首选权利的互动发展模式。实际上，这种互动行为模式之中包含着一种深刻的社会心理因素，Howard Giles 与 Philip Smith的"调节理论"（accommodation theory）（1979）对此现象有独到的见解与分析，有兴趣的读者可以参阅比较。Brown与Ford的研究还表明，同对称形式的选用一样，称谓方式的选择还受语境及说话人情绪等因素的影响。

[5] Ervin-Tripp的称谓系统流程图，如同形式语法描述一样，勾勒出美国英语称谓系统在一种近乎理想的语言环境状态下的一般性选择原则，具有高度的概括性。同时，其也充分说明，称代语义关系的确定与选择，绝非人们通常想象的那样简单明了。本章下一节将谈到的由于当事人Sue的职位变迁而引发的称谓选择上的两难现象，正好是对此问题的一个极好脚注（Leeds-Hurwitz），可以参比。

1.4 称代用法变异表现（Variation）

[6] 本小节由两个部分组成，从跨文化比较的角度，分别探讨了称代用法在"组间差异"和"个体差异"两个方面的表现，并得出一些有趣的结论。不过，由于这一节的分析与讨论缺乏一个总体框架，加上问题本身所体现出的多样性和复杂性，通篇结构显得杂乱无章、缺乏条理。这一缺陷可以通过下列措施得到弥补：首先，从跨文化比较的大语境中去理解各种变异现象；其次，分别从文化差异、社会差异，以及个人言语风格差异这三个层面去把握诸项研究所关心的焦点问题。

1.5 西方社会普遍原则（Universals of Western Society）

[7] 本小节着重阐明Brown与Gilman对于权势和同等语义的区分，准确地概括出西方社会诸语言称代系统中存在的普遍语义对立现象。同时，在阅读这一节时，有必要进一步了解社会语言学研究中的"权势"概念的内涵与外延。除了根据权势一词的概念所属及具体所指有必要对其作广义和狭义的区分之外，还须进一步区分"显性权势"（overt power）和"隐性权势"（covert power）之间的差别。在特定语言文化背景中，对女性频频使用尊称形式这种现象，并不意味着同男性相比，她们享有更高的社会地位、拥有更多的权势。这种礼貌用语现象背后，有可能隐藏着由文化传统和社会习俗决定的"隐性弱势"（covert powerlessness）的底蕴。

1.6 亚洲语言称谓研究（Address in Asian Languages）

[8] 这一小节的内容实际上只涉及两种亚洲语言的称谓系统：汉语称谓系统和爪哇语称谓系统。汉语的情况大家都比较熟悉，再加上此书成于20世纪90年代初，有些内容难免陈旧过时，仅供参考。爪哇语作为印度尼西亚的一种主要语言形式，因其繁复多变的文体差异与不同社会关系之间的紧密联系，一直是社会语言学家所津津乐道的热点话题之一。因此，Clifford Geerts的题为"Linguistic Etiquette"的文章，已成为该项目研究之中的经典之作，被广泛地引用。

1.7 小结（Summary）

[9] 小结部分简要综述了本章的主要内容。（段前序号为笔者所加，注释标记已删除。）

段[1]是对原书引言的编译或译述，指出了不同语言中的称代形式和社会关系之间的交互作用，以及两种称代形式的不同功能。段[2]第一句是译述，接着缩译了Brown和Gilman关于代词对称中的权势与同等语义关系研究的成果，最后一句是评论。段[3]首先译述了对称形式选用的基本规律和称名道姓的具体规约，接着评论"由此推知，本章二、三两节的内容具有相辅相成的互补性"。然后缩译三种语义模式的称谓系统。段[4]译述和缩译了Brown和Ford的称谓系统中的三种有趣的现象以及称谓形式的选用与说话人情绪的关系。这其中夹杂着评论："实际上，这种互动行为模式之中包含着一种深刻的社会心理因素，Howard Giles与Philip Smith的'调节理论'（accommodation theory）（1979）对此现象有独到的见解与分析，有兴趣的读者可以参阅比较"。

段[5]是译者对Ervin-Tripp的称谓系统流程图的评论，指出它只是在近乎理想的状态下的一般性选择原则，具有高度的概括性。段[6]先概括和摘译了称代用法的组间差异和个体差异的表现，继而译者评析了这一小节篇章结构的欠缺——杂乱无章、缺乏条理，并指出这一缺陷可以从宏观层面和微观层面予以弥补。段[7]第一句话评述了Brown 和Gilman 对权势和同等语义的区分，准确地概括了两种语言称代系统的普通规则，并译述和摘译了权势概念的各个层次的区别。段[8]先译述了本节涉及的亚洲语言称谓研究只限于汉语和爪哇语，接着评析了汉语研究内容的陈旧性和爪哇语研究话题的热门性。段[9]用一句话对原文小结作了缩译。这样的译评既使读者了解了本书各章节的内容，又总结了其价值和不足。这是夹译夹评的范例。

三、译评的基本原则

（一）对原作的涵盖性

译评首先要解决的问题是对原文的翻译，译文须有涵盖性，通常全译用得较少，变译用得较多，一般借助于译述、缩译、编译、摘译等方法，对原文进行翻译和概括，篇幅可长可短，为便于读者了解原文的要点和重点，文字必须高度凝练，内容有所侧重。变译并不是对原文平均分配译文文字，其详略程度取决于对应原文的重要程度，不一定面面俱到；全译可以涵盖原文的内涵。为了避免译文简介的单调性，译文须揉进复述性的文字，增强译文的涵盖性、重点性、流畅性和可读性。

（二）添写的评析性

评析既要有译，又要有评。译者在变译原文的基础上，需对有关内容透彻理解，仔细揣摩，进行语言分析、归纳、推理，作出符合逻辑的评价，既要肯定其长处，又要指出其短处。评析可以从多角度、多维度出发，意见要有深度，令人信服，不可不着边际地信口开河；译者评析的语言和变译的内容不可混淆不清，要让读者易于辨认。

（三）译评结合的合理性

译评的模式主要是先译后评、夹译夹评，译和评的分量安排要合理。先译后评意味着译和评的内容"分而治之"，层次分明，但评和译两部分篇幅之间的比例要协调，不可头重脚轻，也不能头轻脚重，否则，要么是译的内容不透彻，要么是评论缺乏说服力。若采用夹译夹评的模式，译与评的份量也不能太失平衡，译得过多，评得过少，或者是译得过少，评得过多都不好。

第八节 译写

一、译写及其特点

译写，指翻译原作全部、部分或主要内容并加以评论、阐释和拓展的变译方法。

译写的典型特点是在翻译的基础上增加译者自己的创作内容，以补充、深化和拓展原作的有关思想、信息或内涵，使原作更加丰满、突出和易懂。译写同译评、阐译等有某些重叠之处，它们之间既有类似或相同的地方，又有区别。

译写也有评论部分，也就是写中有译，部分内容涵盖了译评的处理方法，并在译评的基础上加上了写的分量，特别是介评和研究学术性书籍中相关的新颖问题时，经常需要对有关材料进行评论；但译评基本上是就事论事，而译写还需高瞻远瞩，恰当引述其他来源的材料，或按自己的看法写出更多的内容，有感而发，提出更深、更广、更新的意见和观点，从而突破原作的框架。换言之，译写扩展了译评的容量，超越了它的范围和界限，也就是增容和增值了。

译写还可能包含阐释，即阐译法，但两者存在不同。阐译是对原作中过于简略或晦涩的内容进行合理解释式翻译的变译方法，一般就事论事，不能过多发挥，译写就不局限于这种范围，而是可以增加或补充同原作主题有关的信息或观点，使得内容更加翔实、完善。

译写同参译亦有区别与联系。后者是写中带译（直接翻译引用原文内容），以写为主，以译为辅，而译写则是以译为主，以写为辅，不过，二者也有共同点：译写之"译"与参译之"译"既可是全译，也可是变译，且都以变译为主。

归根结底，译写至少包含了基于译评、阐译和参译三种方法之一的变译扩充方法，其最大特点是译者有较大地阐述自己观点的权力和自由，不囿于评、释、参的范畴，译写的关键落脚在"写"上，即译者根据需要增添的新内容。

二、译写的方法

译写是一种典型的混杂性翻译。后殖民主义翻译理论家尼南贾纳（2001）转引霍米·巴巴的话说"混杂性是殖民权力生产力的标志，是它的变换力量和永恒固性"；他本人认为，"混杂（主体或情景）包含着翻译、变形、置换"。译写中包含着"变换""变形"和"置换"的混杂性，是"译"的"变形"和"变换"，是"译"和"写"的混杂。变译者的"写"集中表现了其翻译的"自由和超越"思想，其"自由"意志"超越"了译文的羁绊，逐步摆脱了译文的限制，随着增写的内容进入了新境界。

（一）译的方法

译写中的"译"绝大多数情况下是编译、摘译、译述、缩译等变译，全译也可能使用。在译写中，译的部分是主体，是变译活动的立足点和基本框架，写是一种补充手段，没有译，译写就完全成了创作。几种变译方法都是为这个过程服务的，以哪种方法为主，取决于译者的着眼点和其对原文信息的把握度以及原文的信息结构。因此，就结构而言，"译"是发射点，"写"则是辐散点。换句话说，译写的文本是混杂的文本，是"发射点"和"辐散点"的混合体。例如，近代思想家和翻译家严复翻译英国思想家爱德华·甄克斯的《社会通诠》（*A Short History of Politics*），"译文正文86,000余字中，至少有19,000多字的文字内容是原作中所没有、而由译者加出的，约占正文的1/5强。有些段落中由严复增加的内容更高达百分之三四十以上"（王宪明，2004：64）。严译文本"译"的内容仍然构成了全文的主体，"写"的部分是补充和辐射，由此可见，西方思想在中国本土化过程中通过"译"和"写"两种手段获得了"嫁接"和"互释"的交融特性。

（二）写的方法

如果把译写中的"译"视为一盆水，"写"就是向水中额外放入的一把盐，是另加的东西，是附加物，是"认知补充"，即对原文"认知"翻译基础上的"补充"。这里所说的"认知补充"同释意派翻译理论理解中的"认知补充"不同，后者仅仅指上下文、交际环境、认知知识。译写中的"补充"也是一种阐释，但同斯坦纳在《巴别塔之后》中所述的"阐释"迥然不同。斯坦纳认为，在翻译的阐释过程中，译者经过了信任、攻占、吸收、补偿四个步骤，并无可避免地将个人生活经验、文化和历史背景渗入了原文，使翻译成了对原文的再创造（陈德鸿、张南峰，2000：30）。这种"阐释"式的"补充"还主要停留在"译"的阶段，并没有升华到创作的层次。

译写中的"补充"是译者在"译"的前提下连带出来的经验和思想感情，如果"译"代表了原文文本的一极，而"写"代表了译者文本的一极，那么，"写"促成了原作者和译者之间的主体间性、原作和译作之间的文本间性，显然，译者的自由性"补充"了其自己的"纯粹创造"文本。译写中的"写"并非是海阔天空、任意挥毫，而要受到译的内容的制约。写就是增加与原作主题相关的信息量——或添加举例的细节，使内容更丰满，增强可读性；或增补对原作的评析或解释，对原文的思想内容进行价值判断；或深化原作的内容和意义，拔高原作的思想理论高度。以下是一则化妆品广告的译写实例：

GGhEGF Contour Lift Serum

GGhEGF contour Lift Serum is a revolutionary skincare product of Majorie Bertagne, which integrates skin vitalizing and contour lift in one product. It takes the lead in adopting EGF, the Biomedicine Nobel achievements, as the main active ingredient in this product. hEGF (human Epidermal Growth Factor) is a human polypeptide containing 53 amino acid residues that exhibits potent mitogenic activity for a variety of a cell types. It is an important growth factor in the human body, which can penetrate and absorb quickly into the epidermal and dermal layers of skin with an absorption rate up to 99%. When aceing on both dermal and epidermal layers, it can synthesize, supply and regenerate the lost collagen protein, restore broken collagen resillience and retain elasticity of your skin and slow down its natural aging. Other valuable ingerdients, such as VC Arbutin compound, Glycospheres-VA, Osmocide Redulite, are added to inhibit the generation of black pigment, enhance anti-oxidation, effectively boost the natural de-toxic function of the skin, keeping the skin smooth and fine. The flawless coordination is renowned as "perfect match" in skin beauty.

GGhEGF塑颜活肤素

GGhEGF塑颜活肤素是Majorie Bertragne 曼诗丹尼特别推出的集活肤、塑颜于一身的革命性护肤产品。它利用获诺贝尔生理学或医学奖的成果——EGF的发现，经再深入研究，将具有很强生理活性的小分子蛋白——hEGF作为此产品的主要活性成分。hEGF（人体表皮生长因子）是人体内一种重要的生长因子，由53个氨基酸组成，能迅速渗透入表皮及真皮层，被皮肤吸收率达99％。hEGF作用于真皮层时，能合成并补充真皮层内流失的胶原蛋白，修复受损断裂的弹性纤维，令肌肤回复及保持弹性，延缓肌肤自然老化过程；作用于表皮层时，能促进健康表皮细胞的生长，使之取代疲劳老化的表皮细胞，是健康肌肤不可缺少、名副其实的"再青春之素"。同时，其他珍贵成分如VC熊果苷复合物、毫微胶囊纯他合PA、接骨木复合精华等的加入，可有效抑制黑色素的产生，发挥抗氧化、去浮肿作用，有效提高肌肤的天然排毒功能，令肌肤时刻保持光滑、细致，<u>其与hEGF天衣</u><u>无缝的配合</u>，被誉为美容护肤的"钻石组合"。

译文基本上是忠实于原文的翻译，但画线部分属于写的范畴，是原文所没有的，译文是混杂性文本，"经再深入研究，将具有很强生理活性的小分子蛋白"是解释性的增添，"作用于表皮层时，能促进健康表皮细胞的生长，使之取代疲劳老化的表皮细胞，是健康肌肤不可缺少、名副其实的'再青春之素'"属于解释说明性和评论性的附加，"去浮肿"是纯粹的补充。

这则广告中的"写"补充和完善了原文中的说明性语言，强化了译文的审美意识，加强了美容产品的劝说功能，有利于取悦女性顾客，有利于促销产品。"女性购买化妆品完全是为了自身美的需要，如果翻译出来的说明书不能唤起一种美感和好感，一种使用该产品的高雅感、自信感和浪漫感的话，该产品就很难和意欲购买的女士建立起感情上的联系，产品在市场上的销路也就可想而知了。"（郑玉琪、郭艳红，2001）上面这则译写中的"写"正是为了增加译文的"美感"、"高雅感"和"浪漫感"，最大限度地满足顾客抗衰老、永葆青春的心理需求，取悦更多的女性顾客，这是广告产品译写的重要策略。

（三）译与写的操作模式

蔡新乐（2005）指出："翻译在其理性的可替换的意义上，在重新发挥人的潜在的语言跨越边界的沟通作用的情况下，其最大作用也就是保持人对自由的追求，保障自由的畅通无阻。而且，这是在没有任何外在意识支配下的、没有任何约束力主宰下的，甚至是无意识当中的自由以及自在。"变译中的译写可以说把"人对自由的追求"发挥到了极致，译者有时能够"我行我素"，保障"写"的自由"畅通无阻"。不过，这种自由还是相对的，有时不受外在约束力的主宰，但更多地受外力的支配和操纵。

"写"在篇章翻译中难以归纳出固定的模式，译作中译的量和写的量视不同的题材和体裁及译者的偏好而定——既可以译为主，以写为辅，体现译者较强的原文意识；亦可以写为主，以译为辅，体现译者的个人创作自由意识；还可令译与写相对平衡，体现译者兼顾二者的中庸意识。在译主写辅模式中，"写"一般为评析或解释、补充；在写主译辅模式中，"写"通常用于介绍或论述有关的知识和体系，基本脱离原文的框架而自由自在；在译写参半模式中，写的方法既可以是评论、阐释，也可以是增加新信息和新内容。

译写的结构安排大致可分为译先写后、写先译后和译写渗透。译先写后，写为扩展、补充、解释说明；写先译后，写为介绍、引子和准备；译写渗透，则要灵活整合译和写的内容，使其成为有机整体，这需要译者有更高的写作水平。

下面根据实例来分析译写的操作模式。先看一则美国一家网站上报道：

斯蒂芬·罗奇：美难以承受中国"大棒"自卫后果

[1] 参考消息网2月1日报道 世界报业辛迪加网站1月25日刊发美国耶鲁大学杰克逊全球事务研究所高级研究员斯蒂芬·罗奇的文章《中国的大棒》称，特朗普政府拿中国开刀将是重大误判。它似乎在考虑各种各样的经济和政治制裁——从征收惩罚性关税和将中国列为"汇率操纵国"，到与台湾交好和背弃数十年来围绕"一个中国"政策制定的外交框架。

[2] 斯蒂芬·罗奇认为，这一战略将适得其反。它依据的是一个错误信念，即新近变得强势的美国有足够筹码对付它所假定的对手，中国的反应根本不值得考虑。大错特错。

[3] 是的，美国是中国的最大出口市场之一，是其30多年辉煌发展历程的中流砥柱。美国市场关上大门肯定会阻碍中国的经济增长。

[4] 但美国也已经变得严重依赖中国，后者现在是美国第三大、也是增长最快的出口市场。而且中国持有超过1.25万亿美元的美国国债和其他美元资产，是美国长期预算赤字的重要融资来源。

[5] 文章称，这种双向依存——心理学家所说的相互依赖在经济中的表现——有其深刻的根源。20世纪80年代初，由于刚刚结束的文化大革命使经济支离破碎，中国急需新的经济增长源头。而经过了20世纪70年代末和80年代初的破坏性滞胀之后，美国也需要新的经济良方。拮据的美国消费者把这两个难题一并解决了，既成为中国经济增长的强大外部支持力量，又从中国制造产品的低廉价格中受益。

[6] 于是，美中两国基于利害关系缔结了各取所需的尴尬婚姻。中国作为终极生产者打造了日益强大的经济，美国则欣然成为终极消

费者。

[7] 这两大经济体的互动越来越愉快并最终成瘾。美国在2001年向中国敞开了加入世贸组织的大门，那是中国获得终极生产者地位的里程碑。中国在21世纪初对美国国债的巨大需求帮助美国将利率保持在低位，维持了资产市场的泡沫，让这个终极消费者得以寅吃卯粮——直到2008年音乐戛然而止。

[8] 但经济上的相互依存归根结底是一种极具破坏性的关系。相互依存的最终转折就在于此：一方把目光转向国内并开始攻击另一方，以便重拾其身份中缺失的那一部分。

[9] 文章称，特朗普适时出现了，他把矛头指向中国，称中国是处心积虑阻止美国变得伟大的恶棍。特朗普还组建了一个有着相同观点的高级贸易团队来策划进攻。

[10] 但他们的作战计划忽视了一个关键风险：相互依存是一种极具反作用力的关系。一方改变交往条件，感觉受到蔑视的另一方通常会以牙还牙。当特朗普的抨击中国战略开始通过他对贸易团队的任命和所提出的问题变得明朗时，中国官方媒体终于发出警告说，如有必要，中国将动用"大棒"自卫。

[11] 这非常符合在相互依存遭到破坏时的反作用阶段会出现的情形。受到蔑视的一方扬言要发起反击。现在美国不得不承受后果。

[12] 文章称，特朗普政府踌躇满志地认为美国可以无所畏惧，但它可能很快就会感受到中国的全面报复。假如中国说到做到，就可能对在华经营的美国企业实施制裁，最终对美国进口商品征收高额关税，那对亟待增长的美国经济来说绝非小事。估计中国购买美国国债的兴趣也会大减。从"特朗普经济学"来看，美国的联邦预算赤字可能会扩大，那恐怕会是个严重问题。

[13] 但对美国来说，最大的悲剧很可能是这一切给美国消费者造成的伤害。"美国第一"，不管是以损害中国的利益为代价，还是通过所谓的边境税平等化，都将使此前拉低了美国消费品价格的全球供应链的很多功效丧失。

[14] 文章称，美国消费者的收入和就业长期以来饱受压力，他们

全靠保持在低位的物价来维系经济生存。假如特朗普的对华政策导致物价上涨，那么中产阶层将是最大的输家。

[15] 美中相互依存状态对特朗普的抨击中国战略构成了严峻挑战。

（2017-02-01 12：34：46 参考消息网）

这则报道是典型的译写。前两段属于"译述"的部分。段[1]译述了罗奇关于特朗普政府错误外交政策的主要观点；段[2]译述了罗奇提出的特朗普对华外交的错误理据，为后面的译"写"作铺垫和准备。段[3]和段[4]是"写"，主要评论了中美两国经济的相互依赖关系。段[5]译述了两国经济相互依赖的根源。段[6]、段[7]和段[8]属于"写"，分析了两国经济的相互依赖对各自的好处以及随之带来的问题。段[9]译述了特朗普反华的观点。段[10]和段[11]"写"中国对美国发起的反击。段[12]译述了罗奇对美国可能受到中国报复的分析。段[13]"写"美国消费者可能受到的伤害。段[14]译述了中产阶层可能受到的损失。段[15]"写"中美相互依存的重要意义。

总之，这则报道译写结合，写的部分主要是评析和对报道内容的背景及有关情形的添加，采取的是"写—译—写"和"译中带写"的模式，这样操作是为了清楚地交待有关报道内容的来龙去脉，便于读者了解事件的背景，使整个报道成为一个有机体，其中的评论和附加的内容有助于读者认清特朗普对华战略的本质，使报道避免仅作美国媒体的传声筒。不过，从整个篇幅来看，还是写多于译。

实际上，"写"在国际新闻传播中占有特殊的地位。我国许多新闻媒体报道的国际新闻多是照搬式翻译西方媒体，尤其是美国媒体的新闻，往往不自觉地陷入美国设置的新闻议题和话语模式之中，全译美国报道的新闻使得我国新闻报道失去公正、客观、独立的立场。例如，以美国为首的北约明明是对主权国家南斯拉夫进行了军事侵略，我国有的媒体却不加任何改变地将之译为"军事打击"；美国赤裸裸地入侵占领伊拉克，而武装抵抗和打击美国侵略军的伊拉克抵抗组织，我国媒体却跟着美国媒体鹦鹉学舌地译之为"伊拉克抵抗分子"或"恐怖分子"。因此，我国媒体对国际新闻的翻译必须加大"写"的分量，减少译的分量，根据基本事实重写新闻，表明我国政府的立场，"为国内受众提供更准确、更全面、更公正和带有自己声音的国际新闻"（王珂，

2004），而不是继续患"失语症"，充当美国新闻媒体的传声筒。可见"译写"在国际新闻传播中的重要性。

译写还常用于书评之中，例如，秦秀白为劳拉·莱特和乔纳森·霍普合编的*Stylistics: A Practical Coursebook*一书的英文版在中国出版发行所撰写的导读，也是典型的译写，兹抄录部分段落如下：

[1] 这是一本非常实用的文体学入门教程。作者Laura Wright和Jonathan Hope分别在英国赫特福德郡大学和米德尔塞克斯大学任教。本教程是为了那些没有系统学过语言学，但想运用文体分析的技巧鉴赏文学文本的大学生编写的。编者在文学文体学的理论和方法指导下，通过大量的实例介绍文本分析的基本技巧，帮助读者学会运用语言学的方法解析和鉴赏文学文本。与其说这是一本"教程"，不如说它是一根"拐杖"，凭借这根拐杖，你就可以一步一步地走进文体分析的迷宫，待你走进迷宫你会突然发现：文体分析并不神秘，运用文体分析的技巧阅读和鉴赏作品，的确能见实效。

[2] 全书共分5章。前4章围绕语法范畴介绍文体分析的要点，从名词短语、动词短语、小句逐步过渡到语篇结构。第5章则以词汇为中心讲解文体分析的技巧。每章都包括若干小节，每个小节重点讨论一项具有文体功能的语言特征。总体布局和逐章安排都贯彻循序渐进的原则。更为可贵的是：用来进行文体分析的文体选段都是从20世纪创作的小说或者散文中精心筛选出来的。每个小节都配有课堂活动任务，以便启发学生分析和解决问题，最后给出答案和裁决。编者的教育思想可以用一句老话概括："在游泳中学游泳"。

[3] 简言之，文体学是一门运用现代语言学理论和方法研究文体的学科。现代语言学理论有不同的流派，而文体又有广狭二义。狭义的文体指文学文体，包括作家的写作风格；广义的文体指一种语言中的各类文体。又因不同的人可以出于不同的研究目的研究文体，于是当今文体学研究领域出现了"百花齐放"的纷繁局面。有人将文体学分为普通文体学和文学文体学。前者研究包括文学文体在内的各种文体（含语言变体）；后者研究文学文体。有人运用结构主义语言理

论和方法研究文体，于是出现了"形式文体学"一说；有人从功能主义语言观角度研究文体，于是产生了"功能文体学"流派；还有人利用话语分析、篇章（语篇）语言学和语言学领域的研究成果探讨语篇的建构模式；有人研究文体是为了更好地揭示语篇所反映的社会观念、意识形态以及人与人之间的"权力关系"。于是诸如"语言文体学"、"社会历史/文化文体学"、"政治文体学"等术语应运而生。

[4] 然而，与语言和文学教学（包括外语教学）密切相关的"文体学"应该是"文学文体学"。严格意义上的"文学文体学"是一种建立在语言学基础上的文学批评，是运用语言学和文学批评的桥梁，属于交叉学科。既然任何文学文本都是由语言建构的"虚拟世界"，那么通过描写和分析作者选择的语言成分及其产生的特定文体效果，我们就能更好地理解和鉴赏文本的意义和艺术价值。换言之，运用语言学理论和方法分析文本的语用特征，不仅能够帮助我们深入领会文本的意义，而且可以为我们挖掘文本的美学价值提供比较客观的（而不是主观臆断的）依据。所谓文体分析指的就是这一过程。

[5] 英国文体学家迈克尔·肖特（1984）曾把文体分析概括为互相关联的三个步骤，其关系如下：

Description $\longrightarrow$ Interpretation $\longrightarrow$ Evaluation
(mainly linguistic)

[6] 本书倡导的文本分析方法也是遵循这一思路的。在这一过程中，语言描写是前提，不依赖语言描写而是凭借个人对语用的直觉来阐释文本。文体分析的目的在于说明作品为什么和怎么样获得其特定的意义，它既要包括语言描写或语言分析，也要包括阐释活动。说得通俗一点，文体分析至少可以帮我们回答三个问题：（1）What does the text mean?（2）How does the text mean what it means?（3）Why is the text valued as it is?

段[1]属于写的范畴，简述了本教程编者的情况和教程编写意图：为没有语言学基础但想运用文体分析技巧鉴赏文学文本的大学生而编。同时指出这本入门教程具有"拐杖"的作用。段[2]是译与写有机结合，先缩译和译述了教程的各章要点，接着分析了各章的写作特点和总体布局安排特征，指出了编写的教育思想是"在游泳中学游泳"，这部分属于评论的范畴。段[3]是写的部分，介绍了文体学的各种流派与各对应的语言学流派的关系。段[4]着重分析了文学文体学是介于语言学和文学批评之间的交叉学科，阐明了用文体学评析文本的意义及其美学价值；本段的内容是对上一段的有关文体功能问题的深化。段[5]引用了其他材料作为佐证，指出文体分析的三个步骤：语言描写—阐释—评价，属于"写"的范畴，为进一步介绍本书的其他内容作铺垫，便于读者抓住本书的线索和体例。段[6]顺着上一段的思路，介绍了文体分析的一般方法，也是对本书编写思想的评论，基本上属于写的范畴，旨在为读者提供一个介绍有关文体学知识的平台。

　　总之，抄录部分遵循了"写—译—写"的模式，以写为主，以译为辅，体现了变译者丰富的文体学理论知识水平，为读者提供了有益的帮助。

三、译写的原则

（一）译的必要性和写的添附性

译写中的"译"，无论是全译还是变译，无论分量占多少，在操作中都是必不可少的，离开了译，剩下的就只有写，也就无所谓译写，而是属于纯粹写作或创作的范畴了。写是对原作信息或内容的添加和补充完善，是为了弥补原作的残缺、片面和不足，以丰富材料、观点、结果，甚至是篇章结构。因此，在译的基础上进行内容的添附，可增加译文的可读性和完整性，增强变译的效果。

（二）比例分配的不固定性

译的数量和写的数量一般没有固定的比例，译者可根据不同的变译目的和读者的需要作出不同的选择；译与写的比例既可以大致相当，也可以译多写少，还可以译少写多。侧重点的选择取决于译者的篇章安排策略和译者对原文内容的定位。侧重于译和侧重于写，各有各的优点和作用，很难说孰优孰劣。不过，在评述性和分析性的译写中，译与写的数量大致相当，而在延展性的译写中，由于要将原作中的点和线扩展成面，译者需要补充较多的新材料，写一般多于译。

（三）限定性和相对自由性

译与写是一对矛盾范畴，译开启话题，为写作铺垫，同时也为写限定了主题；写不能完全脱离译的主题，不可离题万里，漫无边际地发挥；译和写应保持主题的一致性和统一性。无论是全译还是变译，无论是译在先，写在后，还是写在先，译在后，还是夹译夹写，译都对写构成制约和限制。但是，译也有相对自由性和灵活性。在译的话题的大框架内，译者根据篇章的实际需要，可以自由地安排补充和添加有关同一主题的材料，可以发表不同的观点，进行阐释、批评和赏析。最有价值的东西往往是写的内容，写发挥了译者的创造性优势，是作者的精华。所以，写并不是译的奴隶，而是译者的自由意志的体现。

第九节　改译

一、改译及其特点

改译，指对原语的内容、形式和风格进行某种改变或变形的变译方法。

"改译是为达到预期的目的在翻译时对原文内容作一定程度的改变或在形式上作重大调整，以适应译语国家或读者的政治语境、文化背景或技术规范。"（方梦之、毛忠明，2004：58）为了一定的目的，改译成了最好的妥协方式。改译可以是小幅度的改变（如词句等），但更多地是对原文的大刀阔斧的改变，是对原文的文体、格式、风格、内容或例子进行改换或替换，以满足特定社会里的特定读者的需要。

改译是一种翻译的创造性叛逆，是译介活动的一种重要手段，是译者的主体性的张扬。它实际上是译者的有意"误读"，是对如何向译文读者介绍外国作品的操纵，但也可能是受到委托对原文加工的结果。改译并不是彻底改变原文的一切，它也需要忠实于原文的主题，否则，就不是"译"而完全是"写"了。没有参照原文，但获得原译者的授权而改编别人的译文，也可视为广义的改译。

改译同参照、甚至抄袭别人的译文或加工别人的译文而冠名为"改译"也迥然有异。后者所谓的"改译"有剽窃的嫌疑，可能陷入知识产权的纠纷，或者有违背学术规范和学术道德的行为，可能导致学术腐败，这种假借"改译"实为剽窃的做法，不是我们所说的"改译"概念。我们所说的狭义的改译，是一种原创性的变译活动，例如，把长篇小说翻译成童话，把小说翻译成诗歌，或者把科学论著翻译成趣味性的科普文章，把问答式的采访改写成记叙文等。

二、改译的方法

（一）内容的改译

翻译是一种跨文化的交际，由于原语和译语在文化及意识形态方面存在巨大差距，有时必须对原作内容进行较大的改换，才能使之被译语读者接受，改译甚至是一些译作出版的先决条件。例如，在我国改革开放的初期，英国领导人访问我国，向邓小平同志赠送了一套英文版的《大英百科全书》，希望在中国出版；邓小平同志指出，"百科全书"中有关中国的部分，必须由中国人改写。后来出版的《大英百科全书》中文版实际上是对原文的改译，它对原文中存在的对我国的歪曲和偏见进行了矫正。这种改译是对原文文化内容的删除和添加，它受到意识形态的制约和操纵。从这个意义上说，改译是一种译写或重写。

改译也会受到权力话语的制约，因此，政治文化语境对译者有很大的制约作用。改译是部分译作出版发行的必备条件，是特定历史时期教化作用的要求。所以，改译是历史语境的产物；在一个历史时期需要改译，在另一个历史时期则可能需要全译。

由于中西审美文化的差异，汉语语言优美的文章，如旅游简介材料和美容化妆品广告等，喜欢堆砌华丽的词藻、引经据典，浓墨重彩，西方人则强调具体，过多的修辞铺陈让他们生厌，他们认为这是华而不实的。可见，中国人和西方人的欣赏情趣大相径庭，全译无法达到原文的审美效果，忠实翻译的后果往往可能让西方人反感，当然也就吸引不了顾客或游客，改译势在必行。中国旅游景点的对外推介的英译，经常采用改译的方法。如：

> "烟水苍茫月色迷，渔舟晚泊栈桥西。乘凉每至黄昏后，人依栏杆水拍堤。"这是古人赞美青岛海滨的诗句。青岛是一座风光秀丽的海滨城市，夏无酷暑，冬无严寒。西起胶州湾入海处的团岛，东至崂

山风景区的下清宫，绵延80多华里的海滨组成了一幅绚丽多姿的长轴画卷。

改译文：Qingdao is a charming coastal city, whose beauty often appears in poetry. It is not hot in summer or cold in winter. Its 40-km-long scenic line begins from Temple of Laoshan Mountain at the east end. （康宁用例）

译文是对原文的改译，原文是典型的美文，引经据典，四字成语、形容词的铺陈渲染，满足了中国读者的审美期待，给长期受美文浸染和熏陶的中国人带来了美的享受和浪漫情调。但是，如果直译成英语，只会让英语读者觉得夸张过度，语言索然无味，不能产生审美愉悦，不能引起向往感。改译是必然的选择。译文进行了删减，淡化了原文的名言警句，删除了华丽的词藻，只保留了原文的基本信息，简洁利索，大刀阔斧地改变了原文的内容和风格，尽管仍有值得改进之处，但已比较符合英美人的审美期待。

改译在我国具有悠久的历史，且不说古代的佛经翻译，单是近代的严复和林纾，就可谓是改译的专家了。后来也出现了不少改译高手，如刘半农于1914年在《中华小说界》发表了改译的安徒生作品《洋迷小楼》，即《皇帝的新装》，掀起了我国翻译安徒生童话的高潮。文化内容的改译在早期翻译活动中具有十分重要的意义，当时并不存在著作权的问题，所以，改译可以迅速让读者了解外国文化。

严复1906年正式发表的《政治讲义》历来被认为是严复自己撰写的中国第一部近代政治学著作。但是，最近有学者（戚学民，2004）考证，这本书是参照19世纪英国剑桥大学近代史教授约翰·西莱爵士（Sir John Seeley）的著作《政治科学导论》（An Introduction to Political Science）改译而成的。严复对原作进行了缩写、改编、换例和解释，西莱书中提及许多西文典籍和史事，严复参照中国的情况加入了比较说明和解释，以便于学生理解。有的改译不仅为便于读者理解着想，也体现了严复自己的思想观点。比如，在第一部分中，为说明国家与种族的关系，西莱原本举英国人为例：

When I say "I am an Englishman", what do I mean? Does it refer to my parentage or family? Well! I cannot absolutely say that it does not. I regard myself as being in some sort of kin to other Englishmen, as though we were all alike descended from some Auglus. I feel this very strongly in the presence of foreigners, for I find that they speak a different language and seem both mentally and bodily of a some what different type. But whether it really is so is after all of no practical importance. I am an Englishman, and should be so just as much if my ancestors were Frenchmen. And yet that I am an Englishman and not a Frenchman is all important to me.

改译文：今假吾对众言曰：吾是中国人。诸公试察吾作此言时，意主何义？将谓吾所言者，意主所生长之种族乎？非也。顾此语虽不得以为全是，要为近之。何以云其近耶？盖不佞与四百兆人，粗而言之，固同是炎黄贵种，当其太始，同出一源。设此语宣于伦敦巴黎之间，其意尤为显著。吾与彼人，语言不通，形貌有异，宗教不一，所谓黄、白二种之分是也。所不得不以为全是者，盖种族与国，绝然两事。

显然，严复为了便于学生理解，在译文中将例证换为中国人的身份，不过这里加入了原作者没有讲到的"种族与国，绝然两事"，反映出严复对民族主义的认识。这是一种典型的文化内容的改译。不过，通篇看来，译文还是基本上忠实于原义的，只不过内容有较多的压缩而已。通过换例改变原文的翻译方法，可以最大限度地替读者考虑，拉近与读者的距离，使读者产生共鸣，这种极端归化的效果不言而喻地减轻了读者或听众的理解和联想负担。

（二）形式的改译

翻译中形式的改变可能以内容的改变为前提，但也可能只改变形式，不改变内容。有人用武汉方言将卓别林的无声电影《摩登时代》改译为话剧，形式和内容都改变了，深受武汉观众的欢迎。可见，改译在戏剧和电影台词翻译方面大有用武之地。语言形式的改换，虽然不忠实于原文，但却有助于观众的理解和欣赏。这样的"篡改"或改换是一种十分有用的策略，它是特定目的指导下的翻译实践的产物，当然有其存在的价值。

把诗歌翻译成散文也是一种典型的改译，如朱生豪把诗体的莎士比亚的戏剧翻译成散文体，受到读者的喜爱；翁显良把中国古诗翻译成散文，也很受人称赞。把外国的长篇小说改译或改编为儿童读物或连环画是我国的传统，如《钢铁是怎样炼成的》改编或改写（相对原作是改译）为连环画就影响了几代人，其形式的改变反而有利于传播。语言风格的改变，如用儿童语言或通俗语言改译名著，为儿童理解和欣赏名著铺平了道路。

周兆祥（1998：60）针对翻译的非全译性指出："新闻'翻译'其实是新闻编译撮译，公文翻译其实大多是公文改编，信札翻译其实是信札重述。"说的就是运用文体翻译重在改编，不能硬译、直译和死译，改译是十分必要的。英语和汉语的证书（如学位证书）有各自相对固定的格式，受到人们的公认，其形式和语言都有明显的差异，翻译时需要加以改换，才能符合各自的习惯。例如：

Normal, Illinois

Illinois State University

On recommendation of the President and Faculty,

the Board of Regents, by virtue of the Authority vested in it

has conferred on

Michael Wang

the Degree of Philosophy

and has granted this Diploma as evidence thereof

this seventh day of May 14, two thousand seventeen.

David Murphy   John P. Wallace

Chair, Board of Regents   President

改译文：根据校长和教授之推荐，按照有关权限，本校校务会授予麦克尔·王博士学位，特发此文凭，以资证明。

伊利诺伊州立大学 校务会主席：戴维·默菲

校长：约翰·P.华莱士

二零一七年五月十四日星期日

改译的文凭格式同原文的有很大的不同，删除了学校地址，自然亲切，符合我国的文凭格式惯例，容易被我国读者接受。

又如英文请柬及其汉译：

The Deputy Prime Minister of Australia

and Minister for Overseas Trade

Dr J. F. Cairns

Requested the pleasure of your company

at a Banquet

On Friday, 11 October, 1974

From 12：30 to 1：30 p.m.

in Hall Three of the Beijing Exhibition Center

To mark the opening of the Australian Exhibition

R. S. V. P.

Tel: _____

改译文：谨定于1974年10月11日（星期五）12时半至下午1时半在北京展览馆3号大厅举行宴会，庆祝澳人利业展览会开幕。

敬请光临

澳大利亚副总理兼海外部长

杰夫凯恩斯博士

（请赐复：电话：_____）（马会娟用例）

译文的格式同原文的有明显的不同，如日期和落款等，都是按中国的请柬格式改译的，读起来方便易懂。此类运用文体改译的目的是通过重组原文，按照译语的语气、措辞、规范，最省力和最方便地实现跨文化的交际。

由于中西方在度量制、计数单位、官衔和社会规范等方面存在差异，有时直译不利于译语读者理解和接受，需要加以改换才能方便其理解和接受，实现跨文化交际的目的。例如，把英里、磅换算后翻译为千米和千克等。不过，这只是微观层次上的改译，有些体裁的文章内容可改译为图表，这属于宏观层次的改译，如以下一则天气预报：

Look here at Wednesday's weather forecast for Europe. It's certainly clear that winter is starting to take its grip on the Continent. Berlin on Wednesday, mostly cloudy and very cold, and -2 degrees for your high. Brussels, Belgium, a little warmer at one degree, partly sunny. London, 5 degrees for your high, mostly cloudy throughout the day. In Paris, your high temperature is 0 degrees on Wednesday, partly cloudy as well. Rome, 8 degrees for your high, with periods of clouds and sunshine. And Vienna, Austria, -2 degrees on Wednesday, cloudy and of course cold. Athens, Greece, a little warmer at 10 degrees, periods of clouds and sunshine on Wednesday. Belgrade, Yugoslavia, 1 degree for your high, mostly cloudy. Istanbul, 5 degrees, and partly sunny. And Kiev, Ukraine, -7 degrees, and you can expect snow. Moscow, -9 degrees on Wednesday, also snowy. And in Prague, the Czech Republic, -4 degrees with snow flurries, so sounds like typical of weather for that area of the word. Let's look at what we have here in Washington D. C., no snow yet, but it will be coming.

城　　　市	天气状况	最高气温（℃）
柏　林	多云	-2
布鲁塞尔	转晴	1
伦　敦	多云	5
巴　黎	转阴	0
罗　马	阴转晴	8
维也纳	阴	-2
雅　典	阴转晴	10
贝尔格莱德	多云	1
伊斯坦布尔	转晴	5
基　辅	预计有雪	-7
莫斯科	雪	-9
布拉格	阵雪	-4
华盛顿特区	预计有雪	

　　这则英语天气预报改译为表格后，以上各大城市的天气和气温一目了然，语言和数据精练，直观性很强，看起来方便简单，省却了许多文字叙述的麻烦，人们关注的焦点就是这些有效信息内容，其他文字完全可以省略不译。这是一种典型的形式改译，语用效果要好得多。

（三）风格的改译

2004年12月2日，网上有一则新闻《梅兰芳美国徒孙主持京剧节开幕式"洋贵妃"痴心不改》（http://www.jfdaily.com），讲的是中文名叫魏莉莎、被称为"洋贵妃"的美国女子，师从著名京剧大师梅兰芳的嫡传弟子沈小梅，学中文、唱京剧，25年痴心不改的故事。魏莉莎在美国用英语排演中国京剧《铡美案》，其二度创作的艰巨性可想而知。怎样把讲究韵味的单音节中文翻成多音节的英文，着实令魏莉莎费了不少劲。尤其像"贤婿"、"王丞相"这样有中国古典特色的词，想找到在社会地位和口气上与之对应的英语，更是难上加难。念白是戏曲中表现人物个性和调节舞台气氛的艺术手段，但一些中文念白如果照文直译成英文却不押韵，于是魏莉莎决定"篡改原文"，创造性地将其改译为押韵而又与原文意趣相仿的英语。结果，这出包青天、陈世美满嘴洋话对答的《铡美案》在夏威夷演出时，引来美国观众的满堂喝彩和会意笑声。这种改变语言风格和审美形式的改译方法在戏剧表演方面取得了巨大的成功。

原文风格平实，译文则可改译得文雅正式、富于文采，如：新闻报道的标题UK's Oldest Person Dies at 115 可改译为"英国第一寿星谢世 享天年百岁又十五"（方梦之用例），译文十分庄重，语气正式，带有浅近的文言风格，有一股古色古香的味道，是对原文平淡朴实的语言的深化，这种语言风格同老寿星的辞世搭配得很和谐，使人产生以"古"译"老"的联想。

原文文体庄重，译文可改用朴实的风格，以达到通俗易懂、简洁明快、自然流畅的效果。如：

> 湖北是中国古代文化的发祥地之一。光辉灿烂的楚文化使湖北享誉世界。鄂州、黄石、黄冈、咸宁、孝感、天门、仙桃、潜江等省内及周边城市和武汉已经形成"8+1武汉城市旅游圈"，你要是在武汉待腻了，不妨去这八大城市逛逛，看看仙桃的龙，听听天门的鼓，感受一段七仙女的感人爱情，绝对"要得很"。

改译文：Hubei Province is one of the birthplaces of Chinese Nationality and ancient Chinese culture. It also enjoys high popularity for its brilliant Chu culture. If you are tired of living in Wuhan, you might as well go sightseeing in circumjacent cities, such as Xiantao, Tianmen, etc. （《武汉旅游》，2005年第1期）

原文既正式又诙谐，是混合型的风格，译文语言简练，通俗易懂，朴实无华，省略了原文中的许多对外国读者不必要的信息，做到了内容和风格的过滤与提纯。

中国人讲究谦逊务实，西方人讲究直率自信，如英语里会有这样的句子 I am pleased that my achievement in this field has already been recognized，中文最好改译为"自己在这方面略有所成，承蒙大家认可，十分荣幸"（金圣华译）。如果直译，有自我吹虚之嫌，可能引起读者的反感，风格加以归化改译，有助于获得读者的认同，这种风格差异是中西方不同的价值观造成的。

有些政论文体的文章也可以进行改译。严复的《政治讲义》和原文《政治科学导论》的文体风格相差悬殊。一则因为严复用的是文言文，通俗易懂；二则因为译者并没有生搬硬套、"忠实"地翻译原文的语言结构，而是根据汉语的思维习惯对其进行了较为自由灵活的变通。例如：

We have then three great varieties of state. There is the state proper, there is the tribe, and there is this ecclesiastical community, which I have just described, —we may call it perhaps the democracy.

改译文：故类别国家，第一层先分三种：真正国家，一也；宗法国家，二也；神权国家，三也。（戚学民用例）

原文拖沓松散，不严密，译文则简洁明了。《政治讲义》中类似的风格改译还有很多。正是由于严复的改译很巧妙，译文读起来非常自然，几乎没有翻译的痕迹，该书才长期被误认为是严复的原创作品。这证明了此种改译的方法是成功的。本书中风格改译的最大作用是简化原文的语言结构，便于听众和读者理解，从而有利于向他们传播西方的政治思想，开启民智，引导他们的兴趣，激发他们改造旧政治的责任感和使命感。严复到底是一位高超的思想家和宣传家，他善于抓住读者的阅读心理。译文通过桐城派通俗易懂的文言文体，最大限度地迎合了士大夫们的阅读习惯、满足了他们的信息渴求。内容和形式的多方位改译使严复达到了自己的目的。

需要指出的是，严复并非对原文进行了彻底的改译，译文保留了原文的基本观点和某些行文风格，改译实际上是为相对忠实服务的，因此，我们不可把改译理解为是对原文的彻底叛逆。改译主要是改动原文同译语冲突及抵触严重的语言和内容，是对原文文化内涵的某种扬弃，是译语文化语境起支配作用的结果。它是对译语语境中的文化势力和思想习惯的顺应。

三、改译的原则

（一）改换性

这是改译最重要的原则。改译必须对原文进行大幅度的改动，包括内容、语言结构、行文格式和风格的删改、补充、替换及重写或重编，正如思果（2001：63）所言，翻译要"三敢：敢删、敢加、敢改"，其重心是改。改换是为了更好地译，从而让读者更快地理解和接受，具有强烈的目的性。但它并不是随意的偷梁换柱，而是要有针对性，改换的内容必须符合特定读者群的阅读习惯和视域期待，从而减少理解的障碍。改掉不重要或对表达主题意义无益的细节部分，换上新颖的、有用的信息和内容。没有改换就无所谓改译，但改译一定得有"译"的成分，译的成分可多可少，视具体情况而定，以实现特定的语用效果。

（二）通俗性

一般而言，改译的结果是让译文内容通俗易懂，使读者读起来顺畅，快捷地获取信息。无论是改变形式、风格，还是改变内容，都是为读者服务的。原文的隐蔽、阻抗、晦涩，译义的直白、顺口、删改等都趋向明朗化和通俗化。例如，艰深的科学著作改译为科普读物就是通俗化。通俗性是我们当前文化的重要特征之一。改译的通俗性就是尽量做到为读者着想，使他们的理解和接受最省力。音乐剧《悲惨世界》的歌词本来很通俗易懂，有一位华侨译者用古典诗词将之改译得十分优雅，结果听众听不懂，最后只好重新改译成通俗化的歌词。

（三）主动性

改译需要译者调动主观能动性，发挥主体性，主动改变原文的有关内容；译者对原文需要改动多少应该心中有数，对读者群的期待视野要有比较明确的定位和预测。读者可能已经了解了什么，还有多少没有了解，哪些内容不需要译出，哪些需要改变，译者要做到心中有谱。一般而言，改译不能改动原文的主题，不能撇开原文另立山头，不能完全抛开原文的主体进行重写，也不能仅仅发一通议论或感想了事。主动性要求译者具有较高的鉴别能力、组织相关材料的能力以及换位思考的能力。

第十节 阐译

意义的隐含性与不言自明性是人类语言所共有的特征，例子随处可见。如汉语成语"牛郎织女"，中国人因其文化背景，立刻就能想到夫妻之间或男女朋友之间天各一方的分离，无须明说，而不了解中国文化的外国读者则无从了解这层含义；同样，对于不了解西方文化的中国读者来说，英语成语"阿喀琉斯之踵"（Achilles' heel）的含义也不显豁。有媒体曾报道中国观众不理解美国大片《特洛伊》中刀枪不入的古希腊大英雄阿喀琉斯为什么会被人一箭射死，其原因很简单，就是我国观众缺乏英美观众都熟悉的"阿喀琉斯之踵"之类的文化背景知识。

日常生活中的文化知识共同体以及更高层次的学术与科技知识共同体都可能导致人们的言语交际出现意义缺省现象。鉴于意义的隐含性，斯坦纳（Steiner，2001：291）认为，翻译主要是一种阐释（explicate/explicitate），是把原文内隐的意义尽可能地说清楚。切斯特曼（Chesterman，1997）的语义翻译策略"阐释"（paraphrase）和语用翻译策略"明晰化调整"（explicitness change）均与阐译有关。切氏的"阐释"指不拘泥于单个字词的意思，重在译出整个词句的含义，较适合于成语翻译，而"明晰化调整"的一个取向是将原文隐含的意义浮于字面。从全译角度看，这叫解释性翻译；从翻译方法论角度看，这是增译（amplification）或显译（overt translation），即将原文字里行间的意义通过增加词语的方式明确地翻译出来。从翻译变体看，这叫阐译。

一、阐译及其特点

阐译，指利用增益手段增加译文透明度的变译方法。

增益手段包括解释、增补、加注等。增加译文透明度指译者利用增益手段扫清原作中的理解障碍，主要包括文化词语和其他内隐信息。

阐译的"阐"在汉语里有两义：一是"阐明，显露"，如南北朝人颜延之

《皇太子释奠会作》曰"阐扬文令";一是"扩充",如《三国志》有"高祖即位,遂阐其业"。阐译不是翻译原作的字面意义,而是翻译字里字外的意义,是将原文隐含的意义外化。从意义角度看,阐译是一种"显译";从字词角度看,阐译是"扩充式翻译",即常说的增译。

阐译与译述有联系。译述中也运用阐释法,如为了把一个词、一句话的意思说清楚,译述会对原文进行扩充式解释,但阐释只是译述诸多技巧中的一种,译述还会运用变换措词法、概括法、调序法、摘选法等;而阐译只能用增益手段,不能用"转述"法。

阐译与译评的共同点是译文相对于原文有增加。其相异点正好在这增加的部分:阐译增加的内容为原文所有,不过在文字背后罢了;译评增加的部分是译者自己的观点,是译者对原作形式与内容的看法,为原文所无。

阐译与译写的区别在于所增加的内容:阐译是将原文隐含的信息表面化,未增加新内容;译写则是以原作内容为基础,加以扩展、变化,其扩展、变化的内容非原作者所有,而是译者的创造。

二、阐译的方法

阐译需要遵循一定的程序,运用一定的方法,如微观阐译、宏观阐译等。

（一）阐译程序

先透彻理解原文,再找出原文的"障碍点",即那些深奥的术语、概念、故作艰深的语句、文化词语、特殊的表达等,最后确定阐译的策略。

从语言单位看,阐译分为两种,即微观阐译和宏观阐译。前者包括词语、句、段的阐译;后者指一文一书的阐译。

（二）微观阐译

翻译实践常用微观阐译,即词语、句、段的阐译,其中词语的阐译最为常见。

1. 释词语

释词语包括阐明所有意义隐晦的词和词组,如专有名词、技术词语、义化词语、普通词语等。

（1）释专有名词

Their life style could seem Spartan to a city family with their assets.

他们的生活方式对城市里的殷实人家来说似乎过于严朴了。（刘宓庆用例）

The mayor tried to Richard Nixon the tapes of the meeting.

那位市长极力掩盖真相，抹去会议录音。（许明武用例）

前一例，Spartan原指"斯巴达人；斯巴达人的"。古希腊斯巴达人的生活方式以严朴著称。Spartan在此是专有名词普通化，泛指"严朴"。后一例中，Richard Nixon原本是美国前总统理查德·尼克松的名字，此处专名活用为动词，指"极力掩盖……的真相"或"秘密抹去……的录音"，该喻义源自"水门事件"。

（2）释技术词语

Often there are sanctions attached to a case with a view to avoiding loopholes in implementation.

判例法常附有使这一法律得到遵守的附加条款，以堵塞在执法中的漏洞。（刘宓庆用例）

Brain drain has been Egypt's Number One concern—as a matter of fact it has become an epidemic in that area of the world.

人才外流不仅是埃及的首要问题，而且是世界那一地区很普遍的严重问题。（刘宓庆用例）

前一例，sanctions为法律术语，意为"（使法律得到遵守的）赏罚；处罚"，这里根据上下文阐释为"使这一法律得到遵守的附加条款"。后一例，epidemic为医学术语，指"流行病"，在此引伸为"很普遍的严重问题"。可见，词义引伸、扩大或缩小时，需要阐释。

（3）释文化词语

Today, except for rare occasions, nobody still sticks to Roman Striking, not even in the homeland of the Roman Empire.

今天，除了极个别场合外，没有人再坚持使用"罗马式鸣钟法"（18世纪以前的一种报时法，用高低二钟响铃：高音铃一响表示一点，两响表示两点，等等；低音铃一响表示五点，两响表示十点），即便是在罗马帝国的诞生之地，人们也不再坚持这种旧式的报时法。（刘宓庆用例）

It was another one of those Catch-22 situations.

这又是一桩令人左右为难的事情。（许明武用例）

前一例，Roman Striking为成语，其真实含义从字面上看不出来，译者采用夹注释义的方式予以说明。当然，出于阅读流畅的目的，也可使用脚注或尾注说明。后一例，Catch-22为用典，原是美国作家约瑟夫·赫勒一部小说，直译过来是"第二十二条军规"。该军规规定：空军基地的飞行员必须是疯子才可以免于执行飞行任务，但必须自己申请；不过只要还能够申请，就不是疯子，所以就不能免除飞行。这显然是一种悖论。直译Catch-22，有些中国读者可能难以明了其义，不如释义性地译为"左右为难"。

（4）释普通词语

There is more to their life than political and social and economic problems; more than transient everydayness.

他们的生活远不止那些政治的、社会的和经济的问题，远不止一时的柴米油盐问题。（刘宓庆用例）

Pommier refused to take on so many dilutees at one time.

庞米尔拒绝雇用这么多非熟练工人来顶替熟练工人。（刘宓庆用例）

词义的引伸是人类自然语言使用中的一种普遍现象，是语言保持其活力的源泉之一。翻译意义引伸的词语，需要用阐释。前一例中的"everydayness"和后一例中的"dilutees"均为词语活用，不能照词典意义死译，而应用阐译。everydayness与dilutee本义为"日常性"和"非熟练工人"，这里译者分别译为"柴米油盐问题"和"（雇用）非熟练工人来顶替熟练工人"，译得非常贴切。

2. 释句

一个句子，如果意义含混或者隐含言下之意，也需要阐释。例如：

It was Friday and soon they'd go out and get drunk.

271

星期五发工资那天，这帮人很快就去喝酒了。（蔡毅、段京华用例）

Maybe there is some chemistry between us that doesn't mix.

人们往往性格不和。（蔡毅、段京华用例）

前一例前半句It was Friday含有文化附加信息。表面上，说话者在说"那天是星期五"，实际上他想说的是"那天发了工资"。对于英国读者来说，"星期五发工资"是不言而喻的事，而不了解西方文化的中国读者却领会不到这一隐含信息，因此翻译时有必要增加"发工资"一词。后一例为修辞性委婉语，意思不够显豁，若直译成"我们之间的某些化学性能可能不能混合"，读者必不能明了其意，故可用阐释即全译的意译（意译属于阐译）直接道出其含义。阐译中的释句有释果以因、释难以易、释古以今、释现象以本质（黄忠廉，2000b：300—302），即用后者解释前者。还有一种情况，那就是以深层结构（意义）代替表层结构（意义），如英语非正式用语You are telling me（=I know this already），可按其深层结构译为"我早知道了，还用你说"。

3. 释段

释段是对段的意义加以阐释，段的数量可以为一，也可以大于一。段这一语言单位比词句要大，需要阐释的原因主要是：段落之中作者未提供例释，或者省略了相应的背景、推理和归纳的过程；或是省略过多，亦即对于某些读者来说显得过多，不得不加以补充和填空，把译文读者的思绪接上来。所以释段可以包括背景补入、推理补入、例释补入和归纳补入。现举例说明"例释补入"。

例释补入是通过举例、解释将原文抽象深奥的道理浅显化、形象化。例如，本书在讨论摘译和参译时反复引用的奥格登和瑞恰兹关于"指称三角图式"的论述就显得抽象难懂。原文直译如下：

> 符号与所指对象之间除了间接关系之外没有相连的关系，这种间接关系就是符号被用来代表所指。这就是说，符号与所指不是直接相关的——即使出于语法上的考虑暗示二者有这样的关系，那也只不过是推导性的，不是什么实在关系——二者只是沿三角形的两条边延伸，产生间接关系。（刘宓庆用例）

刘宓庆（2001：245—271）在其著作《翻译与语言哲学》中讨论指号论意义观时引用了此段，并在章节末尾注释中讨论了奥、端二氏的观点。他说：

> 二氏这个"指称三角图式"是传统语义观的概略性图解式。其中符号（也就是词）必须通过概念（思想）与指称（对象）建立起联系。词与指称不能建立直接联系，所以二氏用虚线表示，这是很显然的。如"月亮"这个词不可能与月球那个星体建立起联系，其间必须有一个言者在说"月亮"这个词，听者才知道言者在说太空中那个星体……

该注释前面是阐释，后面是评论。由于后者与我们讨论的主题无关，因而略去。如果我们把译者的译文及其注释（略有改动）结合起来，便可构成如下一段文字：

> 符号与所指对象之间除了间接关系之外没有相连的关系，这种间接关系就是符号被用来代表所指。这就是说，符号与所指不是直接相关的——即使出于语法上的考虑暗示二者有这样的关系，那也只是沿三角形的两条边延伸产生的间接关系。图中符号（也就是词）必须通过概念（思想）与指称（对象）建立起联系。词与指称不能建立直接联系，所以用虚线表示。如"月亮"这个词不可能与月球那个星体建立起联系，其间必须有一个言者在说"月亮"这个词，听者才知道言者在说太空中那个星体。

刘先生将原文及其译文并列置于书的正文，而将注释置于尾注，是对读者负责。让读者对照比读，并用注释帮其理解译文，是严肃的学术著作的通行做法。若是通俗化的译本，可将译文与注释合二为一。

（三）宏观阐译

一文一书，在文本结构和意义上是一个相对完整的整体，其阐译属于宏观阐译。狭义的宏观阐译指对一文一书的整体进行阐释；广义的阐译还包括运用了微观阐译的全译。有时在译完全篇/书的基础上，还有必要使读者对全文/书有更显豁的了解，此时，译者可在文/书末加上阐释，这是做篇/书的阐释。如任东来（2005）在《改变美国宪政历史的一个脚注》一文中，对1938年美国联邦最高法院关于"美国诉卡罗琳产品公司案（United States v. Carolene Products Company）"判决书的脚注四采用了增补加阐释的方法进行了重译，因为现有的两个译本"非常晦涩，词不达意，很难看懂"，他"斗胆添加了一些字，并用方括号标识"，然后在随后的论述中对该脚注进行了归纳性阐释。如果我们把译文与阐释合并，便能得到如下一篇阐译文（为节省篇幅，不给出原文）：

> 当立法从表面看受到宪法所特别禁止，诸如为前十项修正案所禁止时，推断其合宪性的范围可能更为狭小，当这样的立法也在第十四条修正案的[禁止]之列时，它同样也被认定是特别的[禁止对象][随后给出两个先前的判例]。
>
> 现在没有必要考虑那些限制政治进程的立法——这一进程通常被期望能够取消令人讨厌的法律，在第十四条修正案一般性禁止的情况下，是否要比其他绝大多数类型的立法受到更为严格的司法审查[随后就限制表决权、限制信息传播、限制政治组织、限制和平集会等四个问题，给出了十个先例][言外之意是，应当受到更为严格的审查]。
>
> 我们也不必去探究，同样的考虑是否要纳入到针对特定宗教的[给出一个先例]，或者涉及来源国籍的[给出三个先例]，或者种族上的少数族群的[给出两个先例]制定法的审查；不必去探究歧视分散的和孤立的少数群体是否是一种特殊情形，[因为]这些立法往往严重地削弱了那些通常用以保护少数的政治进程，[因为]它们可能相应地要求更为透彻的司法追究（a corresponding more searching judicial inquiry）。[给出两个先例]言外之意，必须考虑。
>
> 如果用通俗的语言来解释斯通的注释，那就是司法克制有以下三个例外：其一，明显违反《权利法案》和第十四条修正案的立法；其二，那些限制更多人参与政治进程的立法；其三，那些歧视弱势群体、妨碍他们参与政治进程的立法。对这三类立法，最高法院要进行严格的司法审查。

美国司法判例中的脚注，与一般书文的脚注不同，其篇幅常常类似于一篇文章，因此可以作为独立的文章看待。所提案件的脚注四为美国最高法院大法官斯通（Harlan Stone）所撰写，在美国宪政历史上具有特殊的地位。其撰写

翻译方法论（修订本）

的背景是，当时的最高法院放弃保护雇主经济权利的司法能动主义，转而对国会和各州立法机关调控经济的立法采取司法克制态度。因此在司法克制的人背景下，斯通提出司法可以对某些立法进行严格审查的观点，就有点逆历史潮流而动的味道。所以，在脚注四中，他的语气小心翼翼，表述也很拗口，非常婉转地规定了需要进行严厉司法审查的情形。上例前三段为直译文，最后一段为译者的解释。阅读前三段，给人的感觉是原作者欲吐还藏，意思非常隐晦。译者在方括号中增加的文字，有的是说明原文中用例的省略，有的是作者想说而未说出的话，有的是明晰前后语句的逻辑关系的连接词。而最后一段解释，才使一般中国读者了解该脚注的真正意思和意图。另外，如果将译文中的方括号去掉，阅读将更为流畅，当然这也表明了译者对读者负责任的态度。

（四）阐译的技术问题

阐译操作中需要注意一些技术问题，如"阐释"如何标注、阐译的位置、阐释的适度性等。

1. 标注问题

阐译是把原作中隐而不见的信息明示出来，它涵盖了全译中许多阐释方法，如归化式转换、语义引伸、增词、意译、作注等。阐译的阐释比全译的阐释具有更强更大的解释力度和幅度。全译的阐释止于"言下之意"，阐译的阐释可以伸延至"言外之意"，后者的解释词量有时比前者大得多。不过，相对于整个译文，阐译的文字篇幅所占比例有限，而且阐译必须依附于全译而存在。所以，译文可以标注"阐译"。

2. 阐译的位置

对原文难点进行解释而增添的文字，是放在正文里，还是放在注释里，取决于阐译的两条原则：适度性和连贯性。如果原文中的难点过多，篇幅较长的阐释可放在注释里，简短的或者重要的阐释可融入正文中，但要注意适量，不能滥用阐译。

3. 阐译的度

由于阐译的对象是原作中隐而不见的信息，它游移不定，难以把捉，因此阐译要讲分寸，落笔要知轻重，必须确信阐释的意义是原作的本文意义，即原语读者大众公认存在于原作中的意义，不能无中生有，任意阐释，必须牢记阐译的忠实性原则。

三、阐译的原则

阐译需要遵循一定的原则，包括阐释的忠实性、阐释的适度性、译文的连贯性、阐译的对象性、阐释的通俗性、阐释的简短性等。

（一）阐释的忠实性

阐译必须遵循忠实的原则。由于所阐释的意义隐含于原文的字里行间、情景或文化语境之中，具有游移不定性，阐译所增添的意义必须是作者想说而未明说的话，即原文内隐的意义。

（二）阐释的适度性

阐释是为了帮助读者领会作者的言下之意、"话中之话"。一方面，阐释的内容必须为原文语境所暗含，不能超出原作的本文意义；另一方面，阐释的内容要充分、语言要简练，足以让读者透彻理解原文中的"障碍点"。此外，阐释的适度性还包括翻译过程中阐释的运用要适度，如果使用过多，如夹注过多，就会打断阅读的流畅性，从而使读者产生厌读心理。如果插入的阐释与上下文不协调，或者夹注过多，可将插入的阐释和夹注变为脚注或尾注，以保证译文的协调自然，以及阅读的流畅。

（三）译文的连贯性

由于阐释部分为原文表层所无，因此译者增添解释性文字时应充分考虑所增部分与原文前后部分的有机衔接，避免造成前后脱节、行文阻滞，应使译文流畅、自然，就好像作者自己也是如此表意行文的。

（四）阐译的对象性

阐译是为读者服务的，而读者有专业和非专业之分。对于非专业读者来说需要阐释的内容，在专业读者看来可能是蛇足，或者过于啰唆。因此，翻译作品之前，必须确定读者对象，然后站在读者的角度，决定是否就原作中的某一难点进行阐释，以及阐释的度和量。

（五）阐释的通俗性

译文读者对象的性质决定阐译是用专业性的技术语言，还是通俗性的日常语言。显然，为专业读者进行的阐释一般采用专业性语言，而为非专业读者所作的阐释应采用大众性通俗语言。

（六）阐释的简短性

需要阐释的文字一般言简意深，风格简约。融入正文的阐释文字亦应如此，达意即可，不要拖泥带水、节外生枝，应与原作的风格保持一致，使读者觉得这好像是原作中固有的文字，而不是译者的添加。

第十一节　参译

著书作文常常免不了引经据典，如果是洋经洋典，作者就要把它们翻译成本国语。从广义的翻译视角看，这类写作可以归类为参译。参译既指这类写作中的翻译行为和翻译文字，也指牵涉这种翻译行为的写作范式。

一、参译及其特点

参译，指引译为据的变译方法。引译为据，既存在于书面创作，亦见于口头谈话与演讲。参译泛指一切语言活动中的引译为据行为。这里的"译"，可以是已有的翻译作品或者其中的片段，也可以是说话者或写作者依据原文现作的翻译。从本质上看，参译是关于文本间性和主体间性的问题，是一种互文性写作，因为参译使作者与其他作者、使本作品同其他作品发生了关系。

汉语的"参"字有"参证，验证"之意。明查继佐《罪惟录》有："如此是而彼非，前得而后失，参之乃始见的。"参译的"参"正是此意，是以"译"为"参"，即将翻译的文字作为论证或反驳某种观点、阐发某种思想的参证和依据。因此，参译只是服务于写作的一种手段，不像摘译、编译那样具有翻译文本的独立性。

从写与译的关系看，参译式写作中，写是主体，译为写服务，并受写的制约。写的部分应大丁译的部分，不然就成了抄袭。写的内容与目的决定译的对象与形式。从参译的形式和手段看，写作时，援引非本族语的例证，可采用全译、摘译、编译、译述、缩译等多种变译形式和手段，摄取原作主要内容或部分内容作为论证的依据、评论的基础、阐发的起点。

二、参译的方法

由于参译必须依附于作品而存在，不具有独立性，因此参译没有固定的程序，一般是写作者从其知识记忆库中或从参考文献中直接提取引译文字，可以是照搬别人的译文，也可以是写作者自己依据原文所作的翻译。从参译的结构特点看，参译有两种结构形式：一是所引用的翻译文字融入作者的论述之中，比如一个词、一句话，嵌入作者自己的话中，这被称为段内参译；一是所参引的文字篇幅较长，单独成段（一段或几段），位于作者自己的论述段落之间，这被称为段际参译。就参译所使用的方法而言，还可分为全译式参译和变译式参译。

（一）段内参译

段内参译是直接把参引译文嵌入写作者的叙述之中，与写作者自己的语言融为一体。段内参译一般适用于简短词句的引用。例如：

德国数理逻辑学家莱布尼茨曾经就六十四卦的排列惊叹地写道："这个《易图》可以算是现存科学中最古老的历史记载了。然而，这项科学记载，依我所见，虽为四千年前久远的古物，迄今却没有人了解它的意义，这是不可思议的。它和我的计算方法完全一致……如果我没有发现二元式，那么它的体系至今都不会为人所明了。"（刘宓庆用例）

上例为直接参译（摘译）。作者仅摘译所需文字，用省略号略去不需要的中间部分，以遵守参译的适切性、典型性和简练性原则，并在章节末尾注明此段译文的出处："转引自朱谦之著《中国哲学对欧洲的影响》，福建人民出版社，第231页。本书作者在译文词句上有技术性修改。"下例画线部分则是间接参译（译述）：

汉字的语义衍生非常符合英国古典的经验主义语义观，例如<u>休谟就认为一切由文字记录的意义都来自客观世界在人的心智中唤起的感觉</u>。（刘宓庆用例）

（二）段际参译

段际参译又叫提行参译，指写作者另起段落安排参引文字，以便使之与写作者自己的叙述区别开来。提行参译一般适用于篇幅较长的译文片段，其功能是使引用文字更加醒目。例如：

> 那么，本雅明所指的"纯语言"是什么意思呢？他作出如下的假设：
>
> 各种语言之间有一种超历史的亲缘关系；这种亲缘关系存在于每一种语言整体的意指之中——任何一种语言都无法单独体现这种意指，只有每种语言互为补充的意指集合才能体现这种意指：这就是纯语言。（W. Benjamin，1923）
>
> 首先，我们不得不承认，本雅明的"纯语言"概念充满了神秘主义色彩。他的"纯语言"观属于希伯来传统的解经学体系……（郭建中用例）

上例和下例的参引译文均作为独立的段落插入写作者的叙述段落之间。不同之处是上例只有译文，没有原文，下例是原文与译文并行。并行参译，有两种情况：一是译文在前，原文在后；二是原文在前，译文在后。并行参译的一个优点是可以让读者两相对照印证，更具有说服力。译文与原文的前后关系，依写作者的强调意图而定。前者为强调对象，后者一般置于圆括号内，无须强调。若是只有原文，没有译文，则不是参译，只是引证。参译必须做到引用与翻译二者齐备。例如：

> ……从基本的哲学观来看，奥、瑞二氏受英国经典经验主义哲学影响很深，这也可以说是他们的意义理论之源。著名的"指称三角图式"（见第四章），就是以英国经验主义为理据构想出来的——符号是个人的"经验约定"，用以代表所指（注意下文中用的是"someone"，而不是"群体"）：
>
> Between the symbol and the referent there is no relation other than the indirect one, which consists in its being used by someone to stand for a referent. Symbol and Referent, that is to say, are not connected directly (and

when, for grammatical reasons, we imply such a relation, it will merely be an imputed, as opposed to a real, relation) but only indirectly round the two sides of the triangle. (*M of M. p.17*)

（符号与所指对象之间除了间接关系之外没有相连的关系，这种间接关系就是符号被用来代表所指。这就是说，符号与所指不是直接相关的——即使出于语法上的考虑暗示二者有这样的关系，那也只不过是推导性的，不是什么实在关系——二者只是沿三角形的两条边延伸，产生间接关系。）

那么，发生"直接相关"的又是什么呢？二氏认为是三角图式中的实线部分……（刘宓庆用例）

（三）全译式参译

全译式参译属于直接参译，但不等于直接参译，因为直接参译还包括摘译。全译式参译指采用全译策略将原作完整地翻译出来，引以为证，一般适用于篇幅短小的文本的引用，如诗歌、标语广告、小故事、谚语等。请看下例：

天津百川食品有限公司（美国独资）的Crunch包装袋上的简介只有60多个汉字，但其英文表达非常精彩，与汉语的表达相映成一鲜明的跨文化的对照。它有下面几个特色：

a. 英汉表达用词准确

配料（汉语）：面粉，薯粉，玉米淀粉，棕榈油，调味料，白砂糖，鲜虾粉

Ingredients（英译）：Wheat Flour, Potato Starch, Corn Starch, Palm Oil, Seasoning, Sugar, Shrimp Powder

……

b. 中英文行文地道，文字精练优美

注意（汉语）：请放于远离阳光直射及高温的阴凉地方。

Caution（英文）：Display or store in a cool dry place away from direct sunlight and high temperature.

……（金惠康用例）

由上例可见，参译用例非常灵活。作者可以根据需要将参引原文的整体切

分成几部分，也可以适当地插入说明性文字，如例中的"汉语"、"英译"等。

（四）变译式参译

变译式参译，指运用摘译、编译、译述、缩译等变译手段翻译拟引用文字。此种参译广泛地运用于自然科学和社会科学著作中。以上各例（最后一例除外）中的参译均为变译式参译。又如：

> 把文化作为翻译单位，这无疑突破了传统的翻译研究观念，把翻译研究带入了一个新的阶段。对于这一点，根茨勒作了评价：
>
> 研究表明，翻译在全世界文化的发展中扮演了重要角色，翻译研究作为一门学科已经形成了自己的研究方法，它表明了文化演变与其他文化体系之间的关系。因此，芭斯奈特认为，我们比较文学的概念有待进一步思考，也许，我们可以将它重新定义，作为翻译研究的一个分支。
>
> 不同的文本，在一定的文化里都有自己的功能，以文化为翻译单位，在翻译的过程中使原语文本在译语文化里发挥跟在原语文化里一样的功能……（廖七一用例）

上例清楚地表明了参译的"引译为据"功能。廖七一（2001：363）引用美国翻译学者根茨勒的话，就是要证明"文化可作为翻译单位"这一论点的正确性。

（五）参译的技术问题

参译操作中涉及一些技术问题，如是否需要标注、参译的位置、参译的格式等。

1. 标注问题

参译只是独撰作品时的一种引经据典，是中外著书作文的一种常态。它依附于某一作品，不是独立的变译文本。因此，无须像标明摘译、编译、译述、缩译、综述等那样标明参译。但它在文中的几种形式已显示了自身的特殊身份。

2. 参译的位置

使用段内参译还是段际参译，一般取决于所引用的原文的长度。一个词、词组、简短句子，一般采用段内参译。超过三行的长句、段落、章节、文本，以采用段际参译为宜。引用外来术语概念，宜采用译文在前、原文在后（置于圆括号内）的并行参译。

3. 参译的格式

段内参译可加引号，或者用有别于正文的另一种字体。段际参译的引文排版格式是引文与正文之间常有空行，有空半行、一行或两行的，也有不空行的。引文两边有少正文一字或两字的。不论何种空行与空格，一但确定，就要贯穿到底，以保持格式的一致性。参译的出处，可直接在参译文后的圆括号内注明，也可在参译文末尾加一注码，然后在脚注或尾注相应的注码处交代译文的出处及其他相关信息。

另外，写作者对参引原文的形式结构有权进行适当的变动，以符合本族语语法的要求和写作需要。例如可用省略号删去所摘原文中与写作主旨无关或关系不大的部分；对参译文中的难点作必要阐释（置于方括号内并紧随该难点）；用着重号强调译文中写作者认为需要强调的部分并在紧随其后的方括号内注明"着重号为本文作者所加"；根据本族语语法要求改换标点，如引用非完整句时将逗号变为句号，引号是段内参译常用的标点，如果译文中又遇引号，要按"先双后单"原则处理。

三、参译的原则

参译运用有规可循，应遵循以下原则：忠实性、参考性、比例性、适切性、典型性以及简练性。

（一）忠实性

无论是全译式参译，还是变译式参译，都不能违背所引原文的旨趣，不能削原作者之足适自己之履。任何歪曲原作者本旨的参译都只会损害论证的力量，使参译的目的无法实现。

（二）参考性

如前所述，参译中的"译"只是参译的手段，"参"才是参译的目的和本质。参考性是参译在创作中的正确定位。也就是说，参译在创作中仅占次要地位，其作用是为写作提供论据。如果以"译"代"作"，创作作品就成了翻译作品；如果将"译"据为己有，当作自己的创作，那就成了剽窃。因此参译的使用要适度，不能过多过滥。

（三）比例性

在文学创作或学术写作中引用本族语作品中的材料，或经翻译后引用外语作品中的材料，为我国版权法和有关国家的知识产权规定所允许，而且无须征得著作权人同意，也无须支付报酬，这种行为不算是侵犯著作权的行为。参译不可避免地要引用他人的作品，但一定要注意适量，而且要在作品适当的位置注明被引作品的名称、出处及原作者姓名。关于创作中的抄袭，法院在审理这类案件时，一般认为合理引用部分不得超过创作作品的十分之一。参译也可参考这一规定。

（四）适切性

参译的适切性包括两层含义：一是所引译文应与上下文协调一致、融为一体，无突兀别扭之感，无累赘蛇足之感；二是参译文要与写作论证主题相切合，不能若即若离，更不能相左，搬起石头砸自己的脚。

具体说来，作者在参译前要说明即将参译的背景，交代与参译内容相关的人物、相关的论述，为参译的出现作好铺垫；参译之后要用简短的案语表示自己的意见，或分析，或归纳，或评价，或补充，显得言而有据。参引的材料应当与创作的主旨相一致。一致性体现在正反两个方面，即参译有正面的加强论证和增强说服力的作用，以及反面的驳斥异己观点的作用。一句话，参译要使人觉得它必不可少，要与文章的观点一致，保证首尾圆通，表里一致。

（五）典型性

参译一般作为一种论说文的佐证（论据），而佐证必须具有典型性才能说服人。因此，写作者在运用参译时，必须考虑佐证的典型性。

（六）简练性

参译文语言的简练性也是需要注意的一个重要方面。如果拟引用的原文语言繁复冗赘或者篇幅较长，写作者可舍全译而用编译、译述、缩译等变译式参译，做到言简例精。

变译篇

第十二节　仿作

一、仿作及其特征

仿，即仿效，模仿，效法。仿作，指仿照译语本土作品的内容、形式或风格进行译语创作的变译方法。

英国近代翻译理论家约翰·德莱顿（John Dryden，2000：3）把翻译分为直译（metaphrase）、意译（paraphrase）和拟作（imitation）。[1]尽管德莱顿批评拟作，但他仍然把它划分为一类翻译方法。拟作就是对原文的模仿，是一种形式的仿作，它大体上是模仿原文中的故事情节或主题，用译语加工改造，尽管写的成分较多，但它并不完全是创作，因此可以纳入变译方法研究之中。

仿作同仿拟（parody）有相似之处，后者是在同一语言内模仿，借用某种语言表达方式，并加以改动，保留其基本模式。仿作也是模仿别人的语言模式，既可以模仿原文作品的语言和风格，也可以模仿译语作品的语言和风格，且主要是后者——并作出某些改动，实际上是一种模仿式的改译。仿拟则不涉及翻译。

与变译方法相比，仿作重在"仿"。如果原文是仿拟，译文照实译出，不是仿作而是全译。例如，日本三菱汽车公司开拓美国市场时所用的广告语Not all cars are created equal，可以看作是对英语名谚Not all that glitters is gold的仿拟，也可能其仿拟的是《美国独立宣言》中的一句名言 All men are created equal（人生而平等），此广告可译为"并不是每辆车都'生'而平等的"。很显然，这不能看作是仿作，原文模仿了他人的语言，但译文本身并没有模仿他人的语言。

模仿广泛存在于人类行为之中。亚里士多德认为文学是对人类行为和生活的一种模仿；文学是一种模仿的学科，戏剧尤其如此。实际上，整个社会科学都存在或多或少的模仿性，翻译当然也不例外。西方文论家利科把模仿分为三个阶段：前理解，构建被模仿对象的原型（prefiguration）；心智理解，构建

1　参见约翰·德莱顿：《论翻译》，载陈德鸿、张南峰编《西方翻译理论精选》，香港：香港城市大学出版社，2000年，第3页。

"被模仿者"的构型（configuration）；符码解构再符码重构，完成对模仿对象的成型（transfiguration），以最有效的形式转化保证预期的读者接受（刘宓庆，1999）。翻译是一种艺术，也是模仿，也就是说，翻译的模仿是通过"原型"模拟、"构型"探索和"完型"运作来实现的。这主要是指全译对原文的模仿。译文越接近原文越具"模仿"性，但此"仿"不同于仿作之"仿"。

在仿作过程中，译者要模拟一个"原型"，即原语和译语现有的经典语言或流行语、影响广泛的名言佳句等，确定拟模仿的原语同"原型"有某种关联性或类比性，如语言结构的相似性，或者模仿的主体和客体之间有隐喻关系。接着，根据原型的语义、逻辑、审美价值和传播功能，比较和选择如何将原语转换为译语，这个过程要基本确定译本的结构。最后，综合应用语义分析、语用分析、审美分析、文体分析和文化分析，重构译语。

二、仿作的方法

仿作广泛运用于词语翻译、广告翻译、影视片名翻译、文章标题翻译中，有时也用于文学翻译。仿作一般在词层、句子层、段落层操作，偶尔在语篇层操作。

仿作并不是为了"忠实"地、亦步亦趋地模仿原文的语言结构，而是择其中某些语言材料作为仿效的对象，"借船过河"，通过借鉴和模仿名言隽语，达到审美和主题重构的目的，从而更好地实现跨文化的传播与接受。仿作具体方法如下：

（一）模仿原文的主题、情节或文体风格

这是一种典型的拟作，过去广泛应用于文学创作，现在也大量使用于科技和学术写作。这种仿作方法仍然具有生命力，其仿作的对象往往是外语经典作品或著作，是译语所欠缺的表达法，仿作的目的是为了弥补这一缺憾，促进译语的语言、文学、文化和科技的发展。例如，法国著名诗人谢阁兰创作的散文集《出征》（*Equipee*）第20章，实际上是对中国古代诗人陶渊明的《桃花源记》的仿作，这两个文本非常相似，有学者（秦海鹰，1999）研究考证，前者是对后者的模仿和重写。我国的文学创作中也有这种类似的情况。例如，《西游记》第六十一回《猪八戒助力败魔王，孙行者三调芭蕉扇》，讲的是孙悟空同牛魔王厮杀搏斗，玉皇大帝派托塔李天王及哪吒来增援的事，这与印度史诗

《罗摩衍那》第六篇《战斗篇》的情节极其相似，前者明显模仿了后者的题材和故事情节（季羡林，1991）。以上例子都可说是某种程度上的仿作。

在科技论文翻译中，仿作学术规范的行文格式和文体风格也是十分重要的，它决定了论文能否被采纳发表。我国有不少学者撰写论文的水平不低，但就是很难在国外发表。究其原因，主要是作者或译者不善于模仿国际刊物上学术论文的范式，中国式英语文体和行文模式太明显，格式不符合国际刊物的规范。规范的仿作主要是仿风格，当然不是仿内容，否则就有抄袭的嫌疑，导致学术腐败问题。要想在国外权威学术刊物上发表论文，首先必须研究和模仿刊物中论文的语言、文体风格和语篇模式，为此，撰写者或译者要善用仿作法。

（二）模仿译语的语言模式和文体风格

1. 短语的仿作

短语的仿作主要是习语的仿作。以谚语为例：

谚语的仿作一直是有争议的话题，有人以反对过度归化为由，批评仿作的方法，也有人认为仿作便于理解和接受，应该大力提倡。实际上，试图采纳异化的方法而完全抛弃仿作的手段，显然行不通。谚语或习语的仿作在翻译实践中仍然大有可为。例如，One boy is a boy, two boys half a boy, three boys no boy 可仿照中国传统谚语，译为"一个和尚挑水吃，两个和尚抬水吃，三个和尚没水吃"。尽管这种仿作法可能并非最佳方案，但毕竟是一种通俗快捷的翻译法，至今仍然有生命力。又如，Speak of devil, and he appears 可译为"说曹操曹操到"，这样仿作也是可行的，读者不大可能认为英国也有曹操，过去人们对这种翻译法颇多微词，只是未区分其使用条件。

再如，In the country of the blind, the one-eyed man is king 既可以直译为"盲人国里，独眼为王"，也可以仿作为"山中无老虎，猴子称大王"，甚至可译为"蜀中无大将，廖化作先锋"（金惠康用例）。尽管后者招致不少批评，但是在某些情况下，此种译法也不失为一种简便的方法。谚语的仿作仍然有其存在的合理性。

2. 标题和片名的仿作

模仿名言名句是一种十分有效的翻译文章标题和电影、电视片名的方法，可使标题与文章或电影、电视情节相映成趣。如：*Fish Need to Relax to Taste Better* 译为"鱼为悦己者鲜"，显然模仿的是名言"士为知己者死"；

Magazine Offers A Prize to Die 译为"朝中奖，夕死可矣"，仿作的是"朝闻道，夕死可"；*Up, Up And Away*译为"天高任鸟飞"，套用了名句"海阔凭鱼跃，天高任鸟飞"的后一句；*Starts with S, Ends with Ex*，原文将Sex拆开，可译为"怎一个'性'字了得"（金艳用例），巧妙仿作南宋女词人李清照的名句"怎一个愁字了得"，仅把"愁"字改为"性"字，令人拍案叫绝。张培基把李大钊的散文《今》的标题翻译为*The Living Present*，套用了美国诗人朗费罗《人生颂》中的名句"Act, act in the living present!"。丰华瞻将书名《王若飞在狱中》译成*Iron Bars But Not a Cage*，则是仿作了英国诗人洛弗莱斯（Richard Lovelace）的诗句No iron bars a cage（田传茂用例）。这种译法是反其意而用之。

通过仿作翻译电影片名，可引起观众的强烈兴趣，使票房收入节节攀升。美国经典影片*Sound of Music*在香港的译名是《仙乐飘飘处处闻》（熊启煦、王春艳用例），套用了唐朝诗人白居易《长恨歌》中"郦宫高处入青云，仙乐飘飘处处闻"的后一句，可以同内地的通俗译法《音乐之声》相媲美。*The English Patient* 在香港译为《别问我是谁》，模仿的是我国一首流行歌曲中的一句歌词（贺莺用例）。*Forrest Gump*和*Gandhi*，分别被译为《阿甘正传》和《甘地传》，主要仿作的是中国的经典小说《阿Q正传》和《水浒传》（熊启煦、王春艳用例），在一定程度上体现了中国文化传统，因为"传""正传""列传""别传""外传"等往往是中国的文化和故事的特有符号。*Bathing Beauty*这部经典音乐喜剧片译为《出水芙蓉》（刘红辉用例），仿作的是汉语成语，十分符合中国人的审美情趣。*My Fair Lady*在中国大陆、中国香港和中国台湾被不约而同地被译为《窈窕淑女》（毛发生用例），套用了《诗经》里的"窈窕淑女，君子好逑"中的前一句。*The Wizard of Oz*译为《绿野仙踪》（刘红辉用例），套用了清朝李白川的长篇同名游仙小说名。

以上仿作的文章名和电影片名，是归化变译的极好例证，这种译法有利于满足读者或听众的审美期待，便于读者欣赏和理解。读者心目中往往会存在一个前理解，长期受到中国诗文熏陶的读者一看到这些熟悉的标题和片名就会产生一种亲切感和趣味感，从而唤起迫不及待的视觉欲望。仿作是一种简便易行的翻译方法。

3. 广告的仿作

仿作法广泛应用于广告翻译中。由于英汉语言文化的差异，广告的英汉互译难以实现忠实的对应，直译的效果一般不好。一则成功的英语原文广告可能具有很好的宣告功能、审美功能和劝说功能，忠实翻译可能会让人觉得索然无味，无法使人产生购买欲望，仿作则可以弥补这种由语言文化差异造成的缺陷和不足。如将Vandermint isn't good because it's imported, it's imported because it's good译为"好酒不在进口，进口必是酒好"（王金洛用例），模仿的是名句"山不在高，有仙则名；水不在深，有龙则灵"。译文是熟语结构的简化和变异形式，没有生搬硬套，且有一定的创新，很能赢得顾客的认同，从而产生意想不到的效果。

再如，梅花牌手表的广告语"人带梅花，准时乐道"译为Give the plum to all, and to all a good time（刘泽权用例），模仿的是Timex（天美时）手表的英文广告语Give the Timex to all, and to all a good time，使人联想到Timex牌手表的准时和品味，加深顾客的印象，让人产生购买欲望。这样的译文十分到位地抓住了顾客的心理，仿作的效果非常好。还有一则药品（速效救心丸）广告：

> 随身携带，有备无患；
> 随身携带，有惊无险。（王金洛用例）

原文是平行结构，译文巧用英语谚语A friend in need is a friend indeed，也算是一种仿作，其效果具有安慰性，使人产生信赖感，便于加深记忆。又如黑妹牙膏的广告语"'黑妹'牙膏，强健牙龈，保护牙齿"，译为Don't show me another. Say "Give Me Brother"，套用了日本Brother牌打字机广告的广告语，而这则日本广告最初也是仿拟一则美国的玻璃器皿广告，其原文是Don't show me the crystal. Show me Galway（贾文波用例）。黑妹牙膏的广告通过模仿其他的著名广告，建立了良好的形象，强烈地刺激了顾客的购买欲，显示出了高超的艺术效果。

下则百事可乐广告原文是诗，译文也用诗体，仿用打油诗或者快板的风格，有节奏，有情趣。

Pepsi-cola hits the spot.

Twelve full ounce, that's a lot,

Twice as much for a nickel too.

Pepsi-cola is the drink for you.

百事可乐顶呱呱。

盎司毫不差。

五个美元买两打。

百事可乐饮料佳。（李明、卢晓梅 译）

译文的文体和语气迎合了中国人的购物心理，诙谐幽默，朗朗上口，容易打动顾客的心。

4. 文学作品的仿作

仿作在文学作品中具有独特的作用，用译语现存的文化词语翻译原语里的文化词语，借用类似的表达法翻译原语的思想内容和艺术风格，借鉴仿作构建对应审美效果。例如：

母亲又说："只是我希望你若看中了什么人，能领来让大姐见一面，帮你参谋参谋。大姐毕竟比你多吃了几年盐，什么样的男人，打眼一看，就能看出人品好坏来。"

译文 ：Mother spoke again: "I only hope that if you've got your eye on someone, you'll bring him here and let me have a look on him, so I can tell you what I think. After all, I've eaten more salt than you over the years. I'll be able to tell at a glance whether he's a man of character."

译文二：Mother spoke again: "I only hope that if you've got your eye on someone, you'll bring him here and let me have a look on him, so I can tell you what I think. After all, I was breathing air in the world thirteen years before your lungs were even formed. I'll be able to tell at a glance whether he's a man of character."（傅敬民、吕鸿雁 译）

译文二直接引用了美国黑人女作家、诺贝尔文学奖获得者托妮·莫瑞森的代表作《所罗门之歌》中的一句名言：I was breathing air in the world thirteen years before your lungs were even formed.尽管译文一中I've eaten more salt than you over the years是"大姐毕竟比你多吃了几年盐"这句话的直译，也很得体，但译文二的仿作更贴近英美人的审美习惯，效果可能更佳。又如：

英国科学设计师约翰·克里斯托弗·琼斯（John Christopher Jones）在《网络与大众》（*The Internet and Everyone*）一书中有一章的开头这样写道：

> Gentle reader,
>
> What, you may ask, is the purpose of this book, or even of this world?
>
> Though the answer to this question may at first seem absurd, reflection may show you that there is more in it than meets the eye.
>
> Long ago and far away, when... （王丽耘用例）

这实际上是仿作《红楼梦》第一回的开头部分："列位看官：你道此书从何而来？说起根由虽近荒唐，细按则深有趣味。待在下将此来历注明，方使阅者了然不惑。"不过，这不是直接从汉语仿作而来的，而是仿作了霍克思的英译版《石头记》的相应译文：

> GENTLE READER,
>
> What, you may ask, was the origin of this book?
>
> Though the answer to this question may at first seem to border on the absurd, reflection will show that there is a good deal more in it than meets the eye.
>
> Long ago, when...

通过对比可以发现，琼斯的语言结构几乎同霍译的语言结构一样，只有几个词语purpose，or even，of this world，and far away同霍译有差异，主要是多出来的。琼斯的间接仿作增加了论著的悬念，便于吸引读者的好奇心。

总之，仿作既可以改变内容，也可以改变风格，甚至可以创新语言风格，这种策略体现了译者的主体性，因为译者的仿作或套译，都不是直译或硬译，必须发挥译者的主观能动性，译者要善于联想，努力寻求可套用或借用的语言形式，以实现模仿的目的。

三、仿作的原则

（一）模仿性

仿作的本质属性就在于模仿，主要是模仿译语的现存语言模式，有的需要加以变通，有的可以直接套用。语言模仿和风格模仿往往是一致的。被模仿的语言的意义同原语有相似或者关联之处，至少在主体上有密切的联系，且往往是经典性的语句，容易记忆和传播，否则，模仿就失去了理据。切不可直译原文的语言结构，忠实的翻译并不是模仿，而且效果也不理想，尤其是广告翻译。模仿性意味着简约性，仿作通过模仿简化了理解和欣赏的路径，有助于展现译文意义的直接性、彰显性、通俗性和幽默性。

（二）联想性

仿作以一些名作名句名言为后盾，以资译者模仿，译者必须有丰富的联想力，善于发现这些经典语言和原语之间的有机联系，善于调动自身的主体性，善于从具体的语境出发，挖掘被仿语言的功能，把原语的功能和译语的功能挂上钩，通过将极端归化的语言作为原语功能的载体，实现跨文化交际的目的。仿作也是为了让读者产生丰富的联想，启发他们的认识能力，构建译语的审美和信息传递功能，最大程度地减少信息获取的障碍。

（三）缺场性和在场性

仿作的译文是"在场"的，作为仿作对象的语言素材是"缺场"的，这些材料存在于各种书刊中，其选择范围和使用频率取决于译者的知识储备和反应能力。译文的"在场"意味着其背后隐藏着某些可供模仿的语言模式，这些模式表面"缺场"而实际"在场"，如何把"缺场"资源化解为"在场"的译文，实现仿作的目的，要靠译者的知识积累和灵感思维及模仿能力。译者对"缺场"资源的挪用，预示着译者对读者的信息获取的操纵和导向。

（四）归化性和叛逆性

仿作主要是套译现有的语言模式，而不是忠实于原文的全译，译文以归化而不是以异化为取向，目的是尽量让读者以熟悉的语言文化经典为切入点，通过联想快速产生认同的情感，从而满足读者和听众的期待视野。因此，译文是对原文的叛逆，叛逆才会创造特殊效果，让读者对译文产生好感，引起他们的兴趣，引导他们作出相应的反应，如立即按广告所言购买产品。

主要参考与用例文献

Armstrong, R. H. Classical Translations of the Classics: The Dynamics of Literary Tradition in Retranslating Epic Poetry. In A. Lianeri and V. Zajko (eds), *Translation and the Classic: Identity as Change in the History of Culture*, pp. 169-202. Oxford: Oxford University Press, 2008.

Bassnett, S. *Translation Studies*. London: Methuen, 1980.

Bassnett, S. and Lefevere, A. *Constructing Cultures: Essays on Literary Translation*. Shanghai: Shanghai Foreign Language Education Press, 2001.

Bastin, G. L. Adaptation. *Routeledge Encyclopedia of Translation Studies*. Manchester: Routledge, 2009.

Chesterman, A. *Memes of Translation*. Amsterdam and Philadelphia: John Benjamins, 1997.

Chow, G. C.《中国经济体制对经济理论的挑战》，董志强缩译，载www.cqvip.com/Main/Detail.aspx?id=3072484。

Ellis, R. *The study of Second Language Acquisition*. Shanghai: Shanghai Foreign Language Education Press, 1999.

Grunwald, M. *Terrisits Hijack 4 Airliners, Destroy World Trade Center, Hit pentagon; Hundreds Dead. The Washington Post*, Sept.12, 2001.

Gentzler, E. *Contemporary Translation Theories (revised 2nd edition)*. Shanghai: Shanghai Foreign Language Education Press, 2004.

Gouadec, D. *Translation as a Profession*. Amsterdam and Philadelphia: John Benjamins, 2007.

Kelly, J. and Mao, N. K. (tr.). *Fortress Besieged*. Beijing: Beijing Foreign Language Teaching and Research Press, 2003.

Molina, L. and Hurtado Albir, A. Translation Techniques Revisited: A Dynamic and Functionalist Approach. *Meta*, 2002 (4): 498—512.

Newmark, P. *A Textbook of Translation*. Shanghai: Shanghai Foreign Language Education Press, 2001.

Nida, E. A. *Translating, Language and Culture*. Shanghai: Shanghai Foreign Language Education Press, 1993.

Nord, C. *Text Analysis in Translation*. Amstedam: Rodopi, 1991.

翻译方法论（修订本）

Nord, C. *Translating as a Purposeful Activity*. Shanghai: Shanghai Foreign Language Education Press, 2001.

Richard, S. J. C. et al. *Longman Dictionary of Languge Teaching & Applied Linguistics*. Beijing: Beijing Foreign Language Teaching and Research Press, 2000.

Schmemann, S. Hijacked Jets Destroy Twin Towers and Hit Pentagon. *The New York Times*, Sept.1, 2001.

Shuttleworth, M. and Cowie, M. *Dictionary of Translation Studies*. Manchester: St Jerome Publishing, 1997.

Steiner, G. *After Babel*. Shanghai: Shanghai Foreign Language Education Press, 2001.

Stetting, K. Transediting—A New Term for Coping with a Grey Area Between Editing and Translating. In G. Caie et al. (eds), *Proceedings from the Fourth Nordic Conference for English Studies*. Copenhagen: Department of English, University of Copnegagen, 1989, pp. 371—382.

Venuti, L. Strategies of Translation. In M. Baker (ed.), *Routledge Encyclopedia of Translation Studies*, pp. 240—244. London and New York: Routledge, 1998.

Wiegers, K.《撰写优秀的需求》，Bear缩译，载http://www.sdp.com.cn。

Williams, J and Chesterman, A. 2004. *The Map: A Beginner's Guide of Doing Research in Translation Studies*. Shanghai: Shanghai Foreign Language Education Press.

Xiao, L.–M. *English-Chinese Comparative Studies & Translation*. Shanghai: Shanghai Foreign Language Education Press, 2002.

Zhao, Y.–R. *A Grammar of Spoken Chinese*. California: University of California Press, LA, 1970.

Бархударов, Л. С. *Язык и перевод (Вопросы общей и частной теории перевода)*. Москва: Международное отношение, 1975.

Федоров, А. В. *Введение в теорию перевода*. Издательство литературы на иностранных языках, 1953.

保清、苟之：《科技英语翻译理论与技巧》，北京：中国农业机械出版社，1983年。

蔡寒松、周榕：《语言耗损研究述评》，载《心理科学》，2004年第4期，

蔡新乐：《"套套逻辑的必然"——论翻译的非逻辑特质》，载《中国翻译》，2005年第3期。

陈定安编著：《英汉比较与翻译》，北京：中国对外翻译出版公司，1998年。

陈德鸿、张南峰编：《西方翻译理论精选》，香港：香港城市大学出版社，2000年。

陈嘉映：《语言哲学》，北京：北京大学出版社，2003年。

程洪珍：《英汉语差异与英语长句的汉译》，载《中国科技翻译》，2003年第1期。

丁景唐：《犹恋风流纸墨香》，上海：上海文艺出版社，2004年。

段平：《高级科技英语教程》，开封：河南大学出版社，1998年。

范武邱、杨寿康：《科技翻译的虚实互化》，载《中国科技翻译》，2001年第5期。

方梦之主编：《译学词典》，上海：上海外语教育出版社，2004年。

方梦之、毛忠明编著：《英汉–汉英应用翻译教程》，上海：上海外语教育出版社，2004年。

费塞斯通：《消费文化中的躯体》，陶东风编译，1982年，载http://www.culstudies.com，

2003/4/19。

冯奇、万华：《译述的"忠实"与"通顺"》，载《上海科技翻译》，2001年第4期。

冯庆华编著：《实用翻译教程》，上海：上海外语教育出版社，2002年。

傅雷：《论文学翻译书》，载罗新璋编《翻译论集》，北京：商务印书馆，1984年。

傅雷：《致林以亮书》，载罗新璋编《翻译论集》，北京：商务印书馆，1984年。

盖淑华：《英语专业学生词汇附带习得实证研究》，载《外语教学与研究》（外国语文双月刊），2003年第4期。

官亚明：《医学外文文献的摘译方法》，载《国外医学·寄生虫病分册》，2002年第5期。

郭建中编著：《当代美国翻译理论》，武汉：湖北教育出版社，2000年。

过小容、魏煜剑编：《Autodesk Inventor 8培训教程》，北京：清华大学出版社，2004年。

韩春晓：《JPO发布"雇员发明制度改进报告"》，载http://www.acpaa.cn/trends/2004/491.htm，2004年。

何刚强编著：《现代英汉翻译操作》，北京：北京大学出版社，1998年。

何兆熊：《新编语用学概要》，上海：上海外语教育出版社，2000年。

胡范铸：《钱锺书学术思想研究》，上海：华东师范大学出版社，1993年。

华先发、邵毅编著：《新编大学英译汉教程》，上海：上海外语教育出版社，2004年。

黄湘：《科技英语汉译的词义引申》，载《中国科技翻译》，2001年第2期。

黄湘：《科技英语隐含因果关系及其翻译》，载《中国科技翻译》，2002年第2期。

黄忠廉：《翻译变体研究》，北京：中国对外翻译出版公司，2000b。

黄忠廉：《变译的七种变通手段》，载《外语学刊》，2002年第1期。

黄忠廉：《小句中枢全译说》，载《汉语学报》，2005年第2期。

黄忠廉：《小句中枢全译说》，武汉：华中师范大学出版社，2008年。

季羡林：《翻译的危机》，载《语文建设》，1998年第10期。

季羡林：《比较文学与民间文学》，北京：北京大学出版社，1991年。

贾文波：《应用翻译功能论》，北京：中国对外翻译出版公司，2004年。

蒋太培：《科技英语翻译的理论与实践》，北京：海洋出版社，1985年。

金隄：《等效翻译探索》，北京：中国对外翻译出版公司，1998年。

金惠康：《跨文化交际翻译》，北京：中国对外翻译出版公司，2003年。

金圣华、黄国彬主编：《因难见巧》，北京：中国对外翻译出版公司，2001年。

靳光瑾：《计算语言学视窗》，北京：北京广播学院出版社，2003年。

李长栓编著：《非文学翻译理论与实践》，北京：中国对外翻译出版公司，2004年。

李季：《鲁迅对于翻译工作的贡献》，载罗新璋编《翻译论集》，北京：商务印书馆，1984年。

李鲁：《试论科技翻译的语义引申》，载《中国科技翻译》，1995年第3期。

李克兴：《论广告翻译的策略》，载《中国翻译》，2004年第6期。

李田心：《谈奈达翻译理论中几个基本概念词的误读和误译》，载《上海科技翻译》，2004年第4期。

李宇明：《理论语言学教程》，武汉：华中师范大学出版社，2000年。

李运兴：《语篇翻译引论》，北京：中国对外翻译出版公司，2001年。

廖七一等编著：《当代英国翻译理论》，武汉：湖北教育出版社，2001年。

林佩璇：《林纾翻译研究新探》，载《福建师范大学学报》（哲学社会科学版），2003年第2期。

刘继南主编：《大众传播与国际关系》，北京：北京广播学院出版社，1999年。

刘靖之：《神似与形似》，台北：书林出版社，1996年。

刘兰云、杜耀文：《科技英语抽象名词的特点及翻译》，载《中国科技翻译》，2000年第4期。

刘宓庆：《文体与翻译》，北京：中国对外翻译出版公司，1998年。

刘宓庆：《文化翻译论纲》，武汉：湖北教育出版社，1999年。

刘宓庆：《翻译与语言哲学》，北京：中国对外翻译出版公司，2001年。

刘宓庆：《当代翻译理论》，北京：中国对外翻译出版公司，2003年。

刘蔚华主编：《方法学原理》，济南：山东人民出版社，1989年。

刘勰著，周振甫注：《文心雕龙注释》，北京：人民出版社，2002年。

刘源甫：《科技翻译词义的具体化与抽象化引申》，载《中国科技翻译》，2004年第2期。

罗进德：《刘宓庆译学著作全集代序》，见刘宓庆《文体与翻译》，北京：中国对外翻译出版公司，2007年。

罗新璋编：《翻译论集》，北京：商务印书馆，1984年。

罗新璋：《钱锺书的译艺谈》，载范旭仑、李洪岩编《钱锺书评论》（卷一），北京：社会科学文献出版社，1996年。

罗选民：《论翻译的转换单位》，载杨自俭、刘学云编《翻译新论》（1983—1992），武汉：湖北教育出版社，1994年。

马维、潘文霞、吴承康：《热障碍涂层材料性能和失效机理研究进展》，载《力学进展》，2003年第4期。

马中：《人与和：重新认识中国哲学》，西安：陕西人民出版社，2007年。

毛荣贵编：《走出翻译误区》，上海：上海交通大学出版社，1999年。

冒国安编著：《实用英汉对比教程》，重庆：重庆大学出版社，2004年。

孟庆升主编：《英汉翻译教程》，沈阳：辽宁大学出版社，2003年。

尼南贾纳：《为翻译定位》，载许宝强、袁伟选编《语言与翻译的政治》，北京：中央编译出版社，2001年。

彭良林、王承菊：《浅谈科技英语转移否定句的翻译》，载《中国科技翻译》，1998年第4期。

戚学民：《严复〈政治讲义〉文本溯源》，载《历史研究》，2004年第2期。

钱锺书：《谈艺录》，北京：中华书局，1984年。

钱锺书：《管锥编》（第一至五册），北京：中华书局，1986年。

钱锺书：《七缀集》，北京：生活·读书·新知三联书店，2002年。

钱锺书：《写在人生边上·人生边上的边上·石语》，北京：生活·读书·新知三联书店，2002年。

钱锺书著，凯利、茅国权译：《围城》（汉英对照），北京：人民文学出版社，2003年。

乔海清：《话说分译》，载《上海科技翻译》，1998年第3期。

秦海鹰：《重写神话——谢阁兰与〈桃花源记〉》，载乐黛云、张辉主编《文化传递与文学形象》，北京：北京大学出版社，1999年。

任东来：《改变美国宪政历史的一个脚注》，载《读书》，2005年第9期。

邵启祥编著：《科技英语翻译中的陷阱、误区及其他》，北京：国防工业出版社，1991年。

石定栩、苏金智、朱志瑜：《香港书面语的句法特点》，载《中国语文》，2001年第6期。

思果：《翻译新究》，北京：中国对外翻译出版公司，2001年。

孙晓婷：《浅谈科技英语中否定形式的翻译方法》，载《丹东纺专学报》，1998年第2期。

孙艺风：《翻译规范与主体意识》，载《中国翻译》，2003年第3期。

田传茂编：《英语分类阅读在职考研100篇》，武汉：华中理工大学出版社，2000年。

田传茂：《编译的性质、特点及原则》，载《编辑学刊》，2005年第2期。

田传茂、许明武、杨宏编：《生命科学》，武汉：华中科技大学出版社，2003年。

王宝爱：《科技英语中被动语句的翻译方法》，载《山西经济管理干部学院学报》，2002年第3期。

王珂：《国际新闻编译的理论思考》，载《广东外语外贸大学学报》，2004年第3期。

王力：《王力文集·第一卷》，济南：山东教育出版社，1984年。

王连义编著：《导游翻译二十讲》，北京：旅游教育出版社，1990年。

王泉水：《科技英语定语从句的非定语化译法》，载《中国科技翻译》，1999年第2期。

王涛：《编译标准初探》，载《上海科技翻译》，2000年第4期。

王宪明：《混杂的译本——读严复译〈社会通诠〉》，载《中国翻译》，2004年第2期。

文军：《翻译：调查与研究》，北京：北京航空航天大学出版社，2004年。

吴国盛：《阅读经典 感受伟人》，载http://www.sciencetimes.com.cn，2004/9/16。

吴娟：《〈红楼〉译本知多少——红学专家详述〈红楼梦〉海外传播情况》，载《文汇报》，2004年10月21日。

吴新祥、李宏安：《等值翻译论》，南昌：江西教育出版社，1990年。

吴云：《旅游翻译的变译理据》，载《上海科技翻译》，2004年第4期。

武学民、金敬红：《科技英语翻译中的长难句处理》，载《中国科技翻译》，1997年第4期。

西北工业大学外语教研室编著：《科技英语翻译初步》，北京：商务印书馆，1979年。

许国璋：《许国璋论语言》，北京：外语教学与研究出版社，1991年。

许钧、袁筱编著：《当代法国翻译理论》，南京：南京大学出版社，1998年。

许美华：《〈变译〉之我见》，载《呼兰师专学报》，2003年第4期。

许慎著、段玉裁注：《说文解字注》，杭州：浙江古籍出版社，2002年。

许渊冲、许钧：《翻译：〈美化之艺术〉——新旧世纪交谈录》，载许钧等著《文学翻译的理论与实践——翻译对话录》，南京：译林出版社，2001年。

严复：《〈天演论〉译例言（1898）》，载罗新璋编《翻译论集》，北京：商务印书馆，1984年。

于建平：《科技英语长句的分析与翻译》，载《中国科技翻译》，2000年第3期。

余承法：《全译本质"化"论》，载《中国外语》，2016年第2期。

余承法：《全译方法论》，北京：中国社会科学出版社，2014年。

余承法、黄忠廉：《化——全译转换的精髓》，载《华中科技大学学报》（社会科学版），2006年第2期。

余光中：《余光中谈翻译》，北京：中国对外翻译出版公司，2002年。

袁荻涌：《译述·意译·直译——中国近代翻译文学的形态演变》，载《黔东南民族师专学报》（哲学社会科学版），1994年第4期。

袁锦翔：《名家翻译研究与赏析》，武汉：湖北教育出版社，1990年。

袁晓宁：《外宣英译的策略及其理据》，载《中国翻译》，2005年第1期。

约翰·德莱顿：《论翻译》，载陈德鸿、张南峰编《西方翻译理论精选》，香港：香港城市大学出版社，2000年。

张德禄、刘汝山：《语篇连贯与衔接理论的发展及应用》，上海：上海外语教育出版社，2003年。

张立文：《中国哲学范畴发展史·天道篇》，北京：中国人民大学出版社，1988年。

张立文：《正学与开新：王船山哲学思想》，北京：人民出版社，2001年。

张南峰：《意识形态、翻译与翻译理论》，载《翻译季刊》，2000年第2期。

张培基：《英译中国现代散文选》，上海：上海外语教育出版社，2002年。

张勇安：《〈美国毒品和毒品政策文献史〉述评》，载《世界历史》，2004年第3期。

张泽乾：《翻译经纬》，武汉：武汉大学出版社，1994年。

张治英：《科技英语的词义引申及翻译》，载《中国科技翻译》，1999年第4期。

章运椿：《科技英语分译种种》，载《中国科技翻译》，1994年第3期。

赵元任著，吕叔湘译：《汉语口语语法》，北京：商务印书馆，1979年。

郑海凌：《文学翻译学》，郑州：文心出版社，2000年。

郑海凌：《钱锺书"化境"说的创新意识》，载《北京师范大学学报》（人文社会科学版），2001年第3期。

郑玉琪、郭艳红：《浅谈英文化妆品说明书之美学翻译》，载《中国翻译》，2001年第3期。

周仪、罗平：《翻译与批评》，武汉：湖北教育出版社，1999年。

周兆祥：《翻译与人生》，北京：中国对外翻译出版公司，1998年。

庄周：《庄子》，太原：山西人民出版社，1999年。

第一版后记

《翻译方法论》是第一本期以系统总结翻译实践方法和初步总结翻译研究方法的著作。

本书的写作基于实用翻译语料，利用和总结国内外已有成果，从实践出发归纳方法，验证和修正现有方法，提炼新的翻译规律，同时吸收学习相关学科知识，进而构建翻译方法论体系，最终为翻译实践提供理论依据。因此本书奉行自下而上的理性总结，兼顾自上而下的理论构建。

定题分工后，我们读书、收例，反复讨论，细化提纲至四、五级标题，书稿撰写工作因此而稳步推进。五个寒暑，我们互相修改，几易其稿，修改期长于写作期。文不厌改！我们再次体悟到精益求精的精髓。要感谢这支学术小分队，因为共同的追求，我们走到了一起，也因为共同的兴趣，我们从中受益。我们乐在其中，学在其中。全书虽说是密切合作，但也作了分工。田传茂（长江大学）：第三章第四节"摘译""编译""译述""缩译""阐译""参译"；刘丽（河南省教育科学研究院）：第一章第二节、第二章第四节"增译""减译""移译""换译""分译""合译"；魏家海（武汉理工大学）：第三章第四节"综述""述评""译评""译写""改译""仿作"；余承法（中南民族大学）：第二章第二节；胡远兵（武汉科技学院）：第三章第三节；黄忠廉（黑龙江大学）：导言、第一章第一节和第三节、第二章第一节和第三节、第二章第四节"对译"、第三章第一节和第二节、第四章。黄忠廉负责全书的设计与整合，多次通读，与各位作者共同修改完成全稿。

成书过程中要感谢译学界的"二杨"前辈：2005—2006年，杨自俭教授两次赐教，大至宏观设计，小至译例分析，而且两次改序；2005年杨晓荣教授在上海会议期间曾专就表述问题指点迷津。

最后要向读者交待的是，本书希望在例析中把翻译之道说透，在宏观上要求系统而不庞杂，全面而不俱到，在文字上做到通俗凝练求简明，可读流畅有文采。当然，这是我们的追求，是否达到，有待方家指正。

黄忠廉

2008年冬于黑龙江大学三语斋

补 记

据李亚舒和我与中国对外翻译出版公司签订的合同，拟于2004—2008年出齐由我们主编的《翻译理论与实务丛书·科学翻译研究卷》，共计10本，后因种种原因，仅推出了《科学翻译学》（黄忠廉、李亚舒，2004）、《机器翻译研究》（冯志伟，2004）、《科普与科幻翻译：理论、技巧与实践》（郭建中，2004）、《科学翻译批评导论》（文军，2006）几种，算是留下了丁点遗憾。未出的著作中就有《翻译方法论》，后几经联系，改由中国社会科学出版社出版。

补写上述，只是因为愧对本书的序作者杨自俭教授。为何愧对？2009年4月11日中午，我随在青岛参加"翻译学学科理论系统构建高层论坛"的部分学者去医院探望病危中的先生，上车前阴风寒冷，进院时小雨开始淅落，出院后大家揪心于先生的健康，感叹生命的脆弱。当晚9时35分，先生舍下我们，驾鹤西去了。先生为《翻译方法论》所作的序可能是先生写就而随书问世的最后一篇文章，一想起此事，就有一种因本书出版推延而愧对先生的内疚。2009年4月22日，我撰就小文一篇，交给中国英汉语比较研究会，兹录于此，以志纪念。

大 师 与 高 峰

大师很少是孤独的山峰，而是群峰中的高峰。

地壳运动，会隆起新的山峰，群峰突起，把原有的高峰衬托得更高。大师是造山的战略家，他目光炯炯，注视着未来，善于造山，造出一座座年轻的山峰，而自己屹立在群峰之中。

大师是不可逾越的，是指他那个历史时代。大师是可逾越的，是指未来。

但是从历史一路看下来，群峰迭峦，大师还是那座高峰，历史的时空因为他们而峰回路转，美不胜收。

大师之峰高耸入云，贵在四高：

一在德高。德高，才可望众；有人有才学，而无为学的雅量，见不得比自己强的人，最终被缚于走向大师的途中。

二在才高。才高八斗，才能树为大师。他不是有所不同，而是与众不同。起初可能有所不同，找到了新方向、新问题，最终目标要与众不同，具有自我特色。由于与众不同，他往往挖掘了我们最常见因此也最容易忽略的东西。列宁说："所谓大师，就是这样的人，他们用自己的眼睛去看别人见过的东西，在别人司空见惯的东西上能够发现出美来。"

三在识高。这是最关键的。有的人学问渊博，但少才识，被人喻为活字典。才学有余而识见不高者，大有人在。读基础书，读常见书，能为畅达之文。学识最重要的是识，学问家主要是因识见不同而闻名于世。见识之高，大至开宗立派，小至著书立说，有新创见，有远见卓识。

四在眼高。大师行进在思想的前沿，既是学问家，也是思想家，还可能是哲学家。他对学科有独到系统的见解，对事物的分析与众迥异，并精于表达，其作品堪称经典；其视野和思想不限于某一学科，在方法论上贯通其他，对整个学科有一种终极关怀，能开某个领域一代风气之先。

山高人为峰。

黄忠廉
2009年春于黑龙江大学国家俄语重点研究基地

跋

　　"工欲善其事，必先利其器"，方法对实践活动及理论研究的重要性不言而喻。《翻译方法论》自2009年出版以来，极大促进了翻译方法论的研究及翻译学的学科建设。近十年后，《翻译方法论》与时俱进，再版修订，始于方法，着眼研究，功在学科，立意深远。

　　修订版《翻译方法论》遵循从翻译观到方法论的逻辑思路，以规律求方法，以方法证规律，规律的探究是方法描写的根据，方法的系统描写可更好地符合规律，两者相辅相成，相互促进。《翻译方法论》开篇名义，指出"似"为翻译的内在规律，根据"似"的大小可将翻译划分为"全译"与"变译"，极似为全译，之外属变译。为求极似，需转内容换形式，具体化为对、增、减、移、换、分、合全译七法；相似基础上求特效，需吸取内容改造形式，具体化为摘译、编译、译述、缩译、综述、述评、译评、译写、改译、阐译、参译、仿作变译十二法。每一方法又各成体系，细化至翻译技巧，直接指导具体的翻译实践。精于转换，巧于摄取，以求"化"与求"变"为准则，选择策略，运用技巧，力争极似，以求特效，此之谓翻译观与翻译方法论在翻译实践中的统一。

　　翻译方法论的充分描写与系统论证属翻译本体研究，既可指导具体的翻译实践，又是翻译研究开展的起点。遵循充分观察、充分描写、充分论证的研究思路，触摸翻译事实，发现翻译新现象，划分"变译"新范畴，建立"全译+变译"翻译方法论，使两者并立互补，并将其系统化即可形成翻译学理论核心。全译是变译研究的基础，变译的独立提出及研究为全译提供了参照，新旧理论彼此促进，深化对翻译的认识。将两者整合，即可深入翻译本体，进而形成全新翻译观，建立比较完整的翻译理论体系。翻译方法论来自翻译事实，操作性强，进一步抽象，走向普通理论，与全新翻译观融合，构成科学理论。科学理论系统化，构成学科；相关学科系统化，又构成科学。可见，从方法入手构建学科，完全符合学科建构的逻辑思路。翻译方法论的系统研究必将奠定翻译学科的坚实基础。

　　十年前，我初涉翻译领域，有幸拜黄忠廉教授为师，黄教授恰是《翻译方法论》的作者，我因而结识了《翻译方法论》，自此如同有了指南针，航行于茫茫译海时有了方向。此后从事译学研究，每每遇到困惑，首先想到的必是《翻译方法论》，或学例析，或找思路，或寻根据。《翻译方法论》早已成为了我的案头必备书。今日，重读《翻译方法论》，我惊喜于"老朋友"的新变化，翻译研究方法论部分移除，全书专门描写与论证翻译实践方法论，研究对象更加明确，翻译规律的描写更加深入，翻译方法的定名更加科学。新变化正是作者们近十年来孜孜不倦、上下求索、攀登译学高峰的体现。下一座译学高峰，也许是翻译研究方法论，也许是理论翻译学，直至翻译学，我们一起努力着，期待着。

信娜

2017年初春于莫斯科大学高级翻译学院